A PARTICIPAÇÃO DE MENOR EM ESPECTÁCULO OU OUTRA ACTIVIDADE DE NATUREZA CULTURAL, ARTÍSTICA OU PUBLICITÁRIA

Análise das especificidades do regime legal

MARGARIDA PORTO

A PARTICIPAÇÃO DE MENOR EM ESPECTÁCULO
OU OUTRA ACTIVIDADE DE NATUREZA
CULTURAL, ARTÍSTICA OU PUBLICITÁRIA

Análise das especificidades do regime legal

A PARTICIPAÇÃO DE MENOR EM ESPECTÁCULO
OU OUTRA ACTIVIDADE DE NATUREZA
CULTURAL, ARTÍSTICA OU PUBLICITÁRIA

AUTORA
MARGARIDA PORTO

EDITOR
EDIÇÕES ALMEDINA. SA
Av. Fernão Magalhães, n.º 584, 5.º Andar
3000-174 Coimbra
Tel.: 239 851 904
Fax: 239 851 901
www.almedina.net
editora@almedina.net

PRÉ-IMPRESSÃO | IMPRESSÃO | ACABAMENTO
G.C. – GRÁFICA DE COIMBRA, LDA.
Palheira – Assafarge
3001-453 Coimbra
producao@graficadecoimbra.pt

Março, 2010

DEPÓSITO LEGAL
307287/10

Os dados e as opiniões inseridos na presente publicação
são da exclusiva responsabilidade do(s) seu(s) autor(es).

Toda a reprodução desta obra, por fotocópia ou outro qualquer
processo, sem prévia autorização escrita do Editor, é ilícita
e passível de procedimento judicial contra o infractor.

Biblioteca Nacional de Portugal – Catalogação na Publicação

PORTO, Margarida

A participação de menor em espectáculo ou
outra actividade de natureza cultural, artística
ou publicitária. – (Teses de mestrado)
ISBN   978-972-40-4093-6

CDU   349

Ao Filipe
À Carolina
Ao Manuel

NOTA PRÉVIA

O presente trabalho corresponde, ainda que com algumas alterações, à dissertação de mestrado em Ciências Jurídico-Laborais apresentada na Faculdade de Direito da Universidade de Coimbra em Fevereiro de 2008 e defendida em Julho do mesmo ano.

Não obstante o desejo de proceder a esta publicação mais cedo, considerámos mais proveitoso esperar pela aprovação e publicação da nova legislação laboral, nomeadamente da Lei n.º 105/2009, de 14 de Setembro, reguladora da matéria que ora tratamos, esperando com este trabalho poder de alguma forma contribuir, ainda que singelamente, para a discussão de um tema pouco tratado.

Para a elaboração deste trabalho, além do esforço e do sacrifício pessoal que necessariamente tem de existir na preparação de uma prova desta responsabilidade, houve também uma grande motivação provocada pelo gozo que nos deu explorar uma área relativamente nova no ordenamento jurídico português e ainda pouco desenvolvida pela doutrina nacional e estrangeira.

No entanto, como uma obra não se faz apenas de reflexão pessoal, foi importante o contributo que fomos recebendo de fora, permitindo a colocação de novas questões, a visão de perspectivas diferentes, a descoberta de outras soluções.

E aqui, não podemos deixar de agradecer desde logo ao Senhor Professor Doutor João Leal Amado, orientador da nossa tese, pelo seu incansável apoio e disponibilidade, pelo confronto de ideias que proporcionou, pelo incentivo que sempre transmitiu; ao Senhor Professor Doutor Júlio Gomes pelo prazer que foi tê-lo como arguente da nossa tese e pelas críticas, observações e sugestões lançadas; ao Senhor Professor Jorge Leite, por ter sido para nós o primeiro contacto com o admirável mundo do Direito do Trabalho e que muito nos honrou com a sua presença como presidente do júri de mestrado.

Um agradecimento final à minha família, e desde logo, aos meus pais e aos meus sogros, pela disponibilidade sempre demonstrada e que permitiu a elaboração da tese em condições nem sempre fáceis, pelo encorajamento constante e pelo carinho manifestado. Um agradecimento muito especial também ao meu marido, por tudo isto e pela abertura com que sempre foi discutindo e problematizando comigo as ideias, as soluções, os caminhos a seguir na elaboração deste trabalho. A todos, muito obrigada.

ÍNDICE

ABREVIATURAS	11
INTRODUÇÃO	13

PARTE I
DOS MENORES 17

I. SOBRE OS MENORES 17
1. Conceito de menor 17
2. A personalidade e a capacidade jurídica 21
3. As incapacidades. A incapacidade dos menores 25

II. SOBRE O TRABALHO DOS MENORES 34
1. Formas de protecção legal contra o trabalho infantil 34
2. Do contrato de trabalho 39
3. Da capacidade para a celebração do contrato de trabalho 44
4. O regime do trabalho dos menores em geral 63

PARTE II
**O REGIME JURÍDICO-LABORAL DOS PROFISSIONAIS
DE ESPECTÁCULOS** 79

I. NOÇÃO DE ESPECTÁCULO 79
II. EVOLUÇÃO HISTÓRICA EM PORTUGAL 84
III. O NOVO REGIME JURÍDICO DOS PROFISSIONAIS DE ESPECTÁCULOS 90

PARTE III
**O REGIME JURÍDICO DA PARTICIPAÇÃO DE MENOR
EM ESPECTÁCULOS E OUTRAS ACTIVIDADES** 143

I. A TUTELA DO MENOR NO PLANO INTERNACIONAL 143

II. A PARTICIPAÇÃO DE MENOR EM ESPECTÁCULO OU OUTRA ACTIVIDADE DE NATUREZA CULTURAL, ARTÍSTICA OU PUBLICITÁRIA 149

1. Breve referência histórica à legislação nacional em matéria de participação de menores em actividades ligadas ao espectáculo 149
2. Âmbito de aplicação 151
3. Contrato de trabalho ou contrato de prestação de serviços 163
4. O regime jurídico da participação de menor em espectáculo ou outra actividade consagrado no Código do Trabalho e na sua regulamentação 194

   a) Âmbito de aplicação 194
   b) Pedido de autorização 199
   c) Decisão da Comissão de Protecção de Crianças e Jovens 214
   d) Comunicação da participação em actividade 224
   e) Celebração do contrato 225
   f) Tempo de trabalho 231
   g) Alteração das condições da participação do menor 237
   h) Retribuição 240

4. O desacerto legislativo na regulação da participação de menor em espectáculo ou outras actividades similares e a dificuldade na aplicação da Lei n.º 4/2008   244

CONCLUSÕES 263

BIBLIOGRAFIA CITADA 267

ABREVIATURAS

ACT	–	Autoridade para as Condições do Trabalho
CACMP	–	Comissão de Aplicação de Coimas em Matéria de Publicidade
CC	–	Código Civil
CEJ	–	Centro de Estudos Judiciários
CLT	–	Consolidação das Leis do Trabalho
CNPCJR	–	Comissão Nacional de Protecção das Crianças e Jovens em Risco
CP	–	Código da Publicidade
CPCJ	–	Comissão de Protecção de Crianças e Jovens
CRC	–	Código do Registo Civil
CRP	–	Constituição da República Portuguesa
CT	–	Código do Trabalho – Lei n.º 7/2009, de 12 de Fevereiro
CT2003	–	Código do Trabalho – Lei n.º 99/2003, de 27 de Agosto
DL	–	Decreto-Lei
DR	–	Diário da República
ET	–	Estatuto de los Trabajadores
IPSS	–	Instituições Particulares de Solidariedade Social
IRCT	–	Instrumento de Regulamentação Colectiva de Trabalho
JOCE	–	Jornal Oficial das Comunidades Europeias
LCT	–	Lei do Contrato de Trabalho – Decreto-Lei n.º 49 408, de 26 de Novembro de 1969
LPCJP	–	Lei de Protecção de Crianças e Jovens em Perigo
LPCT	–	Lei Preambular do Código do Trabalho
OIT	–	Organização Internacional do Trabalho
ONU	–	Organização das Nações Unidas
OTM	–	Organização Tutelar de Menores
PEETI	–	Plano para Eliminação da Exploração do Trabalho Infantil
PETI	–	Programa para a Prevenção e Eliminação da Exploração do Trabalho Infantil
RCT	–	Regulamentação do Código do Trabalho – Lei n.º 105/2009, de 14 de Setembro
RCT2004	–	Regulamentação do Código do Trabalho – Lei n.º 35/2004, de 29 de Julho
RD	–	Real Decreto
RDAEP	–	Real Decreto dos Artistas em Espectáculos Públicos
SIETI	–	Sistemas de Informação Estatística sobre o Trabalho Infantil
STJ	–	Supremo Tribunal de Justiça

TC   – Tribunal Constitucional
TFUE   – Tratado sobre o Funcionamento da União Europeia
TRE   – Tribunal da Relação de Évora
TRL   – Tribunal da Relação de Lisboa
TRP   – Tribunal da Relação do Porto
UNICEF   – Fundo das Nações Unidas para a Infância

INTRODUÇÃO

A participação do menor em espectáculo ou outra actividade de natureza cultural, artística ou publicitária é um fenómeno crescente na nossa sociedade.

Quando se fala em trabalho infantil, e mais concretamente em exploração do trabalho infantil, realidade que infelizmente abrange muitas crianças do nosso país, associa-se normalmente a uma realidade diferente e com uma dimensão distinta da que toca à participação de menor em espectáculo. Falar em trabalho infantil significa geralmente falar nas milhares de crianças que se vêem obrigadas a trabalhar para fazer face às situações de carência económica das famílias, à pobreza, ao desemprego dos pais[1].

No sector do espectáculo, o problema poderá relacionar-se com o da carência económica, mas não necessariamente. Se algumas vezes encontramos crianças a trabalhar para fazer face às necessidades económicas da família, como acontece muitas vezes no circo, por exemplo, grande parte dos casos não se deve a motivos de carência, mas a regozijo das crianças ou mesmo dos próprios pais, pertencendo as crianças a classes sociais relativamente elevadas, em que as necessidades económicas não se fazem sentir.

---

[1] Como refere Adérito Teixeira, "Trabalho infantil. O menor vítima do trabalho", *Sub Judice, Justiça e Sociedade*, n.º 13, 1998, pág. 73, uma multiplicidade de factores concorrem para o fenómeno do trabalho infantil: "não resulta apenas de uma mera conjuntura económica – ainda que determinante – de concorrência globalizante e lucro fácil, mas radica em razões estruturais, numa (des)focagem transgeracional, às vezes endémica, que enfatiza a ideia de se tratar de uma cultura de trabalho infantil, a que se associa a pobreza de famílias no limiar de sobrevivência e a "alucinação" do menor por novos padrões de consumo".

Talvez por isso a participação dos menores em espectáculos e actividades similares preocupe tão pouco a sociedade, que tende a confundir a participação dos menores neste tipo de actividades com lazer, com um passatempo, onde tudo parece fácil e tudo parece dado. E o perigo é esse mesmo. O perigo é olhar com permissividade e condescendência para um fenómeno que, por ser admirado, invejado e ambicionado por muitos, nem por isso deve ser esquecido. Por detrás de um mundo cor-de-rosa que faz sonhar miúdos e graúdos, há crianças que trabalham horas e horas, que descuidam os estudos quando não os abandonam, que perdem horas de sono. Preços demasiado elevados, muitas vezes, para as vantagens que se retiram.

É um fenómeno que nos últimos anos ganhou uma visibilidade incrível, permitindo o aumento e a exposição do trabalho do menor em alguns sectores, como a televisão, o cinema, a música e a publicidade, chamar a atenção para casos mais esquecidos, como o circo, mas não menos necessitados de ser acautelados.

O trabalho das crianças neste tipo de actividade tem uma visibilidade como acontece em poucos sectores. São actividades em que a exposição das crianças é feita de forma preocupante, empurrando para o mundo da fama crianças que estavam na sombra e que nem sempre sabem lidar com a notoriedade. E a notoriedade muitas vezes é efémera.

O impacto dos meios áudio-visuais e a notoriedade conseguida através deles fazem da televisão, do cinema, do teatro, da música e da moda mundos apetecíveis para os mais jovens. Numa sociedade que cada vez mais estimula o gosto do parecer em detrimento do ser, os jovens sentem-se cativados e impelidos a neles mergulhar. E tudo parece fácil.

Como sempre aconteceu, mas nos dias de hoje mais do que nunca, quem manda é o público, que é quem dita a moda, chegando por vezes a fazer a selecção dos protagonistas do espectáculo, que não são escolhidos em função da formação que têm ou de um especial dom, mas de características físicas, da empatia que geram perante o público.

Assiste-se hoje no mundo do espectáculo, não só relativamente às crianças mas também no que diz respeito aos adultos, ao aparecimento constante de novos artistas, ligados a vários tipos de artes. Não que o aparecimento de novos artistas seja sintomático de um aumento do volume de trabalho[2]; simplesmente o acesso às profissões das artes está hoje mais facilitado, permitindo-se muitas vezes o acesso de pessoas com menos criatividade, com menos talento, mas com mais presença física, com mais impacto junto do público. Talvez por isso se assista também a uma intersecção entre as várias actividades: modelos que passam a ser actores, actores que passam a ser músicos, actores que passam a fazer publicidade.

O problema é tanto mais grave quanto é certo que muitos dos jovens que ingressam na actividade artística não têm formação na área e com o excesso de trabalho e o entusiasmo pela actividade descuram ou abandonam os seus estudos, vindo mais tarde a sofrer as consequências, não só por não terem a escolaridade obrigatória para enveredar por algumas profissões, mas também por não terem formação na área artística que lhes permita dar seguimento aos seus projectos artísticos.

Até há bem pouco tempo havia um vazio legal relativamente a esta matéria, o que podia propiciar abusos e exploração por parte de empresas empreendedoras de espectáculos ou de publicidade e por vezes por parte dos próprios pais.

Com a RCT2004, o regime da participação dos menores em espectáculos e outras actividades de natureza cultural, artística ou publicitária passou a estar regulado ao longo de cerca de dez artigos. Foi um passo importante, não se duvida. Matérias como as condições de autorização da participação dos menores nessas actividades, critérios para a concessão da autorização, regras sobre a celebração do contrato, períodos de actividade e descanso semanal são algumas das que passaram a prever-se especificamente para o sector do espectáculo. Já muito recentemente, com a Lei n.º 105/2009, de 14 de Setembro (RCT), corrigiram-se alguns aspectos de ordem prática da RCT2004 e acrescentaram-se outros, inexistentes até então. Veremos ao longo deste trabalho se terá sido suficiente.

---

[2] Pierre-Michel Menger, *Retrato do artista enquanto trabalhador – Metamorfoses do capitalismo*, Roma Editora, Lisboa, 2005, págs. 19 e 20. Como nota o autor, o aumento do número de artistas que existem no mercado de trabalho provoca desigualdades crescentes a nível de actividades e a nível retributivo e torna a duração dos vínculos mais precária, sujeitando-se os artistas cada vez mais à alternância entre períodos de trabalho e períodos de inactividade.

Repartimos o nosso trabalho em três partes. Dedicaremos uma primeira ao menor, analisando o conceito de menoridade, o regime das incapacidades e o regime do trabalho dos menores, em geral. Dedicaremos posteriormente uma segunda parte aos profissionais de espectáculos, dando nota da evolução histórica legal ocorrida nessa matéria no nosso país e do recente diploma legislativo que regula o regime jurídico do contrato de trabalho dos profissionais de espectáculos. Por fim, num terceiro capítulo, debruçar-nos-emos sobre a participação de menor em espectáculo ou outra actividade de natureza cultural, artística ou publicitária, procurando compreender que tipo de contrato estará em causa e analisando algumas facetas do regime jurídico da participação dos menores nesse tipo de actividades.

Não esgotámos a matéria aplicável ao menor participante em espectáculo ou outra actividade de natureza cultural, artística ou publicitária. Longe disso. Não era, de resto, a nossa pretensão, de tal forma seria extenso esse trabalho. Cingimo-nos à apreciação das normas que abordam directa ou indirectamente a matéria em questão: às normas constantes do regime da participação de menor em espectáculo ou outra actividade de natureza cultural, artística ou publicitária (arts. 2.º a 11.º da RCT), às normas do regime do trabalho dos menores, em geral (arts. 66.º a 83.º do CT) e às normas do regime jurídico do contrato de trabalho dos profissionais de espectáculos, procurando fazer uma análise crítica dessas normas.

Concluímos o trabalho com mais dúvidas do que as que tínhamos antes de o começar. E com a consciência de que não respondemos a muitas das dúvidas que levantámos. A doutrina e a jurisprudência dos próximos anos serão certamente fundamentais. Esperamos, no entanto, ter pelo menos identificado algumas das questões que terão de ser abordadas se se quiser, de facto, dar uma resposta a este problema existente na nossa sociedade e que tem sido ao longo dos anos tão descurado: a protecção do menor participante em espectáculo ou outra actividade de natureza cultural, artística ou publicitária.

PARTE I
DOS MENORES

I. Sobre os menores

1. Conceito de menor

Nos termos do nosso Código Civil menor é aquele que ainda não tiver completado dezoito anos de idade (art. 122.º).

Entende-se ser este marco o culminar de uma caminhada de desenvolvimento físico e psíquico do menor, caminhada essa ao longo da qual o menor foi adquirindo experiência de vida, conhecimentos práticos, educação, foi aprendendo a relacionar-se com os outros e com o mundo, socializando-se para poder estar na sociedade de forma autónoma e responsável. Considera-se que só depois desta fase da vida é que uma pessoa já adquiriu, em princípio, a maturidade e a experiência necessárias para poder reger autonomamente e de forma responsável a sua pessoa e os seus bens, sem que, para tal, seja necessária a intervenção de um terceiro.

De facto, desde o momento do nascimento, através da família, da sociedade e do Estado, o menor vai aprendendo a ser cada vez mais auto-suficiente. Com o avançar da idade, o sujeito vai desenvolvendo as suas apetências físicas, morais, emocionais, que, atingido um determinado momento (a passagem da menoridade para a maioridade), se consideram suficientes para permitir à pessoa a tomada de decisões e a prática de actos por si só.

Assim, juridicamente, divide-se a vida do sujeito jurídico em duas grandes etapas: o período da menoridade e o período da maioridade.

Ainda que a lei não diga directamente o que considera ser a menoridade, analisando as normas que regulam a incapacidade de exercício por menoridade (arts. 122.º a 129.º do CC) é possível dizer que menoridade será todo o período que vai desde o nascimento de um sujeito completo e com vida até ao termo do décimo oitavo ano de vida[3-4]. O

---

[3] Rosa Martins, *Menoridade, (In)Capacidade e Cuidado Parental*, Coimbra Editora, Coimbra, 2008, págs. 29 e ss. A autora tece algumas críticas ao modelo escolhido pelo legislador português para definir a passagem da menoridade à maioridade – o sistema de fixação normativa da maioridade, na variante de fixação da maioridade num limite etário rígido e que é, de resto, o sistema utilizado na maioria dos ordenamentos jurídicos estrangeiros – ainda que o sistema português tenha aberto espaços de autonomia ao menor na condução da sua vida, de acordo com o seu desenvolvimento, e de que são exemplos os arts. 127.º, 1901.º, n.º 2, 1931.º, n.º 2 e 1984.º, al. a) do CC. Segundo a autora, este sistema, para além de não ter em consideração o grau de desenvolvimento do sujeito, que pode até nem ter o grau presumido pela lei ao fixar rigidamente a idade da maioridade, não se coaduna com as questões que se levantam actualmente em torno da incerteza e da insegurança que existem em afirmar-se uma idade exacta que deva funcionar como fixação da maioridade, uma vez que o processo de amadurecimento está dependente de circunstâncias culturais, económicas, sociais, que tornam essa fixação da idade em que o sujeito já adquiriu a maturidade e a experiência suficientes para reger a sua pessoa e administrar os seus bens algo "contingente e variável". Por outro lado, o sistema português considera os primeiros dezoito anos "um todo homogéneo", não considerando que a "maturação das faculdades físicas, intelectuais, morais e emocionais não se operam de forma automática e instantânea", mas de acordo com um processo evolutivo, que é particularmente acentuado durante a menoridade. O legislador português fez prevalecer os valores da segurança e da certeza jurídica sobre o valor da justiça. Propõe então, tomando como referências os exemplos alemão e austríaco, a adopção do sistema de fixação normativa da maioridade na variante de fixação gradual de várias idades correspondentes a progressivos graus de maturidade, introduzindo-se escalões de menoridade aos quais correspondesse um diferente estatuto jurídico.

[4] Para a contagem dos dezoito anos, à semelhança do que já sucedia com a contagem dos vinte e um anos, aplicam-se as regras gerais sobre a contagem dos prazos. Assim, por remissão do art. 296.º do CC, aplicam-se as regras constantes do art. 279.º, mais concretamente das als. b) e c), que dispõem que na contagem do prazo não se inclui o dia em que ocorrer o evento a partir do qual o prazo começa a correr (o nascimento) – al. b) – e que o prazo fixado em anos termina às 24 horas do dia que corresponda, dentro do último ano, a essa data. Assim, como referem Pires de Lima e Antunes Varela, *Código Civil Anotado*, Vol. I, 4.ª Edição revista e actualizada, Coimbra Editora, Coimbra, 1987, pág. 135, ainda que referindo-se aos vinte e um anos da maioridade, a pessoa só começa a ser maior quando tiver dezoito anos de vida mais as horas do dia em que nasceu. Veja-se também Menezes Cordeiro, *Tratado de Direito Civil Português, I, Parte Geral*, Tomo III, Almedina, Coimbra, 2007, pág. 454.

estado de menor, ressalvado o caso do menor emancipado[5], e ainda aqui com algumas restrições (arts. 1649.º e 2274.º do CC), é marcado pela dependência e sujeição a terceiros – representantes legais ou tutor –, sendo a sua principal consequência a incapacidade geral de exercício.

Já a maioridade começa quando cessa a menoridade, ou seja, quando a pessoa completa os dezoito anos, altura em que o sujeito passa a poder reger livremente a sua pessoa e administrar autonomamente os seus bens, adquirindo a capacidade plena para o exercício de direitos (art. 130.º do CC).

---

[5] Segundo o artigo 132.º do CC, "o menor é, de pleno direito, emancipado pelo casamento", acrescentando o artigo seguinte que a emancipação atribui ao menor a plena capacidade de exercício de direitos, permitindo-lhe reger a sua pessoa e dispor livremente dos seus bens como se fosse maior. Segundo o ordenamento jurídico português apenas podem contrair matrimónio os menores com pelo menos dezasseis anos de idade e desde que previamente autorizados por quem exerça as responsabilidades parentais ou pelo tutor ou após suprimento da referida autorização pelo conservador do registo civil (art. 1612.º do CC), sendo o casamento do menor com idade inferior a dezasseis anos anulável (arts. 1601.º e 1631.º, al. a) do CC). Hoje em dia o único caso de emancipação que encontramos na nossa lei é o da emancipação pelo casamento, situação diferente da que existia antes da Reforma de 1977, quando a idade da maioridade estava estabelecida nos vinte e um anos. Nessa altura, previa o art. 132.º do CC que, a par do casamento do menor, a emancipação podia resultar de concessão do pai ou da mãe, quando exercesse plenamente as responsabilidades parentais, de concessão do conselho de família, na falta dos pais ou estando eles inibidos do exercício das responsabilidades parentais, ou de decisão do tribunal de menores, sendo que, com excepção da emancipação pelo casamento, os outros casos estavam dependentes de o menor ter pelo menos dezoito anos (art. 134.º do CC). Com a alteração da idade da maioridade dos vinte e um anos para os dezoito anos considerou o legislador português, à semelhança do que tinha feito a República Federal da Alemanha e a Itália, que não se afigurava "razoável atribuir ao menor abaixo dos dezoito anos, a capacidade de agir que a emancipação envolve". Por seu lado, entendeu o legislador que, podendo o menor de dezasseis anos contrair matrimónio, convinha manter a emancipação pelo casamento, com base na ideia de que "à situação de casado convém a plena capacidade de exercício de direitos decorrente da emancipação". Veja-se a este propósito, Rui de Alarcão, "Maioridade e emancipação na revisão do Código Civil", *Boletim da Faculdade de Direito da Universidade de Coimbra*, Vol. LII, Coimbra, 1976, págs. 365 e ss., Pires de Lima e Antunes Varela, *Código...*, Vol. I, pág. 136 e Mota Pinto, *Teoria Geral do Direito Civil*, 4.ª Edição por António Pinto Monteiro e Paulo Mota Pinto, Coimbra Editora, Coimbra, 2005, pág. 229.

À semelhança do que se passou um pouco por todo o mundo, a idade da maioridade foi variando ao longo dos tempos, tendo vindo a ser reduzida ultimamente[6].

Assim, no tempo das ordenações, a maioridade alcançava-se apenas aos vinte e cinco anos de idade (Ordenações Filipinas, Livro 3, Tít. 41 § único e Tit. 104.º § ult.). Já com o Código de Seabra, de 1867, a maioridade atingia-se aos 21 anos, nos termos do disposto nos arts. 97.º e 311.º. Com o Código Civil de 1966 a idade da maioridade manteve-se nos vinte e um anos, o que só foi alterado com o DL n.º 496/77, de 25 de Novembro, que reduziu a idade para os dezoito (arts. 122.º e 130.º do CC).

Parte das razões desta última alteração constam do próprio preâmbulo do diploma: o objectivo de alinhar a idade da maioridade com a idade fixada na Constituição para a aquisição da capacidade eleitoral activa e passiva[7]; o movimento que se verificava pelas legislações de toda a Europa e não só no sentido de reduzir a idade da maioridade civil[8]; a recomendação do Conselho da Europa (Resolução n.º 29, de 19 de Setembro de 1972) aos países membros para que fixassem os dezoito anos como início da maioridade. Como razão de fundo, o preâmbulo do

---

[6] Para uma breve alusão à evolução histórica da idade estabelecida para a maioridade, veja-se Rosa Martins, *Menoridade...*, págs. 19 e ss. e Menezes Cordeiro, *Tratado...*, Tomo III, págs. 431 e ss.

[7] A capacidade eleitoral activa e passiva constava, na redacção original da Constituição, dos arts. 48.º, n.º 2 (actual 49.º, com uma redacção diferente) e 153.º (actual art. 150.º), respectivamente. E conforme referia o preâmbulo do DL n.º 496/77, "podendo-se ser deputado com dezoito anos, mal pareceria que continuasse a entender-se que só depois dessa idade se adquiria plena capacidade para reger a própria pessoa e dispor dos próprios bens".

[8] Focando apenas alguns exemplos, a opção legislativa de reduzir para os dezoito anos a idade da maioridade foi tomada em Inglaterra com o *Familiy Reform Act* de 1969; na Escócia e na Irlanda do Norte com o *Age of Majority Act* de 1969; em França com a *Loi n.º 74-631 du 5 Juillet 1974*; na Alemanha com a *Gesetz zur Neuregelung des Volljährigkeitsalters* de 31 de Julho de 1974; em Espanha com o *Real Decreto-ley de 16 de Noviembre de 1978*; em Itália com a lei n.º 39, de 8 de Março de 1975 – cfr. Brandão Proença, "Anexo n.º 1 à proposta e exposição dos motivos sobre a maioridade e emancipação", *Boletim da Faculdade de Direito da Universidade de Coimbra*, Vol. LII, Coimbra, 1976, págs. 371 e ss. Referindo-se à evolução geral das regras referentes à maioridade nos diversos países, Menezes Cordeiro, *Tratado...*, Tomo III, pág. 433, considera ter sido um movimento com vista a acelerar a integração dos jovens na vida política, de forma a captar o seu voto.

diploma aponta o reconhecimento de que os jovens naquela época estavam sujeitos a um rápido processo de desenvolvimento psíquico e cultural, tendo reivindicado em alguns sectores uma autonomia a que devia corresponder a inerente responsabilidade. O alargamento da escolaridade obrigatória, o desenvolvimento e facilitação dos meios de acesso à informação e o cada vez mais amplo debate de culturas e vivências, levavam a que os jovens, à semelhança de hoje, adquirissem maturidade mais cedo.

Pires de Lima e Antunes Varela, porém, questionam se à maior soma de conhecimentos dos jovens corresponderá "o maior amadurecimento de espírito e a mais rápida independência económica" que fundamentam a plena capacidade do indivíduo para reger a sua pessoa e administrar os seus bens[9]. Certo é também que a desvinculação dos pais aos filhos é cada vez mais tardia, fruto do prolongamento dos estudos, da dificuldade em arranjar emprego, da vida que se torna cada vez mais cara, tendendo a autonomia pessoal e patrimonial a avançar cada vez mais[10].

2. A personalidade e a capacidade jurídica[11]

Entende-se por personalidade jurídica a "aptidão para ser titular autónomo de relações jurídicas"[12] ou, dito de outro modo, a "idoneidade ou aptidão para receber – para ser centro de imputação deles – efeitos jurídicos (constituição, modificação ou extinção de relações jurídicas)"[13].

---

[9] *Código...*, Vol. I, pág. 136. Estes autores apontam também a falta de coerência lógica entre a ruptura dos laços de vinculação do filho à autoridade paterna e a manutenção da obrigação de alimentos a cargo dos pais para além desse momento (arts. 1879.º e 1880.º do CC), ponto de vista que é criticado por Rosa Martins, *Menoridade...*, págs. 24 e 25, nota de rodapé n.º 29, que considera que a solução do art. 1880.º só poderia causar estranheza se o critério seguido para estabelecer a maioridade fosse o critério da auto-suficiência, o que não é o caso.

[10] Cfr. Menezes Cordeiro, *Tratado...*, Tomo III, pág. 433.

[11] Referir-nos-emos apenas às pessoas singulares e sempre tendo como objectivo último o caso dos menores.

[12] Mota Pinto, *Teoria...*, pág. 193.

[13] Manuel de Andrade, *Teoria Geral da Relação Jurídica, Vol. I – Sujeitos e Objecto*, reimpressão, Almedina, Coimbra, 1997, pág. 30.

Nas pessoas singulares a personalidade jurídica é uma exigência do princípio da dignidade da pessoa humana que é reconhecido a todos os indivíduos, reconhecimento que encontramos, desde logo, no art. 6.º da Declaração Universal dos Direitos do Homem[14], que estipula que "todos os indivíduos têm direito ao reconhecimento em todos os lugares da sua personalidade jurídica".

"A personalidade jurídica adquire-se no momento do nascimento completo e com vida" (art. 66.º do CC) e apenas cessa com a morte (art. 68.º do CC). A nossa lei, contrariamente ao que sucedia com o Código de Seabra que exigia o "nascimento com vida e figura humana" e com o que sucede com outras legislações estrangeiras, não exige, para a aquisição de personalidade jurídica, mais nenhum requisito para além do nascimento completo e com vida. Não se exige nem figura humana nem viabilidade de sobrevivência fora do ventre materno[15]. Por outro lado, por morte, entende-se, nos termos da Lei n.º 141/99, de 28 de Agosto, a "cessação irreversível das funções do tronco cerebral"[16].

À personalidade jurídica é inerente a capacidade jurídica ou a capacidade de gozo de direitos, que é a aptidão para ser sujeito de quaisquer relações jurídicas. Nos termos do disposto no art. 67.º do CC, "as pes-

---

[14] Adoptada e proclamada pela Assembleia-Geral da Organização das Nações Unidas na sua Resolução 217A (III), de 10 de Dezembro de 1948, e publicada no Diário da República, I Série A, n.º 57/78, de 9 de Março de 1978.

[15] Requisito exigido pelo Código Civil espanhol, que prevê no art. 30.º que só tem efeitos civis o nascimento do feto com figura humana e que sobreviva vinte e quatro horas completamente desprendido do ventre materno; seguindo a mesma solução que Portugal, encontramos os exemplos dos Códigos Civis alemão (§ 1), italiano (art. 1.º) e brasileiro (art. 2.º). Cabral de Moncada, *Lições de Direito Civil*, 4.ª Edição, Almedina, Coimbra, 1995, pág. 254, referindo-se à exigência do Código de Seabra do nascimento com figura humana, justifica que a mesma se devia a uma tradição romana que admitia a possibilidade do nascimento de monstros do ventre da mulher. O autor, na referida obra, escrita em 1962, considerava "absolutamente inadmissível" essa exigência por não ser científica, não admitindo a ciência moderna que da mulher pudessem nascer seres vivos que não tivessem forma e figura humana. Por outro lado, essa doutrina tinha ainda o inconveniente de dar azo a uma série de questões e dúvidas, como por exemplo, a de saber o que se devia entender por "figura humana". Já quanto ao que se considera nascimento completo, Orlando de Carvalho, *Teoria Geral do Direito Civil*, Centelha, Coimbra, 1981, pág. 84, diz ficar o nascimento completo com o corte do cordão umbilical.

[16] Já não se admite, contrariamente ao que sucedia no direito romano, a chamada "morte civil" ou *capitis deminutio*, resultantes do estado de livre ou de cidadão – cfr. Cabral de Moncada, *Lições...*, pág. 257.

soas podem ser sujeitos de quaisquer relações jurídicas, salvo disposição legal em contrário; nisto consiste a sua capacidade jurídica"[17].

Mota Pinto distingue a personalidade jurídica e a capacidade jurídica da seguinte forma: "fala-se, pois, de personalidade para exprimir a qualidade ou condição jurídica do ente em causa – ente que pode ter ou não ter personalidade. Fala-se de capacidade jurídica para exprimir a aptidão para ser titular de um círculo, com mais ou menos restrições, de relações jurídicas – pode por isso ter-se uma medida maior ou menor de capacidade, segundo certas condições ou situações, sendo-se sempre pessoa, seja qual for a medida da capacidade"[18]. Enquanto que a personalidade jurídica ou se tem ou não se tem, e tendo-a, ela é insusceptível de qualquer limitação ou ressalva, relativamente à capacidade jurídica ela pode ser maior ou menor, mais ou menos circunscrita, pode ser quantificada, podendo variar consoante as circunstâncias da vida do indivíduo[19].

A capacidade jurídica distingue-se ainda de outra noção que é a de capacidade de exercício de direitos, capacidade para o exercício de direitos ou capacidade para agir. A capacidade de exercício é a "idoneidade para actuar juridicamente, exercendo direitos ou cumprindo deveres, adquirindo direitos ou assumindo obrigações, por acto próprio e exclusivo ou mediante um representante voluntário ou procurador, isto é, um representante escolhido pelo próprio representado"[20]; é a possibilidade de

---

[17] O Código de Seabra, no art. 1.º, dispunha "Só o homem é susceptível de direitos e obrigações. Nisto consiste a sua capacidade jurídica ou a sua personalidade.", o que levava a considerar como sinónimas as expressões "personalidade jurídica" e "capacidade jurídica" – cfr. Cabral de Moncada, Lições..., pág. 250.

[18] Teoria..., pág. 194.

[19] Ewald Hörster, A Parte Geral do Código Civil Português – Teoria Geral do Direito Civil, 5.ª Reimpressão da Edição de 1992, Almedina, Coimbra, 2009, págs. 308 e 309. Orlando de Carvalho, Teoria..., págs. 81 e 82, considera a personalidade jurídica como a "projecção no Direito (no mundo do normativo jurídico) da personalidade humana, apontando-lhe três grandes corolários: essencialidade (pressupõe a personalidade humana); indissolubilidade (é indissolúvel da personalidade humana, sendo, como tal, irrecusável e inadiável, razão pela qual não podem existir prazos de viabilidade no começo da personalidade jurídica); ilimitabilidade (não pode haver gradações de personalidade).

[20] Mota Pinto, Teoria..., págs. 195 e 196. O autor considera que a expressão "capacidade de exercício de direitos" não é uma expressão feliz, uma vez que sugere apenas a susceptibilidade de exercer direitos, esquecendo o cumprimento de obrigações, a aquisição de direitos e a assunção de obrigações. Na esteira dos juristas alemães, propõe

participar no tráfico jurídico, "a susceptibilidade de utilizar ou desenvolver, só por si ou mediante procurador, a própria capacidade de gozo"[21].

Assim, enquanto que a capacidade jurídica ou capacidade de gozo é "um elemento estático (= o estar no mundo jurídico como titular)", a capacidade de exercício de direitos (ou capacidade negocial, nas palavras de Ewald Hörster) "representa o elemento dinâmico (= o agir no mundo jurídico como praticante de actos jurídicos negociais)"[22]; enquanto que a capacidade de gozo não pode faltar totalmente a um indivíduo, a capacidade de exercício de direitos pode, como sucede efectivamente com algumas pessoas.

O sujeito dotado de capacidade de exercício não tem de ser representado ou assistido para praticar actos que produzam efeitos na sua esfera jurídica. A capacidade para o exercício de direitos pressupõe a capacidade jurídica. Desta forma, se uma pessoa para gozar de capacidade para o exercício de direitos tem de ter capacidade jurídica, o inverso já não é verdadeiro.

É sobretudo no domínio dos negócios jurídicos que tem particular relevância a questão da capacidade e incapacidade, pelo que Mota Pinto fala em capacidade negocial de gozo e capacidade negocial de exercício (às quais se contrapõem a incapacidade negocial de gozo e a incapacidade negocial de exercício) como sendo referências mais restritas da capacidade de gozo e da capacidade de exercício, respectivamente[23].

---

que se fale antes em "capacidade de agir". Já em 1929, Cunha Gonçalves, *Tratado de Direito Civil*, Vol. I, Coimbra Editora, Coimbra, 1929, págs. 169 e 170, criticava as expressões "capacidade de gozo" e "capacidade de exercício", por não estabelecerem nitidamente a antítese e por só se referirem aos direitos e não às obrigações.

[21] Manuel de Andrade, *Teoria...*, Vol. I, pág. 31.

[22] *A Parte...*, pág. 310. O modo como é tratada a matéria da capacidade jurídica e da capacidade para agir varia consoante os autores. Assim, Ewald Hörster fala em capacidade jurídica como capacidade de gozo (susceptibilidade de ser sujeito de relações jurídicas) e em capacidade negocial como capacidade civil para agir (idoneidade de se tornar sujeito de relações jurídicas). Dentro da capacidade negocial, refere a capacidade negocial de gozo, como a idoneidade para participar no tráfico jurídico e adquirir o gozo de direitos, direitos esses de natureza estritamente pessoal e que, como tal, "não podem ser assumidos por outrem e em vez do titular" (por exemplo, arts. 1601.º, 1850.º e 2188.º do CC), e a capacidade negocial de exercício, para os outros casos de participação no tráfico jurídico.

[23] La Rosa, *Il rapporto di lavoro nello spettacolo*, 5.ª Edição, Giuffrè Editore, Milão, 1998, pág. 65, define capacidade jurídica e capacidade de agir no âmbito do contrato de

Assim, enquanto a incapacidade negocial de gozo provoca a nulidade do negócio e é insuprível, não podendo os negócios para os quais o sujeito não tenha capacidade ser celebrados por outra pessoa em nome do incapaz nem pelo incapaz mediante autorização, a incapacidade negocial de exercício provoca a anulabilidade do negócio e é suprível, ou seja, o próprio incapaz ou um procurador por si escolhido não podem celebrar o negócio, mas o mesmo pode ser celebrado mediante representação (instituto da representação legal), produzindo-se os efeitos jurídicos decorrentes dos negócios praticados pelo representante na esfera jurídica do incapaz, ou mediante autorização de terceiro (instituto da assistência)[24]. Por outro lado, a incapacidade de exercício tanto pode dizer respeito a negócios de natureza pessoal (como é o caso do casamento de menores com dezasseis anos) como a negócios de natureza patrimonial (a grande maioria deles).

3. As incapacidades. A incapacidade dos menores

O art. 67.º do CC estabelece a regra da capacidade de gozo: todas as pessoas podem ser titulares de quaisquer relações jurídicas, salvo previsão legal em contrário. As restrições existem quando se verificam determinadas qualidades ou circunstâncias inerentes à própria pessoa, que afectam ou diminuem o seu discernimento ou as suas capacidades volitivas[25]. São exemplo dessas restrições as incapacidades nupciais (arts. 1601.º e 1602.º do CC), a incapacidade de testar dos menores não emancipados e dos interditos por anomalia psíquica (art. 2189.º do CC) e a incapacidade para perfilhar dos menores de 16 anos, dos interditos por

---

trabalho, sendo aquela a susceptibilidade da pessoa em ser titular de poderes e deveres relativos à prestação laboral e esta a susceptibilidade de celebrar um contrato e de exercer os direitos e as acções que dele emirjam.

[24] Mota Pinto, *Teoria...*, págs. 221 e ss. Como refere o autor, a representação legal é uma forma de suprimento da incapacidade que se traduz na possibilidade de outra pessoa, designada por lei ou em conformidade com ela, agir em nome e no interesse do incapaz; a assistência tem lugar quando é permitido ao incapaz agir, mas apenas com o consentimento de certa pessoa ou entidade. Na representação, o representante legal actua em vez do incapaz; na assistência quem actua é o próprio incapaz ou um procurador seu, mas sempre mediante a assistência de outrem, o assistente.

[25] Edwald Hörster, *A Parte...*, pág. 315.

anomalia psíquica e dos notoriamente dementes no momento da perfilhação (art. 1850.º do CC). Faltando a capacidade jurídica para o gozo destes direitos, o seu titular não pode ser deles sujeito, nem por si só, nem mediante representação legal ou assistência.

Apenas no caso de testamento feito por incapaz é que a lei previu como sanção a nulidade (art. 2190.º do CC). Nos outros dois casos (incapacidades nupciais e incapacidade para perfilhar), os actos são anuláveis (arts. 1631.º, al. a) e 1861.º, n.º 1 do CC). Esta segunda solução justifica-se por estar em causa o estado civil das pessoas, que não se compadece com a instabilidade que poderia advir da possibilidade de qualquer interessado invocar a nulidade[26].

Quanto à capacidade de exercício de direitos, ela pressupõe que as pessoas tenham idoneidade, prudência, juízo e capacidade para querer e entender o acto ou o negócio que praticam, bem como os efeitos por ele produzidos, de forma autónoma e pessoal, isto é, sem que seja necessária a intervenção de terceiro[27].

Em princípio, todas as pessoas singulares maiores ou menores emancipadas têm capacidade de exercício de direitos, o que resulta, *a contrario*, dos arts. 130.º e 133.º do CC. Só existe incapacidade de exercício quando a lei expressamente o determine, constituindo esta incapacidade uma excepção ao regime[28].

Podem apontar-se essencialmente quatro "estados" dos quais resulta a regra da incapacidade de exercício: a menoridade, a interdição, a ina-

---

[26] Ewald Hörster, *A Parte...*, pág. 317.

[27] Sancho Gargallo, *Incapacitación y tutela: (conforme a la Ley 1/2000, de enjuiciamiento civil)*, Tirant lo Blanch, Valência, 2000, pág. 28, refere que a capacidade de exercício "presupone unas condiciones de madurez psíquica, que permitan adquirir conocimientos de los derechos y deberes sociales y las reglas de la vida en sociedad, tener juicio suficiente para aplicarlos en un caso concreto y firmeza de voluntad para inspirar una libré decisión".

[28] Como refere Manuel de Andrade, *Teoria Geral da Relação Jurídica, Vol. II, Facto Jurídico, em especial Negócio Jurídico*, reimpressão, Almedina, 2003, págs. 74 e 76, a determinação legal da capacidade de gozo "é feita só por via genérica, indirecta ou negativa, e não de modo específico, directo ou positivo. A lei não indica até onde vai essa capacidade. Diz apenas quais os limites que ela sofre – quais as respectivas incapacidades". O mesmo sucede relativamente à capacidade de exercício, a lei apenas diz quais as pessoas que estão feridas de incapacidade e qual a respectiva amplitude.

bilitação e a incapacidade natural acidental[29]. Trataremos apenas da incapacidade por menoridade.

Prevê a lei, no art. 130.º do CC que o sujeito que perfaz dezoito anos de idade adquire plena capacidade de exercício, podendo, em consequência, reger a sua pessoa e dispor dos seus bens, de forma pessoal e autónoma. A capacidade de exercício adquire-se, assim, com a maioridade, não obstante manterem-se as responsabilidades parentais ou a tutela até ao trânsito em julgado da sentença, se, quando o menor atingir a maioridade, estiver contra ele pendente uma acção de interdição ou de inabilitação.

No que diz concretamente respeito aos menores, eles padecem de uma incapacidade geral de exercício (art. 123.º do CC), que os impede, salvo os casos previstos na lei, de actuar juridicamente, por acto próprio e autónomo, ou mediante procurador voluntariamente escolhido, tanto no que se refere a direitos de natureza pessoal como a direitos de natureza patrimonial.

---

[29] A interdição é a impossibilidade de exercício de direitos por parte daqueles que por anomalia psíquica, surdez-mudez ou cegueira se mostrem incapazes de governar a sua pessoa e os seus bens e, como tal, sejam declarados interditos pelo tribunal (arts. 138.º a 151.º do CC); a inabilitação, por seu turno, é a impossibilidade de os indivíduos que sofram de anomalia psíquica, surdez-mudez ou cegueira, que embora de carácter permanente não justifique a interdição, assim como daqueles que pela sua habitual prodigalidade ou pelo uso de bebidas alcoólicas ou de estupefacientes sejam incapazes de reger convenientemente o seu património, praticar, sem autorização de um curador, actos de disposição de bens entre vivos e outros que forem especificados em sentença que declare o sujeito inabilitado (arts. 152.º a 156.º do CC); já a incapacidade natural acidental é, nos termos do disposto no art. 257.º do CC, a falta de entendimento do sentido de uma declaração negocial, devido a qualquer causa ou a falta do livre exercício da vontade, dando lugar, quando notória ou conhecida do declaratário, à anulabilidade da declaração negocial. Não fizemos referência às por vezes chamadas "incapacidades conjugais", por entendermos, no seguimento de Mota Pinto, *Teoria ...*, págs. 225 e ss., que essas "incapacidades" não resultam de "um modo de ser do sujeito em si", mas de um modo de ser do sujeito para com os outros. As restrições que existem relativamente "à livre actuação jurídica derivadas do casamento" não se justificam por uma qualidade do sujeito nem têm como intuito proteger os cônjuges mas terceiros, sendo, como tal, mais correcto falar a este propósito de "ilegitimidades conjugais".

O entendimento doutrinário vai no sentido de considerar que a razão de ser da restrição da capacidade de exercício aos menores é o interesse do próprio incapaz[30]. A ordem jurídica entende que o incapaz não tem discernimento suficiente para reger a sua pessoa e para administrar os seus bens, participando, por si só, no tráfico jurídico. Visa-se "preservar o incapaz, em atenção à sua menor maturidade psíquica e experiência de vida (de negócios), de prejuízos, pessoais ou patrimoniais, que possa causar a si próprio"[31].

No entanto, como dispõe o art. 123.º do CC, a lei prevê expressamente casos em que ao menor é concedida, excepcionalmente, a capacidade de exercício. Assim, e sem esgotar todas as excepções previstas na lei, podem os menores praticar actos de administração ou disposição de bens que, quando maiores de dezasseis anos, tenham adquirido com o seu trabalho[32], sendo que aos pais é vedada a administração desses bens (arts. 127.º, n.º 1, al. a) e 1888.º, n.º 1, al. d) do CC)[33]; podem praticar os negócios jurídicos próprios da vida corrente que, estando ao alcance da sua capacidade natural de entender e querer, só impliquem despesas ou disposições de bens de pequena importância (art. 127.º, n.º 1, al. b) do CC)[34]; podem praticar os negócios jurídicos relativos à profissão, arte ou ofício que o

---

[30] Neste sentido, entre outros, Mota Pinto, *Teoria...*, pág. 227, Ewald Hörster, *A Parte ...*, pág. 318 e ss. e Manuel de Andrade, *Teoria....*, Vol. II, pág. 77.

[31] Raúl Guichard Alves, "Observações a respeito da incapacidade de exercício dos menores e sua justificação", *Revista de Direito e Economia*, Ano XV, 1989, pág. 362.

[32] Como refere Jorge Leite, "Alguns aspectos do regime jurídico do trabalho de menores", *Prontuário de Legislação do Trabalho*, Actualização n.º 40, CEJ, 1992, pág. 13, quer se trate de trabalho dependente ou independente. O autor considera incluir--se aqui também a administração e disposição dos bens que o menor haja adquirido pelo seu trabalho antes de atingir os dezasseis anos.

[33] Ficando, no entanto, os pais "desobrigados de prover ao sustento dos filhos e de assumir despesas relativas à sua segurança, saúde e educação, na medida em que os filhos estejam em condições de suportar, pelo produto do seu trabalho ou outros rendimentos, aqueles encargos" (art. 1879.º do CC).

[34] Devendo a "pequena importância" ser avaliada objectiva e subjectivamente, tendo-se em conta, em cada caso concreto, a posição económica e social do menor. O que para um pode ser um gasto de pequena importância, para outro pode representar uma despesa avultada. Menezes Cordeiro, *Tratado...*, Tomo III, págs. 441 e ss., considera que o facto de os menores poderem celebrar os negócios próprios da vida corrente põe em crise a ideia de incapacidade geral de exercício, tendo em conta que são esses negócios

menor tenha sido autorizado a exercer ou os praticados no exercício dessa actividade ou ofício (art. 127.º, n.º 1, al. c) do CC)[35]; podem perfilhar, quando tenham idade superior a dezasseis anos e não estejam interditos por anomalia psíquica ou não forem notoriamente dementes no momento da perfilhação (art. 1850.º, n.º 1 do CC); podem celebrar contratos de trabalho, quando tenham completado dezasseis anos, se tiverem concluído a escolaridade obrigatória e os representantes legais não se opuserem (art. 70.º, n.º 1 do CT); podem adquirir por usucapião (art. 1289.º, n.º 2 do CC); podem convocar o conselho de família quando tiverem mais de dezasseis anos (art. 1957.º, n.º 1 do CC); podem declarar o seu nascimento, quando forem maiores de catorze anos (art. 123.º, n.º 1 do CRC); têm capacidade para testar, quando emancipados pelo casamento (art. 2189.º, al. a) do CC, *a contrario* – preceito relevante sobretudo quando o menor se casou sem ter tido a necessária autorização dos pais ou do tutor, caso em que o menor não goza de plena capacidade de exercício); podem ser representantes, desde que tenham capacidade para entender e querer o negócio em causa (art. 263.º do CC); têm capacidade para adquirir a posse, quando tenham o uso da razão ou, ainda que o não tenham, relativamente às coisas susceptíveis de ocupação (art. 1266.º do CC); têm capacidade para decidir quanto à sua educação religiosa, a partir dos dezasseis anos (art. 1886.º do CC, *a contrario*)[36].

Relativamente a estes casos, nuns o legislador considerou que as consequências deles resultantes não prejudicam a pessoa do menor nem colidem com a sua situação de menor, noutros considerou que ele já tem a maturidade e o discernimento necessários para praticar os actos, compreendendo os seus efeitos e assumindo as responsabilidades deles advenientes. Como nota Ewald Hörster, a maturidade e o discernimento

---

aqueles que representam a maioria dos negócios celebrados tanto por maiores como por menores. Por outro lado, frisa também que o dispositivo dos arts. 122.º e ss. do CC, embora aparente referir-se a incapacidades de âmbito genérico, só tem aplicação no domínio do Direito das Obrigações e, mesmo nesse caso, no âmbito dos negócios mais significativos.

[35] De notar que a lei previu, de forma a limitar os prejuízos potencialmente resultantes desses negócios jurídicos, que por esses negócios só respondem os bens de que o menor tiver a livre disposição (art. 127.º, n.º 2 do CC).

[36] Fazendo referência a mais casos, veja-se Menezes Cordeiro, *Tratado...*, Tomo III, págs. 433 e 434.

não se adquirem de um momento para o outro quando se atinge a maioridade, antes sendo resultado de um "processo de evolução gradual", sendo o respeito pela autodeterminação e auto-regulamentação da pessoa que justifica a flexibilização da regra do art. 123.º do CC[37]. Nas palavras de Pires de Lima e Antunes Varela, a menoridade deve ser entendida "como estágio progressivo e escalonado, na preparação do menor a caminho da plena capacidade de exercício de direitos"[38].

Quanto aos menores que forem emancipados pelo casamento, estes possuem plena capacidade de exercício de direitos, podendo dispor livremente dos seus bens e reger a sua pessoa, salvo quando o casamento não tenha sido autorizado pelos pais ou pelo tutor e não tenha havido suprimento judicial, caso em que o menor continua a ser considerado menor quanto à administração dos bens levados para o casamento ou que lhe advenham posteriormente por título gratuito, até à maioridade, cabendo aos pais ou ao tutor a administração desses bens.

Assim, fora os casos legalmente previstos, o menor sofre de uma incapacidade de exercício de direitos. Quando o menor pratica os actos para os quais não está capacitado, prevê a lei que os negócios jurídicos possam ser anulados: a requerimento do progenitor que exerça as responsabilidades parentais, do tutor ou do administrador de bens, conforme o caso, devendo estes intentar a acção no prazo de um ano a contar do conhecimento do negócio impugnado, mas nunca depois de o menor atingir a maioridade ou ser emancipado (art. 125.º, n.º 1, al. a) do CC); a requerimento do próprio menor, no prazo de um ano a contar da sua maioridade ou emancipação (al. b))[39-40] ou a requerimento de qualquer

---

[37] *A Parte* ..., pág. 322.

[38] *Código Civil Anotado*, Vol. V, Coimbra Editora, Coimbra, 1995, pág. 340.

[39] Como nota Ewald Hörster, *A Parte*..., pág. 329, a aplicação desta alínea b) pressupõe que ainda não tenha havido confirmação do negócio jurídico.

[40] Pires de Lima e Antunes Varela, *Código*..., Vol. I, pág. 138, anotação ao texto primitivo do art. 125.º do CC, defendem que a emancipação a considerar para efeitos de aplicação das als. a) e b) do art. 125.º é necessariamente aquela que concede ao menor capacidade plena para o exercício dos respectivos direitos. Tendo esta anotação sido feita ao texto do art. 125.º anterior à Reforma de 1977, quando ainda existiam várias formas de emancipação, na actualidade aquele comentário cinge-se aos casos em que o casamento do menor foi contraído sem a devida autorização, caso em que o menor continua a ser considerado para quase todos os efeitos, menor.

herdeiro do menor, no prazo de um ano a contar da sua morte, desde que ocorrida antes de expirar o prazo para o menor intentar a acção (al. c)). No entanto, enquanto o negócio não estiver cumprido, pode a anulabilidade ser arguida, sem dependência de prazo, tanto por via de acção como por via de excepção, nos termos do disposto no art. 287.º, n.º 2 do CC. Por aqui se vê que o risco de contratar com um menor cabe sempre à outra parte, que não tem legitimidade para arguir a anulabilidade do negócio. Entendeu o legislador que cabia àquele que contratou com o menor o dever de ser cauteloso e de se ter informado devidamente sobre a capacidade de exercício do menor. Não o tendo feito, e com excepção do caso previsto no art. 126.º do CC, a contraparte não pode reagir[41].

Acresce ainda que no cumprimento de obrigações, o devedor tem de ser capaz, se a prestação constituir um acto de disposição; mas caso o devedor cumpra a obrigação sem que daí lhe tenha advindo qualquer prejuízo, pode o credor que tenha recebido do devedor incapaz opor-se ao pedido de anulação do negócio jurídico (art. 764.º, n.º 1 do CC). Por outro lado, também o credor deve ser capaz para a prestação; se, no entanto, a prestação chegar ao poder do representante legal do incapaz ou o património deste tiver sido enriquecido, o devedor pode opor-se ao pedido de anulação da prestação realizada (art. 764.º, n.º 2 do CC).

Contudo, ao invés de requerer a anulação do negócio jurídico celebrado pelo menor sem que o mesmo tivesse capacidade para agir, pode o progenitor que exerça as responsabilidades parentais, o tutor ou o administrador de bens, tratando-se de acto que algum deles pudesse celebrar em representação do menor, confirmar o negócio, ou pode o próprio menor, depois de atingida a maioridade ou a emancipação fazê-lo (art. 125.º, n.º 2 do CC)[42]. A confirmação, expressa ou tácita, tem efeitos

---

[41] Raúl Guichard Alves, *Observações...*, pág. 362, entende ter a cominação da anulabilidade para a prática de actos do menor no âmbito da sua incapacidade de exercício e a consagração das excepções à incapacidade de exercício uma "finalidade educacional", permitindo, assim, "que se vá preparando o ingresso pleno do menor no tráfico jurídico normal".

[42] O menor pode, inclusive, confirmar actos impugnados pelos seus representantes legais, tutor ou administrador de bens, desde que não exista ainda uma sentença anulatória transitada em julgado. Considera-se também, à luz do art. 288.º, n.º 1 do CC, poderem os herdeiros confirmar o negócio.

retroactivos, tudo se passando como se o negócio nunca tivesse estado ferido de invalidade (art. 288.º, n.ºs 3 e 4 do CC).

Numa terceira hipótese, caso ninguém intente a acção de anulação ou confirme o negócio jurídico, decorridos os prazos previstos no art. 125.º n.º 1 do CC, o negócio torna-se válido[43].

Quando o menor tenha tido um comportamento doloso, ou seja, tenha usado de artifícios, manobras ou sugestões com a intenção de se fazer passar por maior ou emancipado, induzindo ou mantendo em erro o contratante que esteja perante o menor, prevê a lei (art. 126.º do CC) que este deixe de poder invocar a anulabilidade do negócio. O uso de sugestões e artifícios pressupõe que os mesmos sejam eficazes e susceptíveis de enganar a outra parte. Esta preclusão do direito estende-se também aos herdeiros do menor, quando tenham legitimidade para intentar a acção e, segundo alguns autores, aos próprios representantes legais, tutor e administrador de bens[44].

Como forma de suprir a incapacidade do menor (incapacidade de exercício, uma vez que a incapacidade de gozo é insuprível), previu a lei o instituto da representação. Assim, o menor não pode em regra agir juridicamente de forma pessoal e autónoma, mas pode, nos actos para os quais não tem capacidade, ser representado por outrem, que pratica os

---

[43] Segundo Ewald Hörster, *A Parte...*, pág. 329, se o representante legal apenas podia actuar com autorização judicial, a confirmação terá de ser expressa, com intervenção do tribunal (aplicando-se os arts. 1889.º, 1892.º e 1894.º do CC). Quanto à hipótese de o representante legal nada fazer, deixando passar o prazo, entende o autor que nos casos em que seria necessária a autorização do tribunal para que o representante pudesse praticar o acto, o negócio não se torna válido pelo simples expirar do prazo.

[44] Neste sentido, Mota Pinto, *Teoria...*, pág. 20, que considera que "o especial merecimento de tutela da contraparte, que está na base da preclusão do direito de anular, implica que todos os legitimados sejam inibidos de exercer o direito de anulação". Em sentido contrário, considerando que os representantes legais, tutor e administrador de bens continuam a ter o direito de anulação, Pires de Lima e Antunes Varela, *Código...*, Vol. I, pág. 139, que consideram só se aplicar a norma aos herdeiros porque só eles são "continuadores do *de cuius*", Menezes Cordeiro, *Tratado...*, Tomo III, pág. 452 e Ewald Hörster, *A Parte...*, pág. 331, nomeadamente com um argumento que consideramos muito forte, que é o facto do art. 126.º não ter pretensões de esvaziar os poderes dos representantes legais, cabendo a estes, sempre, a tarefa de corrigir os actos dos menores – é um direito-dever (art. 1878.º do CC) .

referidos actos em nome do menor, produzindo-se os efeitos deles emergentes na esfera jurídica deste.

Podem ser representantes dos menores o pai e/ou a mãe que exerçam as responsabilidades parentais (arts. 124.º e 1877.º e ss. do CC), o tutor (arts. 124.º e 1921.º e ss. do CC) e o administrador de bens, que actua em paralelo com os pais ou com o tutor (arts. 1888.º, n.º 1, als. a) a c) e 1922.º do CC).

Assim, a incapacidade dos menores é suprida preferencialmente pelo exercício das responsabilidades parentais, que diz respeito à pessoa do menor bem como aos seus bens, ainda que por vezes com uma autorização prévia do tribunal (arts. 1889.º e 1892.º do CC)[45-46]. Quando os pais do menor tiverem falecido, estiverem inibidos do exercício das responsabilidades parentais quanto à regência da pessoa do filho, estiverem há mais de seis meses impedidos de facto de exercer as responsabilidades parentais ou forem incógnitos, o menor fica obrigatoriamente sujeito a tutela (art. 1921.º, n.º 1 do CC), sendo o tutor designado ou pelos próprios pais (art. 1928.º do CC) ou pelo tribunal de menores (art. 1931.º do CC). Ao tutor cabem os mesmos direitos e as mesmas obrigações que

---

[45] Com a entrada em vigor da Lei n.º 61/2008, de 31 de Outubro, a expressão "poder paternal" foi substituída pela expressão "responsabilidades parentais". A expressão "poder paternal" vinha sendo há já algum tempo criticada por vários autores, que denunciavam a ideia de posse e de domínio dos filhos pelos pais e a preponderância do pai sobre a figura da mãe que lhe estava subjacente. Consequentemente, Maria Clara Sottomayor, *Regulação do exercício do poder paternal nos casos de divórcio*, 3.ª Reimpressão da 4.ª Edição, Almedina, Coimbra, 2008, pág. 23, manifestava preferência pelas expressões "responsabilidade parental" ou "cuidado parental"; também Rosa Martins, *Menoridade...*, pág. 209, falava em "cuidado parental"; já Leite de Campos, *Lições de Direito da Família e das Sucessões*, 4.ª Reimpressão da 2.ª Edição revista e actualizada, Almedina, Coimbra, 2008, pág. 370, optava pela expressão "poder parental".

[46] As responsabilidades parentais vêm reguladas nos arts. 1877.º e ss. do CC. Prevêem os arts. 1877.º e 1878.º que até à maioridade ou emancipação dos filhos cabe aos pais, no seu interesse, cuidar da sua segurança e saúde, prover ao seu sustento, dirigir a sua educação, representá-los e administrar os seus bens, devendo os pais, no entanto, de acordo com a maturidade dos filhos, ter em conta a sua opinião nos assuntos familiares importantes e reconhecer-lhes autonomia na organização da sua própria vida. Como refere Maria Clara Sottomayor, *Regulação...*, pág. 23, as responsabilidades parentais são um poder funcional, cujo conteúdo "consiste nos cuidados quotidianos a ter com a saúde, a segurança e a educação da criança, através dos quais esta se desenvolve intelectual e emocionalmente".

aos pais (art. 1935.º do CC), sendo certo, porém, que determinados actos que são permitidos realizar aos progenitores, estão proibidos ao tutor (art. 1937.º do CC). Quando, por seu turno, pelas razões previstas na lei, não caiba aos pais ou ao tutor a administração de determinados bens ou da totalidade dos bens, é designado um administrador de bens (arts. 1967.º e ss. do CC), a quem cabe, exclusivamente, a administração dos bens que lhe forem confiados (art. 1971.º do CC). Prevê a lei que, no âmbito da administração, o administrador de bens tenha os mesmos direitos e obrigações que o tutor (art. 1971.º, n.º 1 do CC), pelo que, em consequência, também relativamente ao administrador de bens alguns actos permitidos aos pais estão-lhe proibidos (art. 1937.º, por remissão do art. 1971.º, n.º 1 do CC).

II. Sobre o trabalho dos menores

1. Formas de protecção legal contra o trabalho infantil

Não há país no mundo que não tenha como preocupação o trabalho dos menores[47]. Com carácter mais ou menos acentuado, em países mais

---

[47] A expressão mais comummente utilizada quando falamos de trabalho praticado por menores de idade é "trabalho infantil". O PETI define o trabalho infantil como compreendendo todas as "actividades desenvolvidas por crianças com idades compreendidas entre os 6 e os 15 anos de idade, se susceptíveis de terem efeitos negativos na saúde, educação e no harmonioso desenvolvimento psíquico, social e ético da criança, o que se considera exploração de trabalho infantil" – *www.peti.gov.pt*. Vários instrumento internacionais, entre os quais destacamos a Directiva 94/33/CE, do Conselho, de 22-06-94, e a convenção n.º 138 da OIT, referem o dever dos Estados de tomarem as medidas necessárias a fim de proibir o trabalho infantil, depreendendo-se pelas normas que consagram considerarem trabalho infantil todo o trabalho prestado por quem não tenha a idade mínima de admissão ao emprego. Diríamos então, em termos abrangentes, ser o trabalho infantil toda a actividade de natureza económica, exercida de forma remunerada ou não, por quem não tenha a idade mínima legal para o trabalho. Esta idade varia consoante as legislações, ainda que, atendendo ao número abrangente de instrumentos internacionais existentes sobre a matéria, alguns dos quais fixando as idades mínimas admitidas, e ao número de Estados a eles vinculados, tenda a haver alguma uniformidade na fixação da idade.

ou menos desenvolvidos, em estratos da sociedade mais ou menos elevados, em sectores de actividade com maior ou menor impacto na opinião pública, sempre existe um problema a resolver pelo legislador, pelo aplicador e pelo fiscalizador do cumprimento das leis: o trabalho de menores.

Razões de carácter biológico, que se prendem com a debilidade física e psíquica própria do menor, razões de ordem moral, que levam a proibir ou a condicionar a prestação de trabalho em determinadas actividades, e razões de ordem formativa e cultural, permitem explicar a especial protecção que tem o trabalho de menores[48].

Podemos encontrar nos mais diversos instrumentos internacionais alusões, de forma mais ou menos directa, à protecção de menores. A tutela do livre desenvolvimento da personalidade do menor, da educação, da formação, a salvaguarda da sua integridade física, psíquica e moral são objectivos prosseguidos por todos eles. Vejamos alguns exemplos.

Emanados da Assembleia Geral das Nações Unidas, e ainda que com um âmbito de aplicação mais lato, encontramos desde logo a Declaração Universal dos Direitos do Homem, que prevê no art. 26.º o direito de toda a pessoa à educação; o Pacto Internacional sobre os Direitos Civis e Políticos[49] que dispõe no art. 24.º o direito de todas as crianças, sem qualquer discriminação de raça, cor, sexo, língua, origem nacional ou social, propriedade ou nascimento, a terem, da parte da sua família, da sociedade e do Estado, a medida de protecção que exija a sua condição de menor; e o Pacto Internacional sobre os Direitos Económicos, Sociais e Culturais[50] que estabelece o direito das crianças e dos adolescentes a serem protegidos contra a exploração económica e social, devendo o seu

---

[48] Vítor Ferraz, "O Regime Jurídico do Trabalho de Menores", *II Congresso Nacional de Direito do Trabalho*, Almedina, Coimbra, 1999, pág. 281.

[49] Adoptado e aberto à assinatura, ratificação e adesão pela resolução 2200A (XXI) da Assembleia Geral das Nações Unidas, de 16 de Dezembro de 1966, aprovado para ratificação pela Lei n.º 29/78, de 12 de Junho, entrou em vigor na ordem jurídica portuguesa a 15 de Setembro de 1978.

[50] Adoptado e aberto à assinatura, ratificação e adesão pela resolução 2200A (XXI) da Assembleia Geral das Nações Unidas a 16 de Dezembro de 1966, foi assinado por Portugal a 7 de Outubro de 1976, aprovado para ratificação pela Lei n.º 45/78, de 11 de Julho e entrou em vigor na ordem jurídica portuguesa a 31 de Outubro de 1978.

emprego em trabalhos que comprometam a sua moralidade ou a sua saúde, susceptíveis de pôr em perigo a sua vida ou de prejudicar o seu desenvolvimento normal ser sujeito a sanções legais; dispõe também sobre o dever de os Estados fixarem os limites de idade abaixo dos quais o emprego de mão-de-obra infantil será interdito e sujeito a sanções legais (art. 10.º) e prevê ainda o direito à educação (art. 13.º).

De âmbito mais restrito, a Convenção sobre os Direitos da Criança[51] prevê no art. 32.º o reconhecimento pelos Estados do direito da criança a ser protegida contra a exploração económica ou a sujeição a trabalhos perigosos ou capazes de comprometer a sua educação, prejudicar a sua saúde ou o seu desenvolvimento físico, mental, espiritual, moral ou social, devendo os Estados fixar idades mínimas de admissão ao emprego, adoptar regulamentos próprios relativos à duração e às condições de trabalho, prevendo as respectivas sanções.

Também o art. 9.º da Declaração dos Direitos da Criança[52] consagra o direito da criança a ser protegida contra qualquer forma de exploração, não devendo ser admitida ao emprego antes de uma idade mínima adequada e não podendo em caso algum dedicar-se a uma ocupação ou emprego que possa prejudicar a sua saúde e impedir o seu desenvolvimento físico, mental e moral.

Elaborada pelo Conselho da Europa, a Carta Social Europeia Revista[53] prevê no art. 7.º uma série de medidas de protecção dos menores, como a fixação em quinze anos da idade mínima de admissão ao emprego, ainda que com excepções para o caso de trabalhos ligeiros que não impliquem o risco de prejudicar a saúde, moralidade ou educação da criança; a proibição de empregar crianças sujeitas a escolaridade obrigatória em trabalhos que as privem do pleno benefício dessa escolaridade;

---

[51] Assinada pela Assembleia Geral das Nações Unidas em 20 de Novembro de 1989, aprovada para ratificação pela resolução da Assembleia da República n.º 20/90, de 21 de Setembro, entrou em vigor na ordem jurídica portuguesa a 21 de Outubro de 1990.

[52] Proclamada pela resolução da Assembleia Geral das Nações Unidas 1386 (XIV), a 20 de Novembro de 1959.

[53] Aberta para assinatura dos Estados membros do Conselho da Europa a 3 de Maio de 1996, foi assinada por Portugal nessa data, foi aprovada para ratificação pela resolução da Assembleia da República n.º 64-A/2001, de 17 de Outubro e entrou em vigor na ordem jurídica portuguesa em 1 de Julho de 2002.

a limitação da duração do trabalho dos menores de acordo com as exigências do seu desenvolvimento e de acordo com as necessidades da sua formação profissional; a proibição de empregar trabalhadores menores de dezoito anos em trabalho nocturno, exceptuando os empregos concretamente determinados por lei ou regulamentação nacionais. De assinalar também a necessidade de os Estados tomarem medidas apropriadas a proteger as crianças e os adolescentes contra a exploração (art. 17.º, n.º 1, al. b)).

A Carta de Direitos Fundamentais da União Europeia[54], no art. 32.º, proíbe o trabalho infantil, estipulando que, em regra, a idade mínima de admissão não pode ser inferior à idade em que termina a escolaridade obrigatória. Acrescenta que "os jovens admitidos ao trabalho devem beneficiar de condições de trabalho adaptadas à sua idade e de uma protecção contra a exploração económica e contra todas as actividades susceptíveis de prejudicar a sua segurança, saúde ou desenvolvimento físico, mental, moral ou social, ou ainda de pôr em causa a sua educação".

A Directiva n.º 94/33/CE, do Conselho, de 22-06-94[55], começando por estabelecer a proibição do trabalho infantil, prevê, entre outras matérias, excepções à proibição, deveres a cargo da entidade empregadora, trabalhos expressamente proibidos a menores, tempo de trabalho, trabalho nocturno e período de descanso diário, semanal e anual.

Também a convenção n.º 138 da OIT[56], relativa à idade mínima de admissão ao emprego, vinculou os Estados a seguirem uma política nacional com o fim de "assegurar a abolição do trabalho das crianças e elevar progressivamente a idade mínima de admissão ao emprego ou ao trabalho a um nível que permita aos adolescentes atingirem o mais completo desenvolvimento físico e mental" (art. 1.º), não devendo a idade mínima de admissão ser inferior à idade em que terminar a escolaridade obrigatória, nem, em qualquer caso, a quinze anos (art. 2.º, n.º 3).

Também pelos vários países, a nível de legislação interna, desde meados do século XIX que se assiste a uma produção legislativa sobre

---

[54] Proclamada em Nice, a 7 de Dezembro de 2000.
[55] Publicada no JOCE n.º 216/12, de 20 de Agosto de 1994.
[56] Adoptada pela Conferência Geral da OIT em 26 de Junho de 1973, aprovada para ratificação pela resolução da Assembleia da República n.º 11/98, de 19 de Março, entrou em vigor na ordem jurídica portuguesa a 20 de Maio de 1999.

esta matéria, que, de resto, a par do trabalho das mulheres, foi objecto das primeiras leis laborais[57-58].

Quanto a nós já o Código Civil de Seabra, de 1867, continha normas protectoras dos menores (relativas ao contrato de aprendizagem), tendo o Decreto de 14 de Abril de 1891 procurado, pela primeira vez, estabelecer um regime geral de protecção dos menores.

Hoje em dia, o direito à especial protecção do trabalho dos menores vem regulado de forma especial no art. 3.º da LPCT, nos arts. 66.º a 83.º do CT, nos arts. 2.º a 11.º da RCT e nos arts. 61.º a 72.º da Lei n.º 102/ /2009, de 10 de Setembro, constituindo um conjunto de normas que visam salvaguardar a posição jurídica do menor, proteger a sua saúde física e psíquica, o seu desenvolvimento, a sua segurança, educação e formação, em suma, a sua dignidade humana.

Importa fazer, por fim, menção à nossa Lei Fundamental. O seu art. 59.º, n.º 2, al. c) impõe ao Estado o dever de prover a uma especial protecção do trabalho dos menores, assumindo a CRP o princípio da igualdade no seu sentido positivo, incumbindo o legislador "de prever um tratamento desigual para situações substancial e objectivamente desi-

---

[57] Em Espanha, a primeira lei de trabalho, reguladora do trabalho dos menores e considerada por A. Ruiz de Grijalba como "verdadera locura legislativa de nuestro tiempo", é de 1873 – apud Palomeque López e Álvarez de la Rosa, Derecho del Trabajo, 14.ª Edição, Editorial Universitária Ramón Areces, 2006, pág. 55; em França, a primeira lei, também sobre o trabalho de menores, fixando a idade mínima e o limite diário de horas de trabalho, foi a lei de 22 de Março de 1841 – apud Frédéric-Jérôme Pansier, Droit du Travail, 4.ª Edição, Litec, Paris, 2005, pág. 6 e Pierre-Yves Verkindt, "Le droit des revenus professionnels du mineur", L'enfant, la famille et l'argent, Librairie Generale de Droit et Jurisprudence, Paris, 1991, pág. 69; no Brasil a primeira iniciativa legislativa a cuidar do trabalho dos menores foi o Decreto n.º 1313, de 1891 – apud Francisco Neto e Jouberto Cavalcante, Manual de Direito do Trabalho, Tomo I, 2.ª Edição, Lúmen Juris Editora, Rio de Janeiro, 2004, págs. 28 e 29 e Arnaldo Süssekind, Curso de Direito do Trabalho, 2.ª Edição revista e actualizada, Renovar, Rio de Janeiro, 2004, pág. 517; em Itália, a legge 11 febbraio 1886 representou o princípio da legislação social, com o fim de limitar a exploração de sujeitos em condições físicas e psíquicas de especial vulnerabilidade – apud Oronzo Mazzotta, Diritto del Lavoro – Il rapporto di lavoro, Giuffrè Editore, Milão, 2002, pág. 174.

[58] Ver Alonso Olea, Introdução ao direito do trabalho, Coimbra Editora, Coimbra, 1968, pág. 157, em que o autor já dá conta da contínua actividade normativa a este respeito, reveladora da tendência para eliminar o trabalho infantil e reduzir a duração diária, semanal e anual do tempo da prestação de trabalho por parte dos menores.

guais", analisando as situações "não apenas como existem, mas também como devem existir"[59]. Por seu turno, o art. 69.º, n.º 3 proíbe o trabalho de menores em idade escolar, em respeito ao princípio do livre desenvolvimento da personalidade, o que implica que, por lei, seja fixada uma idade mínima de admissão ao emprego, um sistema de protecção contra perigos físicos ou morais a que a criança possa estar exposta e um regime penal e sancionatório adequado[60].

2. Do contrato de trabalho

Dispõe o art. 11.º do CT que contrato de trabalho (contrato individual de trabalho) "é aquele pelo qual uma pessoa singular se obriga, mediante retribuição, a prestar a sua actividade a outra ou a outras pessoas, no âmbito de organização e sob a autoridade destas". Também o art. 1152.º do CC (inserido no livro do Direito das Obrigações, no título dos Contratos em Especial) tem uma definição de contrato de trabalho como sendo "aquele pelo qual uma pessoa se obriga, mediante retribuição, a prestar a sua actividade intelectual ou manual a outra pessoa, sob a autoridade e direcção desta", redacção que, de resto, é igual à que constava do DL n.º 47 032, de 27 de Maio de 1966 (art. 1.º) e do DL n.º 49 408, de 24 de Novembro de 1969 (art. 1.º)[61], diplomas que regulavam a matéria antes do CT.

Como elementos fundamentais do contrato de trabalho podemos apontar, seguindo de perto Jorge Leite, três: a prestação de trabalho, a retribuição e a subordinação jurídica[62].

A prestação de trabalho surge como a obrigação principal do trabalhador, no âmbito do contrato de trabalho. O trabalhador tem uma obri-

---

[59] Jorge Miranda e Rui Medeiros, *Constituição Portuguesa Anotada, Tomo I – Introdução Geral, Preâmbulo, Artigos 1.º a 79.º*, Coimbra Editora, Coimbra, 2005, pág. 613.

[60] Gomes Canotilho e Vital Moreira, *Constituição da República Portuguesa Anotada – Artigos 1.º a 107.º*, 4.ª Edição revista, Coimbra Editora, Coimbra, 2007, pág. 871.

[61] Na nossa ordem jurídica sempre o contrato de trabalho foi definido legalmente, tendo sido o primeiro diploma a fazê-lo a Lei n.º 1952, de 10 de Março de 1937.

[62] *Direito do Trabalho,* Vol. II, Serviços de Acção Social da U.C., Serviços de Textos, Coimbra, 2004, págs. 29 e ss.

gação de fazer, de colocar à disposição do empregador a sua força de trabalho (entendida como o conjunto das suas aptidões físicas e psíquicas), dentro dos limites da lei e do contrato e independentemente do aproveitamento que a entidade empregadora dela faça[63]. O que está em causa na prestação de trabalho e que distingue o contrato de trabalho do contrato de prestação de serviços é a própria actividade do trabalhador[64]. No contrato de trabalho, o trabalhador obriga-se a prestar actividade enquanto o contrato durar, independentemente de o fim último pretendido pelo empregador ter sido ou não atingido. Em regra, sem prejuízo de o trabalhador poder ser responsabilizado por os resultados pretendidos pelo empregador não terem sido atingidos devido à sua falta de diligência, o risco do negócio corre por conta deste, não podendo a retribuição deixar de ser paga pelo facto de o empregador não ter atingido os objectivos pretendidos[65].

---

[63] São os casos em que o trabalhador não presta actividade, não porque não a possa prestar, mas porque ou o empregador não faz uso dela, dando ao trabalhador as ordens e as instruções necessárias, fornecendo os instrumentos de trabalho, indicando um espaço para trabalhar, ou exige-lhe a prestação de trabalho em condições em que seja lícito ao trabalhador recusar-se a prestá-la (por falta de condições de higiene e segurança, por exemplo). Como refere Jorge Leite, *Direito...*, Vol. II, págs. 31 e 32, a obrigação de prestação de actividade do trabalhador considera-se cumprida quando o trabalhador a realiza ou "quando, para o efeito, se encontra à disposição do empregador mas a não realiza porque este a recusa injustificadamente ou porque não cria as condições indispensáveis para que a mesma seja possível ou exigível". Outra situação possível de inactividade prende-se, não com a falta de cooperação do empregador, mas com a própria natureza do objecto do contrato, que pressupõe a existência de disponibilidade por parte do trabalhador enquanto estiver ao serviço, sem ter, contudo, de estar continuamente em actividade – pense-se no caso dos bombeiros. Na sequência de tudo o que vem sendo dito, veja-se o art. 197.º do CT, que refere como tempo de trabalho não só o "período durante o qual o trabalhador exerce a actividade", como também o período em que o trabalhador "permanece adstrito à realização da prestação".

[64] A noção de contrato de prestação de serviços consta do art. 1154.º do CC como sendo "aquele em que uma das partes se obriga a proporcionar à outra certo resultado do seu trabalho intelectual ou manual, com ou sem retribuição".

[65] Monteiro Fernandes, *Direito do Trabalho*, 14.ª Edição, Almedina, Coimbra, 2009, págs. 132 e 133, considera ser a diligência com que o trabalhador executa o seu contrato de trabalho um elemento integrador da conduta pela qual a obrigação do trabalhador de prestar actividade é cumprida. Definindo a diligência como "o grau de esforço exigível para determinar e executar a conduta que representa o cumprimento de um dever", o autor diz determinar-se a diligência, em abstracto, pelo padrão de "um bom pai de família".

Rosário Palma Ramalho faz referência aos traços caracterizadores da actividade laboral da seguinte forma: "trata-se de uma actividade humana produtiva, a qualificar juridicamente como uma prestação de facto positiva, que revela *in se* e não pelos resultados que produza e cujo conteúdo é heterodeterminado, no sentido em que carece de ser concretizado pelo empregador"[66]. A autora acrescenta que a qualificação de "prestação de facto positiva" é compatível com actividades materiais de simples presença e com actividades materialmente negativas, cumprindo-se a actividade laboral não só com a actuação positiva do trabalhador, mas também em situações pontuais de inactividade, desde que o trabalhador mantenha uma disponibilidade efectiva para o trabalho[67].

Por seu turno, a retribuição (considerada como "a prestação a que, nos termos do contrato, das normas que o regem ou dos usos, o trabalhador tem direito em contrapartida do seu trabalho" – art. 258.º, n.º 1 do CT), paga pelo empregador ao trabalhador constitui a sua principal obrigação. É um elemento essencial do contrato de trabalho e tende a ser a contrapartida da prestação de actividade do trabalhador. Dizemos "tende", porque casos há em que, apesar de não haver prestação de actividade, há obrigação de o empregador pagar a retribuição[68], assim como há casos em que o empregador tem encargos remuneratórios, nomeadamente aquando da celebração do contrato, aos quais não se contrapõe a prestação de trabalho (pagamento do seguro de acidentes de trabalho ou de despesas com a formação do trabalhador).

Quanto ao elemento da subordinação jurídica (e não económica), elemento típico e apontado geralmente como o mais decisivo na qualificação de um contrato como contrato de trabalho e não como contrato de prestação de serviços, o mesmo caracteriza-se como o poder de o

---

[66] *Direito do Trabalho, Parte I – Dogmática Geral*, 2.ª Edição, Almedina, Coimbra, 2009, pág. 416.

[67] *Direito do Trabalho, Parte II – Situações Laborais Individuais*, 2.ª Edição, Almedina, Coimbra, 2008, pág. 21.

[68] Tenhamos como exemplo o caso de muitas das faltas justificadas (de resto, a regra em matéria de faltas justificadas é que as mesmas não determinam a perda de retribuição, tal só acontecendo quando a lei expressamente o preveja – art. 255.º, n.ºs 1 e 2 do CT) e do dever de retribuir no caso de suspensão do contrato de trabalho em situação de crise empresarial (art. 305.º, n.º 1, al. a) do CT) e em caso de encerramento temporário do estabelecimento (art. 309.º, n.º 1 do CT).

empregador ordenar, instruir e fiscalizar a actividade do trabalhador, concretizando as funções a desenvolver, definindo o local, o horário de trabalho, a forma e os instrumentos necessários para a prossecução da actividade, ficando o trabalhador inserido na estrutura organizativa e produtiva do empregador, sob a sua autoridade. A supremacia jurídica do empregador permite-lhe, para além de exercer o seu poder de direcção, consagrado expressamente no art. 97.º do CT, exercer o poder disciplinar sobre o trabalhador (art. 98.º do CT), aplicando--lhe sanções, desde que respeitados os seus direitos e garantias e sempre dentro dos limites da lei, de instrumento de regulamentação colectiva de trabalho e do contrato de trabalho.

A subordinação jurídica reflecte a posição desigual em que as partes se apresentam na relação laboral, encontrando-se o trabalhador numa posição de dependência em relação ao empregador, e este, consequentemente, numa posição de domínio ou supremacia relativamente ao trabalhador.

O grau de subordinação jurídica varia muito de relação para relação, em função da qualificação profissional do trabalhador, do lugar por este ocupado no quadro de pessoal da empresa, do grau de autonomia técnica do cargo e do nível de confiança existente entre empregador e trabalhador. Decisivo para estarmos perante um contrato de trabalho será que o empregador tenha pelo menos o poder de dar directrizes gerais ao trabalhador, nomeadamente em matéria de organização do trabalho (tempo, horário, local); não tem de exercer efectivamente o poder de direcção, basta que tenha direito a exercê-lo. Em contraposição a esta supremacia do empregador está o dever do trabalhador de "cumprir as ordens e instruções do empregador respeitantes à execução ou disciplina do trabalho", com excepção das ordens e instruções que sejam contrárias aos seus direitos e garantias (art. 128.º, n.º 1, al. e) do CT).

Ainda relativamente ao contrato de trabalho, importa fazer alusão às suas principais características, sem detrimento de outras que menos comummente são apontadas pela doutrina. Assim, é o contrato de trabalho um negócio jurídico bilateral, uma vez que é integrado por duas ou mais declarações de vontade, de conteúdo diverso mas convergente, com vista à produção de um mesmo resultado; nominado e típico, porque previsto e regulado na lei; patrimonial, porque as prestações principais das partes são susceptíveis de avaliação pecuniária e daí também que esteja previsto no Código Civil no livro do Direito das Obrigações; oneroso, porque através dele há uma troca de vantagens e benefícios entre as partes, há um "esforço económico" para ambas as partes[69]; sinalagmático, por ser a prestação de uma das partes, em regra, contrapartida da prestação da outra, ou seja, as obrigações principais das partes estão reciprocamente condicionadas, "ordenando-se as diversas adstrições como prestações e contraprestações"[70]; consensual, porque está sujeito à regra geral da liberdade de forma (art. 110.º do CT, com as excepções previstas na lei); duradouro e de execução continuada, porque tem uma vocação para a perpetuidade (ainda que hoje em dia, com a proliferação dos contratos a termo, que quase transformam a regra da celebração dos contratos por tempo indeterminado em excepção, e com uma cada vez maior flexibilização das formas de cessação do contrato, esta característica se vá desvanecendo) e porque as prestações das partes se desenvolvem numa série de actos e comportamentos que se prolongam no tempo; por fim, caracteriza-se geralmente o contrato de trabalho como sendo um contrato *intuitu personae*, pela importância e essencialidade das características pessoais e qualidades profissionais do trabalhador para o empregador na celebração do contrato, que tornam a sua prestação, segundo alguns autores, infungível[71-72].

---

[69] Romano Martinez, *Direito do Trabalho*, 4.ª Edição, Almedina, Coimbra, 2007, pág. 291.

[70] Menezes Cordeiro, *Manual de Direito do Trabalho*, reimpressão, Almedina, Coimbra, 1999, pág. 519.

[71] Menezes Cordeiro, *Manual...*, pág. 520, não concorda, defendendo que com a massificação do direito do trabalho, em regra o contrato é celebrado sem ter em conta as particulares qualidades de uma pessoa (entenda-se, do trabalhador), havendo total substituibilidade entre os trabalhadores com iguais habilitações. Também Júlio Gomes, *Direito do Trabalho, Vol. I – Relações Individuais de Trabalho*, Coimbra Editora, Coimbra, 2007, págs. 86 e ss., considera muito duvidoso que o contrato de trabalho seja sempre um contrato *intuitu personae* e, como tal, a prestação do trabalhador infungível, sobretudo em actividades pouco qualificadas. Já Rosário Palma Ramalho, *Da autonomia dogmática do direito do trabalho*, Almedina, Coimbra, 2000, pág. 491, considera que independentemente de as relações laborais tenderem para o anonimato ou da maior ou menor qualificação do trabalhador, a relação laboral caracteriza-se sempre como um vinculo *intuitu personae*, sendo a prestação do trabalhador infungível. No mesmo sentido, Romano Martinez, *Direito...*, págs. 292 e ss., que, para além de se referir ao contrato de trabalho como sendo um contrato *intuitu personae*, considera assentar o contrato de

3. Da capacidade para a celebração do contrato de trabalho

O contrato de trabalho, para ser validamente celebrado, tem de cumprir os requisitos essenciais dos negócios jurídicos em geral, previstos nos arts. 217.º e ss. do CC, com as particularidades inerentes ao carácter especial do contrato de trabalho.

A classificação dos elementos do negócio jurídico tem tradicionalmente uma estrutura tripartida, distinguindo-se em elementos essenciais (*essentialia negotii* – como sendo os elementos essenciais para a validade do negócio jurídico), elementos naturais (*naturalia negotii* – que são os efeitos produzidos em virtude de disposições legais supletivas, livremente afastadas pelas partes) e elementos acidentais (*accidentalia negotii* – que são as estipulações contratuais que, embora não essenciais para caracterizar o negócio em causa, têm necessariamente que estar previstas para que se produzam os efeitos jurídicos a que tendem).

Como elementos essenciais do negócio jurídico são geralmente apontadas a capacidade das partes, a declaração de vontade sem anomalias e a idoneidade do objecto[73]. A estes acrescem ainda elementos essen-

---

trabalho numa relação fiduciária, exigindo a boa fé contratual a confiança recíproca das partes: "o empregador pretende certas qualidades de trabalho, de honestidade, etc., e o trabalhador espera, entre outros aspectos, um tratamento condigno e o pagamento atempado do salário". Conclui ainda o autor ser a realização da actividade uma prestação infungível, não podendo, como tal, o trabalhador fazer-se substituir. Bernardo Lobo Xavier, *Iniciação ao Direito do Trabalho*, 3.ª Edição, Verbo, Lisboa, 2005, pág. 218, refere que o contrato de trabalho pressupõe uma relação de confiança, sendo fundamental acreditarem as partes em qualidades de honestidade, lealdade e confidencialidade, "fundamentais para a consecução da finalidade contratual", constituindo a confiança nas qualidades da outra parte "a raiz indefectível e o pressuposto essencial e constante da relação".

[72] Sobre as características do contrato de trabalho, Rosário Palma Ramalho, *Direito..., Parte II...*, págs. 80 e ss., Jorge Leite, *Direito..., Vol. II*, págs. 44 e ss., Monteiro Fernandes, *Direito...*, págs. 177 e ss., Bernardo Lobo Xavier, *Iniciação...*, págs. 214 e ss., Júlio Gomes, *Direito...*, págs. 83 e ss., Leal Amado, *Contrato de Trabalho*, 2.ª Edição, Coimbra Editora, Coimbra, 2010, págs. 61 e ss. e Menezes Cordeiro, *Manual...*, págs. 518 e ss.

[73] Neste sentido, Manuel de Andrade, *Teoria..., Vol. II*, págs. 33 e ss.. Mota Pinto, *Teoria...*, págs. 383 e 384, embora considere que, em bom rigor, os elementos essenciais do negócio jurídico deviam ser apenas aqueles sem os quais o negócio não chegaria sequer a ter existência material (declaração, sujeitos e conteúdo), segue a sistematização tradicional, por ser o negócio jurídico um acto que "só desempenha a sua função na medida em que for válido".

ciais específicos de cada tipo de negócio jurídico e que, no que concerne ao contrato de trabalho, são, como vimos, a prestação de trabalho, a remuneração e a subordinação jurídica.

No que diz respeito aos elementos da declaração da vontade sem anomalias e da idoneidade do objecto, os mesmos não apresentam no contrato de trabalho especificidades de maior face aos demais negócios jurídicos.

Assim, nos termos gerais do direito civil, a declaração de vontade, enquanto "comportamento que, exteriormente observado, cria a aparência de exteriorização de um certo conteúdo de vontade negocial", sendo esta "a intenção de realizar certos efeitos práticos com ânimo de que sejam juridicamente tutelados e vinculantes"[74], para que não possa pôr em causa a validade do negócio jurídico terá de corresponder à vontade do declarante[75], devendo, por seu turno, a vontade do declarante ser livremente formada, sem ser determinada por motivos anómalos e considerados pelo direito como ilegítimos[76].

Quanto ao objecto negocial, que corresponde simultaneamente aos efeitos jurídicos a que tende o negócio e ao *quid* sobre que incidem os referidos efeitos, deve obedecer aos requisitos legais plasmados no art. 280.º do CC: o objecto tem de ser física ou legalmente possível, determinável e conforme à lei, à ordem pública e aos bons costumes. O contrato de trabalho celebrado em violação do disposto no art. 280.º é nulo, nos termos gerais do direito civil, com as especificidades descritas no art. 124.º do CT.

No que se refere ao terceiro elemento essencial do negócio jurídico, a capacidade dos declarantes, cujos termos gerais já foram anteriormente desenvolvidos, prevê o art. 13.º do CT que a capacidade para celebrar contratos de trabalho é regulada "nos termos gerais" e pelo disposto no

---

[74] Mota Pinto, *Teoria...*, págs. 413 e 414.

[75] Não pode haver divergência entre a vontade e a declaração, seja ela intencional – casos da simulação, reserva mental ou declarações não sérias – ou não intencional – erro na declaração, falta de consciência da declaração, coação física ou violência absoluta.

[76] Refere-se a lei aos casos de erro-vício, dolo, coacção moral, incapacidade acidental e estado de necessidade.

Código do Trabalho[77]. Importa então ver as particularidades que assume o requisito da capacidade negocial no campo jus-laboral e mais concretamente em matéria de contrato de trabalho de menores.

Rosário Palma Ramalho aponta a verificação de duas tendências da nossa legislação: por um lado, o aligeiramento das regras civis gerais sobre a capacidade no caso do contrato de trabalho, o que facilita a celebração desses contratos por incapazes e é explicado pela importância económica do bem trabalho (muitas vezes o único meio de subsistência do trabalhador ou da sua família); por outro lado, a existência de regras especiais de tutela dos trabalhadores que são incapazes em termos gerais, precisamente para fazer face a esse dito aligeiramento[78]. No mesmo sentido, Menezes Cordeiro invoca mais um argumento para este "aligeiramento" das regras da capacidade: em princípio, a celebração de um contrato de trabalho não provoca nada de irreversível, que justifique a aplicação das mesmas limitações que existem para os casos de alienações definitivas de certas posições jurídicas, quando feitas de forma menos ponderada[79].

Refere ainda Júlio Gomes que o trabalho dos menores é regulado por regras especiais que procuram, por um lado, prevenir o perigo a que as condições de trabalho podem sujeitar a saúde e o desenvolvimento físico, psíquico e moral do menor e, por outro, "proteger o menor, na medida do possível, do perigo de a sua educação e formação serem gravemente comprometidas ou hipotecadas pela necessidade de começar a trabalhar ainda na menoridade"[80].

---

[77] Como nota Andrade Mesquita, *Direito do Trabalho*, 2.ª Edição, Associação Académica da Faculdade de Direito de Lisboa, Lisboa, 2004, pág. 417, em rigor, o CT não regula a capacidade das partes, antes "limita a celebração de contratos de trabalho tendo em conta características dos sujeitos, através de normas teleologicamente não recondutíveis à disciplina da capacidade".

[78] *Direito..., Parte II....*, pág. 94.

[79] *Manual...*, págs. 541 e 542. Considera o autor, *in Tratado...*, Tomo III, pág. 396, serem as restrições à matéria do trabalho de menores "essenciais para uma sociedade pós--liberal e humanista", acrescentando, porém, serem altamente responsabilizantes, uma vez que se não forem acompanhadas de um sistema educativo capaz podem condenar os menores a uma vida de ociosidade e mendicidade.

[80] *Direito...*, pág. 456.

Por seu turno, Pedro Bettencourt, em comentário ao CT2003, numa altura em que ainda não tinha sido publicada a RCT2004, referia que o regime constante do CT2003 e do projecto da RCT2004 traduziam um desincentivo à contratação de menores (mesmo dos menores com idade igual ou superior a dezasseis anos), com o número cada vez maior de requisitos e limitações à contratação. Sem deixar de concordar que os requisitos existentes à contratação de menores permitem-lhes um crescimento mais equilibrado, o autor questiona se nos meios menos desenvolvidos onde os rendimentos que os menores retiram do trabalho contribuem para a sobrevivência do agregado familiar, as exigências legais não conduzirão a um aumento do número de situações de trabalho de menores clandestino[81]. Porque não há dúvida que se muita da fragilidade do menor prende-se precisamente com as razões que o levaram a trabalhar, nomeadamente a situação de carência económica da família, a verdade é que essas razões não desaparecem pelo facto de se ter um controlo mais apertado ou uma legislação mais rigorosa em matéria de protecção do trabalho de menores[82].

A uma legislação cada vez mais protectora dos menores e com a imposição de limites à sua contratação, o que se considera francamente positivo, impõe-se uma intervenção adequada do Estado no plano social, dando cumprimento aos normativos constitucionais que lhe impõem uma intervenção junto das famílias, com vista à independência social e económica dos agregados familiares.

Os arts. 68.º a 70.º do CT referem-se à capacidade do menor para celebrar contratos de trabalho[83].

---

[81] "O trabalho de menores no Código do Trabalho", *VII Congresso Nacional de Direito do Trabalho – Memórias*, Almedina, Coimbra, 2004, pág. 122.

[82] Jorge Leite aponta duas razões para a especial protecção dos menores por parte da lei: a fragilidade inerente ao menor, por não estar ainda completo o seu desenvolvimento físico, psíquico e emocional e uma fragilidade relativa, que será tanto maior quanto maior for a fragilidade da família a que pertence e os factores que determinaram e pressionaram o menor a trabalhar – *apud* Maria José Costa Pinto, "A protecção jurídica dos menores no trabalho", *Prontuário de Direito do Trabalho*, n.º 62, CEJ, 2002, pág. 102.

[83] Normas que, atento os interesses públicos que lhes estão subjacentes, devem considerar-se absolutamente imperativas e, como tal, insusceptíveis de serem derrogadas, inclusive através de instrumento de regulamentação colectiva de trabalho, seja para

O contrato de trabalho dos menores, pelo carácter sensível e desprotegido que reveste um dos seus sujeitos, o trabalhador, requer requisitos específicos em comparação com os contratos de trabalho em geral, que se prendem com a idade, com o grau de escolaridade, com a qualificação profissional, com o tipo de trabalho admitido e com a aptidão física e psíquica do menor.

Com excepção das regras do art. 70.º do CT sobre a celebração do contrato de trabalho, as limitações estabelecidas pela lei à contratação de menores não se prendem com a falta de discernimento destes para a celebração do contrato, como acontece com as regras previstas nos arts. 122.º e ss. do CC, mas com a preocupação em proteger o menor contra a exploração que possa ser feita da sua força de trabalho e com a salvaguarda do seu desenvolvimento físico, psíquico e moral, da sua educação e formação (cfr. art. 66.º do CT)[84].

Relativamente aos menores o CT estabelece no seu art. 68.º, n.ºs 1 e 2 as regras de celebração de contratos de trabalho. Pode celebrar contrato de trabalho o menor que tenha completado dezasseis anos[85],

---

diminuir o limite mínimo de idade de admissão, seja para o aumentar (art. 3.º, n.º 1, *in fine* do CT). Refere Jorge Leite, *"Alguns aspectos..."*, pág. 12, que "as normas sobre tais condições de acesso ao trabalho assalariado são "intangíveis", excedendo os interesses que elas protegem, "os interesses dos trabalhadores envolvidos na negociação"; no mesmo sentido, Andrade Mesquita, *Direito...*, pág. 419, considera que em virtude dos princípios constitucionais do direito ao trabalho, previsto no art. 58.º, n.º 1 da CRP, e da igualdade, não podem fontes inferiores consagrar regras mais protectoras, aumentando a idade de admissão. Veja-se também Rosário Palma Ramalho, *Direito..., Parte II...*, págs. 100 e 101 e Romano Martinez, *Direito...*, pág. 378.

[84] Como refere o Relatório Preliminar do PEETI, *Plano para Eliminação da Exploração do Trabalho Infantil – Medidas Políticas e Legislativas,* Ministério do Trabalho e da Solidariedade, Lisboa, 2001, o legislador, nas opções a tomar em matéria de trabalho de menores, deve ter essencialmente em conta o interesse do menor, não permitindo que este preste qualquer tipo de trabalho susceptível de lhe causar prejuízo efectivo ou potencial. Mas, citando o relatório, "se o trabalho pode ser prejudicial aos menores também pode, dentro de certos limites, ser um factor de realização, de desenvolvimento e de integração familiar e social. Daqui que nem todo o "trabalho" de crianças deva ser estigmatizado e proibido".

[85] A fixação dos dezasseis anos como idade mínima de admissão foi efectuada com o DL n.º 396/91, de 16 de Outubro (art. 1.º), que alterou o DL n.º 49 408 que estabelecia como idade mínima os quinze anos. Assim, o art. 122.º, na redacção dada pelo DL n.º 396/91, fixou em dezasseis anos a idade mínima de admissão "a partir de 1 de Janeiro do ano seguinte àquele em que devam concluir a escolaridade obrigatória com a duração

tenha concluído a escolaridade mínima obrigatória e disponha de capacidade física e psíquica adequada ao posto de trabalho[86-87].
A esta regra, abre o legislador logo uma excepção no n.º 3 do art. 68.º, que prevê que se o menor com idade inferior a dezasseis anos já tiver concluído a escolaridade obrigatória, pode prestar trabalhos leves que "consistam em tarefas simples e definidas que, pela sua natureza, pelos esforços físicos ou mentais exigidos ou pelas condições específicas

---

de nove anos os primeiros alunos a quem essa duração for aplicada". Prevendo à data a Lei n.º 46/86, de 14 de Novembro – Lei de Bases do Sistema Educativo (posteriormente alterada pela Lei n.º 115/97, de 19 de Setembro, pela Lei n.º 49/2005, de 30 de Agosto e pela Lei n.º 85/2009, de 27 de Agosto), que o ensino básico é obrigatório, com a duração de nove anos (art. 6.º, n.º 1) e que as disposições sobre a duração da escolaridade obrigatória se aplicam aos "alunos que se inscreverem no 1.º ano do ensino básico no ano lectivo de 1987-1988" (art. 63.º), a idade mínima de admissão passou a ser de dezasseis anos a partir de 1 de Janeiro de 1997, ficando até então fixada em quinze anos (art. 122.º, n.º 1, al. b), na redacção dada pelo DL n.º 396/91). Neste ponto, foi o nosso legislador mais protector do que exigia a convenção da OIT n.º 138 sobre a idade mínima de admissão ao emprego, que fixou, no seu art. 2.º, n.º 3, que a idade mínima especificada por cada Estado que ratificasse a convenção não deveria ser inferior à idade em que terminasse a escolaridade obrigatória, nem, em qualquer caso, a quinze anos; o mesmo aconteceu também relativamente à posição que o Conselho da União Europeia viria a tomar, através da Directiva 94/33/CE, que visou estabelecer requisitos mínimos de protecção dos jovens no trabalho e que obrigou os Estado membros a assegurarem que a idade mínima de admissão ao emprego ou ao trabalho não fosse inferior à idade em que cessa a escolaridade obrigatória em cada país, não devendo, em caso algum, com excepção dos casos previstos no art. 4.º da Directiva, ser inferior a quinze anos (art. 1.º, n.º 1). Outros países da União Europeia, como foi o caso da Bélgica (arts. 6.º e 7.º da L.16.III.1971 – *Reglementation du Travail*) e o caso da Itália (art. 3 da lei n.º 977, de 17-10-1967), fixaram a idade de admissão nos quinze anos.

[86] Como forma de controlar a adequação da aptidão física e psíquica do menor ao posto de trabalho, previu o legislador a obrigação de o empregador submeter aquele a um exame de saúde, a realizar antes do início da prestação de trabalho ou até quinze dias depois da admissão, no caso de esta ser urgente e desde que com o consentimento dos representantes legais do menor (art. 72.º, n.º 1, al. a) do CT). Também como forma de salvaguardar o desenvolvimento físico, psíquico e moral dos menores, prevê a lei um conjunto de trabalhos proibidos (arts. 61.º a 66.º da Lei n.º 102/2009) ou condicionados (arts. 68.º a 72.º da Lei n.º 102/2009) ao menor.

[87] Quem celebrar com o menor um contrato de trabalho em violação destes requisitos comete, nos termos do art. 82.º do CT, um crime de utilização indevida de trabalho de menor, punível não só com pena de multa, mas também com pena de prisão que, no caso de o menor não ter completado a idade mínima de admissão nem ter concluído a escolaridade obrigatória, pode ir até quatro anos.

em que são realizadas, não sejam susceptíveis de o prejudicar no que respeita à integridade física, segurança e saúde, assiduidade escolar, participação em programas de orientação ou de formação, capacidade para beneficiar de instrução ministrada, ou ainda ao seu desenvolvimento físico, psíquico, moral, intelectual e cultural"[88-89].

Acontece que a 27 de Agosto de 2009 foi publicada a Lei n.º 85/2009, que alterou a Lei n.º 46/86 – Lei de Bases do Sistema Educativo – e que veio prever a escolaridade obrigatória para as crianças e jovens com idades compreendidas entre os seis e os dezoito anos (arts. 1.º, n.º 1 e 2.º, n.º 1), cessando a mesma com a obtenção do diploma de curso conferente de nível secundário de educação ou, independentemente da obtenção do diploma de qualquer ciclo ou nível de ensino, no momento do ano escolar em que o aluno perfaça dezoito anos (arts. 2.º, n.º 4). Ficam sujeitos a este limite da escolaridade obrigatória os alunos actualmente abrangidos pela escolaridade obrigatória que se matriculem no ano lectivo de 2009/2010 em qualquer dos anos de escolaridade dos 1.º ou 2.º ciclos e os alunos que se matriculem no 7.º ano de escolaridade (art. 8.º, n.º 1). Quer isto dizer que estes alunos só deixarão de estar abrangidos pela escolaridade obrigatória quando tenham completado o 12.º ano, o que só acontecerá aos dezassete anos num pequeno número de casos, ou quando atinjam os dezoito anos de idade, ainda que sem terem terminado os doze anos de escolaridade.

Assim sendo, terá o legislador necessariamente de alterar a legislação laboral em matéria de contratação de menores, sob pena de ter uma legislação em que muitas das suas normas terão uma aplicação muito reduzida (limitada aos casos em que os menores terminam o 12.º ano com dezassete anos). Isto porque muitas das normas do CT pressupõem que o menor tenha a escolaridade obrigatória (referimo-nos ao regime geral e não à participação do menor em espectáculo ou outra actividade de natureza cultural, artística ou publicitária). Não terá o legislador, no entanto, na regulação do trabalho dos menores, a mesma margem de manobra que teve até então, pois ao ter estabelecido os doze anos de

---

[88] Numa definição em tudo semelhante à constante na Directiva 94/33/CE (art. 3.º, al. d)).

[89] Estas limitações à prestação de trabalho por menores são também aplicáveis ao exercício do trabalho de forma autónoma (art. 3.º, n.º 4 da LPCT).

escolaridade obrigatória restringiu em muito os termos em que pode vir a admitir a contratação de menores, em virtude da vinculação que tem à Directiva n.º 94/33/CE.

De facto, esta directiva referente à protecção dos jovens no trabalho estabelece desde logo como regra a necessidade de os Estados assegurarem que a idade mínima de admissão ao emprego ou ao trabalho não seja inferior à idade em que cessa a escolaridade obrigatória. Prevê depois, no art. 4.º, n.º 2, os casos em que os Estados podem estabelecer que a Directiva não se aplica e que, para além do exercício de actividades culturais ou similares, são os casos das crianças com pelo menos catorze anos de idade que trabalhem no âmbito de um sistema de formação alternada ou de um estágio numa empresa, que não será o caso, e das crianças com pelo menos catorze anos que prestem trabalhos leves, sendo que estes poderão ser prestados por crianças a partir da idade dos treze anos, desde que em legislação nacional se limite o número de horas semanais e as categorias de trabalho.

Assim, e desde logo, com a entrada em vigor da Lei n.º 85/2009, os menores, com excepção dos que tiverem concluído a escolaridade obrigatória com dezassete anos, apenas poderão ser contratados para prestar trabalhos leves, deixando de estar essa limitação reservada aos menores com catorze e quinze anos.

Por outro lado, o regime aplicável aos contratos celebrados será necessariamente mais restritivo do que aquele que agora vigora para os menores com dezasseis e dezassete anos. Veja-se, apenas a título de exemplo, o que acontecerá em termos de tempo de trabalho, de trabalho nocturno e de descanso diário.

No que respeita ao tempo de trabalho, ao invés das oito horas diárias e das quarenta horas semanais para os menores com dezasseis e dezassete anos (em regra) ou das sete horas diárias e das trinta e cinco horas semanais para os menores com catorze e quinze anos, aquele número de horas apenas será admitido para o menor com pelo menos quinze anos e este para o menor com menos de quinze, quando o menor esteja num período de interrupção das actividades escolares de pelo menos uma semana. Não sendo esse o caso, o número de horas semanais apenas poderá ter o limite máximo de doze horas, com o limite diário de duas horas, em dia de ensino, e de sete ou oito horas, consoante o menor tenha menos ou pelo menos quinze anos, em dia sem actividades escolares.

No que concerne ao trabalho nocturno, ele é pura e simplesmente proibido qualquer que seja a idade, apenas podendo o menor prestar actividade entre as seis e as vinte horas de cada dia. Todos os desvios permitidos pela Directiva no art. 9.º não se poderão aplicar ao caso português, com excepção, de novo, dos menores com dezassete anos que tenham concluído a escolaridade obrigatória, uma vez que esses desvios são permitidos apenas ao adolescente, que a Directiva considera ser "qualquer jovem que tenha no mínimo 15 anos e menos de 18 anos e que já não se encontre submetido à obrigação escolar a tempo inteiro imposta pela legislação nacional".

Também o descanso diário a que o trabalhador menor tem direito terá de ser, contrariamente ao que sucede agora para os menores com pelo menos dezasseis anos, como veremos infra, necessariamente de pelo menos catorze horas.

Seja como for, no momento presente, atento o n.º 2 do art. 8.º da Lei n.º 85/2009, que prevê que para os alunos que se matriculem no ano lectivo 2009/2010 no 8.º ano de escolaridade e seguintes o limite da escolaridade obrigatória continua a ser os quinze anos de idade, e o art. 2.º do DL n.º 301/93, de 31 de Agosto, que se lhes aplica e que refere que o ensino básico obrigatório tem a duração de nove anos, o regime a aplicar será o que consta do CT e que agora analisaremos.

Assim, apenas podem prestar trabalhos leves nos termos previstos no CT os menores de catorze e quinze anos, tendo em conta que para eles a escolaridade obrigatória é de nove anos e que as crianças ingressam no ensino básico quando tenham completado seis anos até ao dia 15 de Setembro ou, no limite, quando completem os seis anos entre o dia 16 de Setembro e o dia 31 de Dezembro (art. 6.º, n.ºs 2 e 3 da Lei n.º 46/86)[90].

Podem ainda os menores com idade igual ou superior a dezasseis anos, que não tenham concluído a escolaridade obrigatória ou que não possuam uma qualificação profissional, celebrar contrato de trabalho,

---

[90] A Lei n.º 85/2009, que alterou a Lei n.º 46/86, revogou o n.º 4 do art. 6.º desta lei, que previa que a obrigatoriedade de frequência do ensino básico terminava aos quinze anos de idade. Por lapso não procedeu à revogação do n.º 1 do mesmo artigo, que dispõe ter o ensino básico a duração de nove anos.

desde que cumpridas as condições previstas no art. 69.º, n.º 1 do CT e infra referidas[91].

A este propósito é interessante ver a opinião de Maria José Costa Pinto, com a sua experiência de juiz, sobre a forma como a lei trata (o que já acontecia na vigência da lei anterior) os menores com dezasseis anos, que não têm a escolaridade obrigatória e que se encontram a trabalhar sem estarem verificadas as condições legais (do agora art. 69.º, n.º 1 do CT). Questiona a autora: "será lícito à sociedade que não conseguiu cumprir a sua obrigação de garantir a todas as crianças e jovens o direito a alcançar determinada meta na escola, impedir o trabalho destes jovens de 16 ou 17 anos que talvez não tenham neste momento outra alternativa para se inserir de uma forma positiva na sociedade e impedi-los precisamente em nome desse desejável prolongamento geral dos níveis de escolaridade?". Crítica a autora a solução legal que proíbe a inserção desses jovens no mercado de trabalho, quando muitas vezes essa é a forma de eles assegurarem a sua socialização e integração no mundo social e quando a alternativa é, não raras vezes, enveredar por percursos marcados pela violência, criminalidade ou toxicodependência. Sendo certo que muitas vezes a falta de cumprimento, no que concerne aos jovens de dezasseis e dezassete anos, se deve a desconhecimento das condições legais, melhor seria, na sua opinião, a qual corroboramos, que a lei permitisse às partes regularizar a situação durante um determinado período de tempo, apenas decorrido o qual fixaria, se fosse caso disso, a aplicação de uma coima. Seguindo ainda de perto a conclusão da autora, não lhe parece aceitável que o Estado impeça sem limitações o acesso ao trabalho de um menor de dezasseis ou dezassete anos enquanto não der respostas adequadas de qualificação pessoal, escolar e profissional a esses jovens que abandonaram a escola[92].

De notar ainda que o art. 68.º do CT, bem como todo o regime do trabalho de menores previsto no CT, terá necessariamente de se articular com as especificidades previstas em outros diplomas que regulam os

---

[91] Nos termos do preâmbulo do DL n.º 396/91, a previsão da prestação de trabalhos por menores com idade igual ou superior a dezasseis anos mas sem a escolaridade obrigatória visa enquadrar casos de insucesso escolar.

[92] "A protecção...", págs. 109 e ss.

contratos de trabalho especiais, aplicando-se o regime previsto no CT em tudo o que seja compatível e não seja derrogado por aqueles diplomas[93].

Como medida destinada a uma cada vez maior qualificação profissional, à semelhança, embora obviamente em moldes diferentes, de políticas e medidas que têm sido adoptadas noutras áreas, previu o legislador, no art. 69.º do CT, condições especiais, a acrescer às previstas no art. 68.º, para a celebração dos seguintes contratos de trabalho: dos que são celebrados com menores de idade inferior a dezasseis anos, que tenham concluído a escolaridade obrigatória, mas não tenham qualificação profissional; dos que são celebrados com menores que já tenham completado dezasseis anos, mas que não tenham completado a escolaridade obrigatória; e dos que são celebrados com menores que já tenham completado dezasseis anos, tenham concluído a escolaridade obrigatória, mas não possuam uma qualificação profissional.

Para estes casos, e desde que não se trate de menores que apenas prestem trabalho em período de férias escolares, obriga a lei a que o menor frequente modalidade de educação ou formação que confira a escolaridade obrigatória, a qualificação profissional ou ambas, consoante os casos, nomeadamente em Centros Novas Oportunidades[94]. Para o efeito, permite a lei que o menor trabalhe em regime de trabalho a tempo parcial, sendo que, caso não haja acordo entre o menor e o empregador, a duração semanal do trabalho é fixada num número de horas que, somado à duração escolar ou de formação, perfaça quarenta horas semanais (art. 67.º, n.º 4 do CT).

---

[93] Veja-se, a título de exemplo, o regime do contrato de trabalho doméstico – DL n.º 235/92, de 24 de Outubro – que prevê só poderem ser admitidos a prestar serviço doméstico os menores que já tenham completado dezasseis anos de idade (art. 4.º), não abrindo qualquer excepção a esta norma, não sendo, como tal, aplicável, nomeadamente, o art. 68.º, n.º 3 do CT; também o regime do contrato de trabalho do praticante desportivo e de formação desportiva – Lei n.º 28/98, de 26 de Junho – refere só poderem ser celebrados contratos de trabalho desportivo por menores com pelo menos dezasseis anos e que reúnam os requisitos exigidos pela legislação laboral, devendo o contrato de trabalho por eles celebrado ser também subscrito pelos seus representantes legais (art. 4.º), contrariamente ao que sucede no art. 70.º, que se analisará adiante.

[94] Nestes casos o menor benefícia do estatuto de trabalhador-estudante, aplicando-se-lhe o respectivo regime (arts 89.º e ss. do CT), com a diferença de que a dispensa de trabalho para frequência de aulas tem o dobro da duração do regime normal (art. 69.º, n.º 3 do CT).

Quanto à formalização propriamente dita do contrato de trabalho, também aqui a lei faz duas distinções: entre contrato de trabalho celebrado com menor que tenha completado dezasseis anos e tenha concluído a escolaridade obrigatória e contrato de trabalho celebrado ou com o menor que não tenha completado dezasseis anos mas tenha concluído a escolaridade obrigatória ou com o menor que tenha completado dezasseis anos, mas que não tenha concluído a escolaridade obrigatória. Em qualquer um dos casos verifica-se um desvio à regra civil da representação legal em matéria de capacidade dos menores, opção diferente da tomada, como veremos, em matéria de participação de menores em espectáculos ou outras actividades de natureza cultural, artística ou publicitária.

No primeiro caso, o menor que tenha completado dezasseis anos e tenha concluído a escolaridade obrigatória pode celebrar directamente o contrato de trabalho sem que seja necessária a autorização dos representantes legais[95]. A estes resta-lhes a possibilidade de declararem a sua oposição, obrigatoriamente por escrito, o que podem fazer a todo o tempo. Esta oposição, em princípio, só se torna eficaz decorridos trinta dias a contar da data em que a declaração chega ao poder ou é conhecida do empregador (art. 224.º, n.º 1 do CC); contudo, o representante legal pode reduzir esse prazo até metade, se demonstrar que tal é necessário à frequência no estabelecimento de ensino ou de acção de formação profissional.

---

[95] Andrade Mesquita, *Direito...*, pág. 423, considera, porém, que o art. 70.º, n.º 1 do CT deve ser conjugado com os arts. 122.º e ss. do CC, entendendo-se que a autorização dos representantes legais só não é necessária quando os contratos não incluam cláusulas que exijam especial discernimento. Assim, quando o contrato contenha cláusulas que restrinjam a liberdade do menor para além do que decorre normalmente de um contrato de trabalho, como é o caso da cláusula de não concorrência (art. 136.º do CT) ou da cláusula de permanência (art. 137.º do CT), deve ser exigida a autorização dos representantes legais. No mesmo sentido, Romano Martinez, *Direito...*, pág. 379. Temos, no entanto, dúvidas que tenha sido essa a intenção do legislador ao criar o regime especial laboral aplicável aos menores e previsto nos arts. 66.º e ss. do CT. Tendo em conta que existem normas desse mesmo regime que podem ser igualmente gravosas para o menor, como seja a do art. 71.º e tendo em conta a possibilidade que os representantes legais do menor têm em se opor supervenientemente à celebração do contrato, parece ser de aceitar que a partir do momento em que o menor tem dezasseis anos e a escolaridade obrigatória completa, está, no entender do legislador, em condições de celebrar um contrato de trabalho, ainda que com cláusulas que fujam ao padrão normal do contrato de trabalho, assumindo todos os direitos e todas as obrigações dele advenientes e apenas com as limitações decorrentes da própria lei.

No segundo caso, o menor que tenha idade inferior a dezasseis anos, mas tenha concluído a escolaridade obrigatória, bem como o menor que tenha completado dezasseis anos mas não tenha concluído a escolaridade obrigatória, apenas podem celebrar directamente um contrato de trabalho, pessoalmente e de forma válida, se para tal os representantes legais derem autorização por escrito[96-97].

---

[96] Relativamente ao tipo de incapacidade de que padece o menor que ainda não atingiu a idade de admissão ao trabalho, Fátima Abrantes Duarte, *O Poder Paternal – Contributo para o Estudo do seu Actual Regime*, Associação Académica da Faculdade de Direito de Lisboa, Lisboa, 1989, pág. 104, fala a este propósito de incapacidade de exercício suprida pela assistência; no mesmo sentido, Leal Amado, *Contrato...*, pág. 166, refere que o menor carece de capacidade negocial de exercício, uma vez que, embora actue pessoalmente e por acto próprio, não actua de modo autónomo e exclusivo, tratando-se aqui de um "esquema atípico de suprimento da incapacidade de exercício dos menores". Jorge Leite, *Direito...*, Vol. II, pág. 49, diz não bastar para gozar de capacidade plena atingir a idade de admissão, gozando o menor, enquanto não atingir a maioridade, de uma capacidade limitada ou assistida. Também Júlio Gomes, *Direito...*, pág. 456 e Maria José Costa Pinto, "A protecção...", pág. 105 preferem falar, neste caso, em capacidade assistida do menor e não em incapacidade de exercício suprida pelo instituto da assistência.

[97] Júlio Gomes, *Direito...*, pág. 459, nota de rodapé n.º 1190, questiona sobre a admissibilidade de um menor que ainda não tem a idade mínima de admissão celebrar um contrato-promessa ou um contrato de trabalho sujeito à condição suspensiva de vir a atingir essa idade. Tendemos a responder negativamente às duas hipóteses. Relativamente à primeira, não prevendo a lei qualquer especificidade no que concerne à capacidade para a celebração da promessa de contrato de trabalho, dever-se-á atender ao princípio da equiparação, plasmado no n.º 1 do art. 410.º do CC, segundo o qual ao contrato-promessa são aplicáveis as disposições legais relativas ao contrato prometido, neste caso o contrato de trabalho, exceptuadas as relativas à forma, o que não é o caso, e as que, pela sua razão de ser, não se devam considerar extensivas ao contrato-promessa. Ora, quanto a nós, não existem razões que justifiquem o afastamento das regras do art. 70.º do CT à promessa de contrato de trabalho. De facto, o referido artigo, dispondo sobre a capacidade para contratar, visa em primeira linha assegurar a existência de uma vontade livre e esclarecida do menor para celebrar um contrato de trabalho. Se nos restantes artigos da subsecção existe essencialmente a preocupação de proteger a saúde, o desenvolvimento físico, psíquico e moral, a formação e a educação do menor, no art. 70.º o que se visa é estabelecer as condições em que o contrato deve ser celebrado por forma a que o menor fique validamente obrigado, garantindo-se que o mesmo tem discernimento suficiente para assumir o negócio jurídico em causa, tendo o legislador considerado que o menor só tem esse discernimento necessário nas situações e mediante o cumprimento dos pressupostos constantes no referido artigo. Daí que nos pareça não dever ser admissível a celebração de contrato-promessa antes de o menor atingir a idade mínima de admissão ao trabalho.
Pelas mesmas razões de fundo também nos parece que o menor não pode celebrar um contrato de trabalho sob a condição suspensiva de vir a atingir a idade mínima de

No entanto, esta autorização pode ser revogada a todo o tempo[98], tornando-se a revogação, em princípio, eficaz decorridos trinta dias desde o momento em que chega ao poder ou é do conhecimento do empregador, a não ser que o representante legal demonstre que é necessário reduzir esse prazo, que pode ser reduzido até metade, em virtude da frequência em estabelecimento de ensino ou de acção de formação profissional[99-100].

---

admissão. Um contrato de trabalho sob condição suspensiva é, para todos os efeitos, um contrato de trabalho, devendo obedecer às regras gerais da celebração dos contratos de trabalho e às regras específicas do trabalho de menores, aplicando-se àquele contrato naturalmente o artigo 70.º do CT. Ainda que os efeitos a produzir pelo contrato sejam reportados ao momento em que o menor atinge a idade mínima de admissão, o que é certo é que o menor, a partir do momento em que celebra o contrato, fica obrigado a cumpri--lo, com todos os deveres e obrigações que daí advêm e apenas se podendo desvincular nos termos legais. Como acima se disse, o legislador ao estabelecer no art. 70.º as condições em que é permitida a celebração do contrato de trabalho pelo menor quer assegurar-se de que o menor está devidamente tutelado quando assume as suas obrigações contratuais, não permitindo a contratação com idade inferior a catorze anos, permitindo a celebração do contrato pessoalmente mas com a autorização dos representantes legais quando o menor tenha menos de dezasseis anos mas tenha completado a escolaridade obrigatória ou tenha dezasseis ou dezassete anos mas não tenha a escolaridade obrigatória, e permitindo a celebração do contrato, sem que seja necessária autorização, pelo menor que tenha completado dezasseis anos e a escolaridade obrigatória, salvo oposição escrita dos representantes legais. Apenas nestas condições se garante uma protecção eficaz do menor, não permitindo que ele próprio assuma obrigações sem que tenha consciência dos seus efeitos e do esforço necessário para as cumprir.

[98] Daí que Borrajo afirme estar o contrato do menor sempre submetido a uma condição resolutiva que se verifica no momento da revogação da autorização pelo pai – *apud* Suarez Gonzalez, "Contrato de trabajo de los menores", *Catorze lecciones sobre contratos especiales de trabajo*, Seccion de Publicaciones e Intercambio de la Facultad de Derecho de la Universidad de Madrid, Madrid, 1965, pág. 41.

[99] Segundo Júlio Gomes, *Direito...*, págs. 458 e 460, os representantes legais não devem poder ser responsabilizados civilmente perante os menores ou perante o empregador pela oposição superveniente (mesmo que tenham dado a entender, aquando da celebração do contrato, que não se oporiam), nem pela revogação da autorização. Deve ser preservada a liberdade de os representantes legais analisarem a cada momento se consideram ser a execução do trabalho benéfica para a saúde, educação e desenvolvimento físico, psíquico e moral do menor, sendo que, muitas vezes, apenas com o decorrer do contrato é que os representantes legais podem ter a percepção das consequências do trabalho na vida do menor. Segundo o autor, o menor e o empregador devem contar com a natureza "precária" do contrato de trabalho. No mesmo sentido, Andrade Mesquita, *Direito...*, pág. 428, considera tratar-se a revogação da autorização de um acto lícito da

Não refere a lei se a revogação da autorização e a oposição superveniente têm de ser feitas por escrito. Face à importância do acto, às consequências produzidas pela declaração e à formalidade exigida para a autorização ou para a oposição, parece ser de exigir, também aqui, a forma escrita.

O tratamento dado pelo legislador à matéria da contratação de menores distingue-se, como vimos, consoante o menor tenha mais ou menos de dezasseis anos e tenha ou não completado a escolaridade obrigatória. E compreende-se a diferença de tratamento das situações. O legislador procurou ir ao encontro da opinião de uma boa parte da doutrina que defende que o tratamento legal dado à menoridade não pode ser uniforme, sendo necessário que se tenha em conta o estádio de desenvolvimento do menor. Só assim se respeita o princípio constitucionalmente consagrado do direito ao livre desenvolvimento, que tem eco também no art. 1878.º, n.º 2 do CC e que prevê que os pais, de acordo com a maturidade dos filhos, devem reconhecer-lhes autonomia na organização da própria vida. Daí que, apesar de os menores com pelo menos catorze anos poderem celebrar directamente o contrato de trabalho, se exija, dependendo da idade e da escolaridade, nuns casos a autorização dos representantes legais e noutros apenas a sua não oposição.

Este poder de os representantes legais poderem opor-se à celebração do contrato de trabalho ou mesmo de terem de autorizá-lo para que seja

---

parte dos representantes legais, não podendo, como tal, ser responsabilizados civilmente, uma vez que a indemnização por factos lícitos só existe, no nosso ordenamento, nos casos expressamente previstos na lei, não sendo este um desses casos. Pode, quanto muito, provar-se que houve uma actuação com abuso de direito, se por exemplo a revogação tiver por intuito prejudicar o empregador "em virtude de uma divergência totalmente estranha ao contrato de trabalho com o menor".

[100] Jorge Leite, "Alguns aspectos...", pág. 15, diz que embora possa ser-se tentado a considerar que tendo o contrato sido celebrado sem a necessária autorização o representante legal não pode recorrer à oposição, mas apenas à acção de anulação, uma tal interpretação seria incongruente, nomeadamente por privar o representante legal de um mecanismo expedito para a extinção do contrato exactamente quando ele mais precisa. Como refere o autor, se o representante legal pode opor-se supervenientemente a um contrato validamente celebrado pelo menor, não faz sentido não poder recorrer ao mesmo expediente para fazer cessar um contrato que foi celebrado sem a sua autorização, quando ela era exigida.

válido, insere-se no leque de poderes atribuídos aos pais ou ao tutor no âmbito das responsabilidades parentais[101].

Prevê a lei que cabe aos pais (e na sua ausência ao tutor) velar pela segurança e saúde dos filhos, "prover ao seu sustento, dirigir a sua educação, representá-los e administrar os seus bens" (art. 1878.º do CC). Estes poderes, por serem exercidos no interesse dos filhos, não são verdadeiros poderes, no sentido de estarem na disponibilidade dos pais. Os pais têm um verdadeiro dever de os exercer, tendo sempre como fim último o que for melhor para o desenvolvimento dos seus filhos – daí que se chamem a estes poderes, poderes-deveres ou deveres funcionais[102]. Também no que toca ao trabalho, há uma obrigação dos pais de tutelar os interesses dos filhos, tutela essa que naturalmente vai sendo menos activa à medida que a idade e a formação do menor aumentam.

Vista a capacidade exigida para a celebração de contratos de trabalho por menores, impõe-se saber quais são as consequências legais para a sua violação.

Seguindo Rosário Palma Ramalho, podem distinguir-se as consequências em função dos requisitos violados[103].

---

[101] Os arts. 1901.º e 1902.º do CC prevêem que as responsabilidades parentais devem ser exercidas de comum acordo e que se um dos pais praticar um acto, presume-se que age de acordo com o outro, excepto quando seja exigido por lei o consentimento de ambos ou quando se tratar de um acto de particular importância. A dúvida que surge é se o legislador no art. 70.º do CT, ao prever a possibilidade de oposição escrita ou a necessidade de autorização dos representantes legais, quis exigir a manifestação expressa dos dois representantes legais ou se considerou que a manifestação de um é bastante. Jorge Leite, "Alguns aspectos...", pág. 14, considera aplicar-se ao caso o disposto no n.º 1 do art. 1902.º do CC, presumindo-se que a intervenção de um dos representantes legais tem o acordo do outro, excepto se o contrato se mostrar particularmente importante ou se, por exemplo, implicar a saída do menor de casa, caso em que se exigirá a intervenção de ambos.

[102] O exercício das responsabilidades parentais nem sempre foi entendido tendo como fim os interesses do filho, tendo tal acontecido essencialmente com a Reforma do Código Civil de 1977. Sobre a evolução do conteúdo do exercício das responsabilidades parentais, Sónia Moreira, "A autonomia do Menor no Exercício dos seus Direitos", *Scientia Iuridica – Revista de Direito Comparado Português e Brasileiro*, Tomo L, n.º 291, Universidade do Minho, Braga, 2001, págs. 162 a 167. Como refere a autora, as responsabilidades parentais são "um complexo de poderes e deveres, sendo que os poderes existem para permitir aos progenitores cumprir os seus deveres" (pág. 167).

[103] *Direito..., Parte II...*, págs. 98 e ss.

Assim, no que diz respeito ao requisito da idade de admissão, a proibição legal de os menores que não tenham a idade mínima de admissão celebrarem contrato de trabalho explica-se não só pela protecção do interesse do menor, mas também por interesses públicos ligados à erradicação do trabalho infantil e à garantia da segurança e saúde dos jovens. Segundo a autora, numa opinião consensual entre a doutrina, a violação do requisito da idade torna o contrato nulo, por aplicação do regime geral dos negócios jurídicos celebrados em violação de normas imperativas (art. 294.º do CC), e impõe ao próprio empregador o "dever especial de indagação sobre a idade e a situação escolar do menor aquando da celebração do contrato, com tutela criminal"[104].

No que concerne aos requisitos da aptidão física e psíquica para o trabalho a prestar, da natureza do próprio trabalho e da escolaridade mínima, a autora considera que da sua falta resulta a nulidade do contrato, pelos interesses públicos em jogo: saúde, educação e formação das crianças e jovens[105].

Por fim, no que toca ao requisito da autorização ou da não oposição dos representantes legais do menor, a autora sugere dever a sua falta implicar a anulabilidade do contrato, nos termos gerais, ainda que atendendo às regras especiais constantes do art. 70.º, n.ºs 4 e 5 do CT[106], podendo, como tal, ser sanada.

Prevê o CT um regime específico para a invalidade do contrato de trabalho (arts. 121.º a 125.º do CT), que se afasta do regime geral previsto no CC (arts. 285.º a 294.º).

No que diz directamente respeito ao contrato de trabalho celebrado por menores sem que estejam verificados os requisitos exigidos por lei,

---

[104] Também no sentido de considerar nulo o contrato de trabalho celebrado com menores que não tenham a idade mínima de admissão, Romano Martinez, *Direito...*, pág. 378, Andrade Mesquita, *Direito...*, pág. 427 e Vítor Ferraz, "O Regime...", pág. 287, entre outros.

[105] No mesmo sentido, Jorge Leite, "Alguns aspectos...", pág. 15.

[106] No mesmo sentido, Júlio Gomes, *Direito...*, pág. 459 e Andrade Mesquita, *Direito...*, pág. 427. Vítor Ferraz, "O Regime...", pág. 287, acrescenta ainda ser também anulável o contrato de trabalho celebrado com menor com dezasseis anos que não tenha concluído a escolaridade obrigatória e que não satisfaça os requisitos exigidos no art. 123.º da LCT (actual art. 69.º do CT, embora este com redacção diferente).

dispõe desde logo o art. 122.º do CT que "o contrato de trabalho declarado nulo ou anulado produz efeitos como se fosse válido em relação ao tempo em que seja executado". Como tal, qualquer uma das partes pode fazer valer os seus direitos quando os mesmos digam respeito ao tempo de execução do contrato, solução que se coaduna, na opinião de muitos autores, com a dificuldade, se não impossibilidade, de se repor a situação no estado em que estava antes de celebrado o contrato.

A dificuldade de as partes restituírem "tudo o que tiver sido prestado", nos termos do art. 289.º, n.º 1 do CC, resulta desde logo do facto de a prestação de uma das partes ser a força de trabalho, insusceptível de restituir. Por outro lado, mesmo o pagamento ao menor do valor correspondente à retribuição (como forma de compensar a prestação da actividade) poderia não ser a solução adequada, pelo facto de a relação laboral não ser avaliável economicamente e ser muito mais do que a mera prestação de actividade e o pagamento da retribuição. Assim, não pode o empregador deixar de pagar a retribuição ou recusar-se a pagar a retribuição em atraso ao trabalhador, com fundamento na nulidade do contrato de trabalho.

No entanto, com uma perspectiva algo diferente, Júlio Gomes e Catarina Carvalho consideram não serem estes os factores que explicam, ou que explicam totalmente, o regime especial da invalidade do contrato de trabalho, defendendo ser sobretudo o escopo protector do Direito do Trabalho que justifica a especificidade do regime consagrado para o contrato de trabalho inválido. Segundo os autores, "se os contratos de trabalho inválidos quando executados não produzissem os mesmos efeitos que produziriam se fossem válidos, estar-se-ia a abrir a porta a uma fácil fuga às normas legais imperativas"[107].

Acresce a estas consequências o carácter criminal e contra-ordenacional que assume a violação dos requisitos da capacidade dos menores

---

[107] "Sobre o regime da invalidade do contrato de trabalho", *II Congresso Nacional de Direito do Trabalho*, Almedina, Coimbra, 1999, pág. 155. Referem os autores que, contrariamente ao que se passa no direito do trabalho, no âmbito dos contratos civis a autonomia privada que regula os contratos faz com que a nulidade de um contrato se traduza "na negação do escopo pretendido pelas partes, acarretando a inutilidade dos seus esforços", razão pela qual se pode esperar, no direito civil, que as partes não celebrem negócios nulos, sendo as próprias as primeiras a tentar certificar-se da validade dos negócios que celebram (págs. 152 a 155).

para celebrarem contratos de trabalho (cfr. arts. 68, n.º 6 e 82.º do CT) e a possibilidade de o empregador vir a ser civilmente responsável pelos prejuízos que cause ao menor com a sua contratação, quando culposamente não tenha respeitado os requisitos legais (art. 483.º do CC)[108].

Pode suceder, porém, que o contrato de trabalho tenha sido invalidamente celebrado, mas que, com o decorrer da sua execução, a causa que originou a invalidade deixe de existir. Nesse caso, conforme o disposto no art. 125.º do CT, o contrato considera-se convalidado desde o início. É por exemplo o caso do menor com idade inferior a dezasseis anos e com a escolaridade obrigatória, que celebrou o contrato sem a autorização dos pais, quando atinge a idade dos dezasseis anos; ou o caso do menor com dezasseis anos, mas sem a escolaridade obrigatória, que apenas se inscreve em modalidade de educação ou formação um ano depois de iniciar o contrato de trabalho.

No entanto, mesmo que convalidado o contrato, apenas a nulidade ou a anulabilidade ficam sanadas. Nada obsta, porém, a que a ACT[109] aplique sanções por vícios ocorridos durante ou em virtude da invalidade do contrato.

---

[108] Neste sentido, Rosário Palma Ramalho, *Direito...*, *Parte II...*, pág. 100. Também Menezes Cordeiro, *Manual...*, pág. 543, considera que das limitações legais à contratação de menores (que resultam, na perspectiva do autor, não de uma incapacidade de gozo, mas de uma proibição que tem como destinatário a outra parte, que fica proibida de celebrar contratos de trabalho com eles), decorrem três consequências práticas: a entidade empregadora passa a ter o dever de não violar essa proibição; a entidade empregadora é civilmente responsável pelos danos que causar, para além da aplicação de outras sanções, quando, com culpa, contrate com menores, violando uma disposição legal destinada a proteger interesses alheios (art. 483.º, n.º 1 do CC); o contrato de trabalho é nulo, nos termos do disposto no art. 294.º do CC.

[109] A ACT foi criada pelo DL n.º 211/2006, de 27 de Outubro, e sucedeu ao Instituto para a Segurança, Higiene e Saúde no Trabalho e à Inspecção-Geral do Trabalho, pelo que todas as menções feitas à IGT por qualquer diploma legal referem-se àquela entidade. Também quando na subsecção do Código do Trabalho referente ao trabalho dos menores se faz referência ao serviço com competência inspectiva do ministério responsável pela área laboral deve considerar-se essa competência atribuída à ACT.

4. O regime do trabalho dos menores em geral

Para além da formação do contrato de trabalho, previu a lei outras matérias com um regime específico para o caso dos menores e que se afasta do regime geral aplicável aos trabalhadores adultos e com capacidade plena para serem sujeitos de contratos de trabalho.

Assim, logo no art. 66.º do CT, sob a epígrafe de "princípios gerais", estabelece-se uma obrigação do empregador de proporcionar ao menor condições de trabalho adequadas à sua idade, de forma a proteger a sua segurança, saúde, desenvolvimento físico, psíquico e moral, a sua educação e formação, prevenindo, especialmente, os riscos que resultem da sua falta de experiência ou da inconsciência dos riscos existentes ou potenciais.

Como acontece com a própria admissão do menor ao trabalho, denota-se em todo o regime uma preocupação constante em proporcionar ao menor formação e qualificação.

Assim, prevê o art. 67.º do CT, o dever do Estado de encontrar meios de possibilitar aos menores que tenham concluído a escolaridade obrigatória a frequência numa formação profissional adequada que os prepare para a vida activa (n.º 1), cabendo, por seu turno, ao empregador o dever de assegurar a formação profissional do menor ao seu serviço, seja através de meios próprios, seja solicitando a colaboração dos organismos competentes (n.º 2).

Prevê ainda a lei o direito de o menor gozar uma licença sem retribuição para frequentar um curso profissional que lhe confira habilitação escolar ou um curso de educação e formação para jovens, salvo se tal licença for susceptível de causar prejuízo grave à empresa (art. 67.º, n.º 3)[110].

Não especifica a lei nem o que entende por "susceptível de causar prejuízo grave à empresa", nem quais as formas de reagir e proteger o menor contra uma eventual negação injustificada da parte do empregador. Relativamente às situações em que a utilização da licença possa causar prejuízos graves, concordamos com Vítor Ferraz quando diz

---

[110] A licença terá os efeitos previstos no art. 317.º, n.º 4 do CT para a generalidade dos trabalhadores: determinará a suspensão do contrato de trabalho, conservando o menor o direito ao lugar.

deverem estas situações ser configuradas apenas em casos excepcionais e muito limitados[111]; de facto, podendo o empregador contratar um trabalhador a termo para substituir o menor durante a sua ausência (art. 140.º, n.º 2, al. c) do CT), não serão muitos os casos em que essa ausência cause um prejuízo grave para o empregador e, mais do que isso, suficientemente grave que justifique a recusa da concessão da licença em detrimento do direito à formação e à educação, constitucionalmente consagrado (art. 73.º da CRP). De outro modo, facilitar-se-ia o recurso do empregador à recusa da licença, circunstância que o legislador quis que tivesse um carácter excepcional. Quanto aos modos de reacção do menor contra uma decisão do empregador, considerando o menor a recusa infundada apenas lhe restará reagir *a posteriori*, pelos meios judiciais.

Nos arts. 73.º a 80.º do CT prevê a lei uma série de especificidades na forma de prestação de trabalho pelos menores.

Assim, e no que se refere aos limites máximos do período normal de trabalho, dispõe a lei que o período normal de trabalho dos menores não pode ultrapassar as oito horas diárias e as quarenta horas semanais, sendo esse limite máximo reduzido para sete horas diárias e trinta e cinco horas semanais no caso de trabalhos leves efectuados por menores com idade inferior a dezasseis anos. Em qualquer caso, sempre que possível, devem os instrumentos de regulamentação colectiva de trabalho reduzir estes limites máximos (art. 73.º, n.º 2 do CT). Fica assim afastada a possibilidade de o menor prestar a sua actividade em regime de isenção, nas modalidades previstas nas als. a) e b) do n.º 1 do art. 219.º do CT.

Depreende-se do art. 74.º do CT poderem os menores prestar actividade nos regimes de adaptabilidade, banco de horas ou horário concentrado, previstos nos arts. 204.º a 209.º do CT. Mas, nestes casos, o menor deve ser submetido a um exame de saúde antes de começar a cumprir o horário em causa para avaliar se o cumprimento desse horário é susceptível de prejudicar a sua saúde ou a sua segurança no trabalho, caso em que o menor será dispensado de tal horário (art. 74.º do CT).

---

[111] "O Regime...", pág. 290.

Quanto ao trabalho suplementar, previsto em termos gerais nos arts. 226.º a 231.º do CT, deu-se uma alteração com a revisão do Código do Trabalho, operada pela Lei n.º 7/2009. Anteriormente à revisão, à semelhança do que sucedia com o art. 124.º, n.º 4 da LCT, com a redacção dada pelo DL n.º 396/91, a prestação de trabalho suplementar era proibida a todo o menor, independentemente da idade. Agora, o art. 75.º do CT continuou a prever a proibição da prestação de trabalho suplementar aos menores de dezasseis anos, mas veio permitir que o menor com idade igual ou superior a dezasseis anos possa prestar trabalho suplementar quando tal for "indispensável para prevenir ou reparar prejuízo grave para a empresa, devido a facto anormal e imprevisível ou a circunstância excepcional ainda que previsível", cujas consequências não possam ser evitadas, desde que não haja outro trabalhador disponível e por um período não superior a cinco dias úteis. Prestando trabalho suplementar, tem o menor direito a um descanso compensatório por um período equivalente ao tempo de trabalho prestado, a gozar nas três semanas seguintes.

No que se refere ao trabalho nocturno, a lei distingue duas situações: a do menor com idade inferior a dezasseis anos e a do menor com idade igual ou superior a dezasseis anos (art. 76.º do CT).

Quanto ao caso do menor com idade inferior a dezasseis anos, o menor não pode nunca trabalhar entre as vinte horas de um dia e as sete horas do dia seguinte[112], excepção feita ao caso da participação de menor em espectáculo ou outra actividade de natureza cultural, artística ou publicitária, como veremos.

Já no que se refere ao menor com idade igual ou superior a dezasseis anos, a lei dispôs como regra a proibição de o menor prestar actividade entre a vinte e duas horas de um dia e as sete horas do dia seguinte, prevendo, no entanto, três desvios.

---

[112] Este era já o resultado prático da aplicação do regime anterior ao CT relativo ao trabalho de menores, que proibia categoricamente o trabalho nocturno de menores com menos de dezasseis anos (art. 33.º, n.º 1 do DL n.º 409/71, de 27 de Setembro), sendo que era considerado trabalho nocturno, na ausência de fixação por convenção colectiva, todo o trabalho prestado entre as 20 horas de um dia e as 7 horas do dia seguinte (art. 29.º, n.º 3).

O primeiro é que por instrumento de regulamentação colectiva de trabalho possa estar prevista a possibilidade de o menor prestar trabalho nocturno em determinada actividade, sem nunca abranger, no entanto, o período compreendido entre as zero e as cinco horas (n.º 3, al. a)).

Um segundo desvio, previsto no n.º 3, al. b) do artigo supra referido, é o caso das actividades de natureza cultural, artística, desportiva ou publicitária, em que, sempre que tal se justifique por motivos objectivos, pode o menor prestar trabalho nocturno, incluindo durante o período entre as zero e as cinco horas, desde que lhe seja concedido um descanso compensatório com igual número de horas, a gozar no dia seguinte ou no mais próximo possível. Apesar de existir na RCT uma norma específica sobre o trabalho nocturno prestado por menores em espectáculos e em outras actividades de natureza cultural ou artística (art. 3.º, n.º 6), as duas normas não se confundem, por terem âmbitos de aplicação distintos. Enquanto que a norma da RCT se aplica aos menores que não tenham atingido a idade dos dezasseis anos, a norma do CT aplica-se apenas aos menores com dezasseis e dezassete anos.

Em qualquer um dos casos do n.º 3 do art. 76.º impõe a lei que o menor deve ser vigiado por um adulto durante a prestação de trabalho nocturno se essa vigilância for necessária para protecção da sua saúde ou da sua segurança (n.º 4). Esta é uma norma que poderá criar dificuldades práticas, uma vez que sendo a avaliação da necessidade de vigilância efectuada caso a caso, com o que de subjectivo isso possa ter, pode bem acontecer que a avaliação feita pela entidade empregadora não coincida com a avaliação feita pela entidade competente para assegurar o cumprimento das normas legais na empresa, a ACT. E a haver diferendo, provavelmente a decisão final caberá ao tribunal, que pode não conseguir decidir em tempo útil.

Por fim, estabelece ainda a lei que deixa de haver qualquer limitação à proibição do trabalho nocturno para os menores com idade igual ou superior a dezasseis anos nos mesmos casos em que se admite o trabalho suplementar, ou seja, se a prestação de trabalho nocturno pelo menor for indispensável para prevenir ou reparar prejuízo grave para a empresa, "devido a facto anormal e imprevisível ou a circunstância excepcional ainda que previsível, cujas consequências não podiam ser evitadas, desde que não haja outro trabalhador disponível e por um período não superior a cinco dias úteis" (art. 76.º n.º 5). Nestas situações, o menor tem também direito a um descanso compensatório com igual número de horas, a gozar durante as três semanas seguintes.

Encaramos este terceiro caso com alguma preocupação, por permitir situações abusivas. Não é novidade que onde o legislador colocou estas expressões indeterminadas, como seja em matéria de trabalho suplementar (art. 227.º do CT), alteração do período de férias por motivos atinentes à empresa (art. 243.º, n.º 1 do CT) e contratação a termo (art. 140.º do CT), se têm verificado abusos por parte das empresas, que têm sempre tendência para considerar qualquer desvio à normalidade do seu funcionamento como uma "circunstância excepcional" ou como um "facto anormal", usando expedientes que a lei considera de utilização de última instância como um recurso normal e evidente na gestão corrente da empresa[113].

Prever a possibilidade de os menores prestarem trabalho nocturno a qualquer hora nestas situações ditas de "excepcionais" pode permitir que se subverta, na prática, o regime protector dos menores, sobretudo por se tratar aqui de trabalho prestado durante a noite, a qualquer hora, o que implica, necessariamente, um maior desgaste. Melhor teria sido, em nosso entender, se a lei tivesse, pura e simplesmente, proibido o trabalho nocturno em determinadas horas.

Por outro lado, a permissão da prestação de trabalho nocturno a menores pode tornar difícil a sua conciliação com a necessidade de o menor frequentar uma modalidade de educação ou formação, usufruindo da dispensa de trabalho para frequência de aulas, nos termos do n.º 3 do art. 90.º e do n.º 3 do art. 69.º e gozando, simultaneamente, do tempo de repouso que necessita para um são desenvolvimento físico e psíquico.

Os arts. 77.º a 80.º do CT prevêem a matéria do descanso (intervalo de descanso, descanso diário e descanso semanal).

---

[113] Um caso flagrante é a utilização indevida do trabalho suplementar, havendo, inclusive, hoje em dia, e apenas para demonstrar a veleidade com que por vezes se age nestas matérias, empresas que celebram contratos de trabalho em que fica estipulada à partida a obrigação de o trabalhador prestar X horas de trabalho suplementar por dia, cláusula obviamente nula.

Assim, prevê o art. 77.º que o menor com idade inferior a dezasseis anos não deve prestar mais de quatro horas de trabalho seguidas, devendo o período normal de trabalho diário ser interrompido por um intervalo com uma duração entre uma e duas horas, podendo por instrumento de regulamentação colectiva de trabalho ser fixado um intervalo com uma duração superior a duas horas ou preverem-se outros intervalos de descanso.

Quando o menor tiver idade igual ou superior a dezasseis anos, ele não pode prestar mais de quatro horas e trinta minutos seguidos sem que haja um intervalo de descanso com uma duração entre uma e duas horas, intervalo este que, no entanto, pode por instrumento de regulamentação colectiva ser fixado em duração superior a duas horas ou ser reduzido até trinta minutos. Pode também o instrumento de regulamentação colectiva de trabalho prever a existência de mais intervalos de descanso no período de trabalho diário.

Quanto ao descanso diário, distingue-se mais uma vez a situação dos menores com idade inferior a dezasseis e a dos menores com idade igual ou superior a dezasseis anos (art. 78.º do CT).

No caso dos menores com idade inferior a dezasseis anos, a lei exige, sem admitir qualquer desvio, um descanso mínimo diário de catorze horas entre os períodos de trabalho de dois dias consecutivos.

Quando o menor tenha idade igual ou superior a dezasseis anos, em regra o descanso diário entre os períodos de trabalho de dois dias consecutivos deve ser, no mínimo, de doze horas. No entanto, para prestar trabalho nos sectores da agricultura, do turismo, da hotelaria, da restauração, em embarcações da marinha do comércio, em hospitais e outros estabelecimentos de saúde e em actividades caracterizadas por períodos de trabalho fraccionados ao longo do dia[114] pode o instrumento de regulamentação colectiva de trabalho reduzir o descanso diário em situações pontuais, desde que a redução seja justificada por motivos objectivos (que terão de constar do referido instrumento), desde que não afecte a segurança ou saúde do menor e desde que a redução seja compensada nos três dias seguintes (n.º 2).

---

[114] Que o próprio CT exemplifica, no art. 214.º, n.º 2, al. c), com o caso dos serviços de limpeza.

Por outro lado, o menor com idade igual ou superior a dezasseis anos que preste trabalho ocasional por um período não superior a um mês ou cujo período normal de trabalho semanal não seja superior a vinte horas, quando trabalhe em serviço doméstico realizado em agregado familiar[115] ou numa empresa familiar, não está sujeito à regra do n.º 1 do art. 78.º do CT, que consagra o descanso diário mínimo de doze horas consecutivas, desde que, no que se refere ao último caso, tal não seja nocivo, prejudicial ou perigoso para o menor (n.º 3). Entende Júlio Gomes que neste caso o menor deverá ter direito ao descanso mínimo de onze horas seguidas, previsto no art. 214.º, n.º 1 do CT e aplicável à generalidade dos trabalhadores[116].

No que se refere ao descanso semanal, a regra é a de que os menores tenham direito a dois dias de descanso semanal, se possível consecutivos, num período de sete dias (art. 79.º, n.º 1 do CT).

Quando o menor tiver idade igual ou superior a dezasseis anos, pode o instrumento de regulamentação colectiva de trabalho definir que por razões técnicas ou de organização do trabalho se justifica que o descanso semanal tenha a duração de trinta e seis horas consecutivas.

O descanso semanal pode ainda ser de um dia, relativamente a menores com pelo menos dezasseis anos de idade, quando o período normal de trabalho semanal não ultrapassar as vinte horas ou quando o trabalho é prestado ocasionalmente, por um período não superior a um mês, no caso de trabalho realizado como serviço doméstico em agregado familiar ou numa empresa familiar, e desde que, neste caso, não seja nocivo, prejudicial ou perigoso para o menor, sendo que, em qualquer um dos casos, a redução tem de se justificar por motivos objectivos e o menor tem de ter um descanso adequado (n.º 2).

---

[115] O contrato de trabalho (ou de serviço) doméstico vem regulado no DL n.º 235/ /92, de 24 de Outubro, alterado pela Lei n.º 114/99, de 3 de Agosto, e define, no art. 2.º, n.º 1, o contrato de serviço doméstico como "aquele pelo qual uma pessoa se obriga, mediante retribuição, a prestar a outrem, com carácter regular, sob a sua direcção e autoridade, actividades destinadas à satisfação das necessidades próprias ou específicas de um agregado familiar, ou equiparado, e dos respectivos membros", sendo que, nos termos do art. 4.º do referido diploma, apenas os menores que já tenham completado dezasseis anos de idade podem ser admitidos a prestar serviço doméstico.

[116] *Direito...*, pág. 463.

Pode também ser de um dia o descanso semanal do menor de idade igual ou superior a dezasseis anos quando previsto em instrumento de regulamentação colectiva de trabalho e o menor trabalhe no sector da agricultura, do turismo, da hotelaria ou da restauração, em embarcações de marinha do comércio, em hospital ou outro estabelecimento de saúde ou em actividade caracterizada por períodos de trabalho fraccionados ao longo do dia, desde que, também aqui, a redução se justifique por motivos objectivos e o menor tenha descanso adequado (n.º 2).

No caso de o menor ter vários empregadores, no sentido de pluriemprego e não no sentido de pluralidade de empregadores (do art. 101.º do CT), o dia ou os dias de descanso semanal devem ser coincidentes, não devendo a soma dos períodos de trabalho exceder os limites máximos do período normal de trabalho (art. 80.º do CT)[117-118].

---

[117] Situação que não acontece quando não estejam em causa menores, caso em que as regras da legislação laboral dizem respeito a cada contrato de trabalho celebrado pelo trabalhador, independentemente do número de contratos de que este é sujeito.

[118] Refere o art. 80.º, n.º 3 que quando o empregador que seja previamente informado, pelo menor ou pelos representantes legais, da existência de outro emprego e da duração do trabalho e do descanso semanal correspondente celebre com o menor um contrato de trabalho é responsável pelo cumprimento da obrigação de fazer coincidir os descansos semanais e da verificação da exigência de a soma dos períodos de trabalho não exceder os limites máximos do período normal de trabalho. A mesma responsabilidade recai sobre o empregador que seja informado da admissão do menor noutro trabalho ou da alteração das condições de trabalho prestadas para outro empregador e que altere, posteriormente, a duração do trabalho ou dos descansos semanais.

A lei não diz o que sucede nos casos em que o empregador não tem conhecimento da existência de outro ou outros empregos, provocando com a celebração do seu contrato ou com a alteração da duração do trabalho ou dos descansos semanais de contrato anteriormente celebrado uma situação de incumprimento do disposto no n.º 1 do art. 80.º. Parece claro que se a violação do disposto no n.º 1 se deveu a desconhecimento do empregador, o mesmo não pode ser responsabilizado, não lhe podendo ser aplicada nenhuma coima. No entanto, embora a redacção do n.º 3 do artigo nada diga a esse respeito, parece-nos, sob pena de se retirar muito do efeito prático do n.º 1, que a partir do momento em que o empregador tem conhecimento de que os descansos semanais deixaram de ser coincidentes ou de que os limites máximos do período normal de trabalho foram ultrapassados, passa a haver da sua parte um dever de alterar os dias de descanso semanal ou o número de horas de trabalho, embora, quanto a nós, falte base legal para cominar uma coima ao empregador pelo não cumprimento deste dever.

Uma questão com uma relevância prática muito grande tem a ver com a percepção dos rendimentos, fruto do trabalho do menor. Prevê o art. 70.º, n.º 3 do CT que o menor tem capacidade (capacidade de exercício) para receber a retribuição devida pelo empregador, salvo quando houver oposição escrita dos representantes legais.
Parte do conteúdo desta norma já constava do art. 127.º, al. a) do CC, que prevê a capacidade (também aqui de exercício) de o menor com idade igual ou superior a dezasseis anos praticar actos de administração ou de disposição de bens que tenha adquirido pelo seu trabalho. É certo que a norma menciona apenas o poder de administração e de disposição, não se referindo à percepção propriamente dita; no entanto, a possibilidade de o menor receber o bem pressupõe-se, necessariamente.
Com o art. 70.º, n.º 3 do CT, para além de se passar a prever expressamente a capacidade do menor para receber a retribuição devida pelo trabalho realizado, outras duas diferenças se assinalam. Previu-se, por um lado, que a capacidade para receber a retribuição se estenda a todos os menores, independentemente de terem mais ou menos de dezasseis anos e de terem ou não completado a escolaridade obrigatória[119]; por outro, há uma previsão expressa, como já sucedia no âmbito da LCT (art. 123.º, n.º 6), da possibilidade de oposição dos representantes legais, algo que não acontece à luz do CC.
Seguindo o pensamento de Jorge Leite, o poder de o representante legal se opor só pode compreender-se "no âmbito da defesa dos interesses do próprio menor". Só assim se compreende que se faça esta restrição à capacidade prevista no art. 70.º, n.º 3 do CT ou no art. 127.º, n.º 1, al. a) do CC, para os menores com dezasseis anos, em clara afronta ao "princípio geral da progressiva autonomia do menor na organização da sua própria vida". O autor dá alguns exemplos que considera serem justificativos da especial tutela do menor: "razões ligadas a uma deficiência psíquica ou mental ou a riscos manifestos da prática de actos

---

[119] Ainda na vigência da LCT, em que o art. 123.º, n.º 6 tinha a mesma redacção que o art. 70.º, n.º 3 do CT, Jorge Leite, "Alguns aspectos...", pág. 13, entendia que o legislador ao atribuir ao menor capacidade para receber a retribuição devida pelo seu trabalho parecia reconhecer-lhe igualmente capacidade para praticar os actos de administração e de disposição dos rendimentos do trabalho, entendimento com o qual, de resto, concordamos.

prejudiciais, como, por exemplo, o consumo de estupefacientes"[120]. Deverão ser os princípios subjacentes ao exercício das responsabilidades parentais a justificar e a fixar a medida da intervenção dos pais na percepção e administração dos rendimentos do trabalho dos menores[121].

---

[120] "Alguns aspectos...", pág. 13.

[121] Não nos parece que haja qualquer impedimento legal que não permita que esta oposição dos representantes legais à percepção da retribuição pelo menor não possa ocorrer em momento posterior ao da celebração do contrato de trabalho. De resto, as razões que estão na origem do n.º 3 do art. 70.º do CT (protecção dos interesses do próprio menor) justificam que possa haver uma oposição superveniente dos representantes legais, quando ocorram alterações na vida e na personalidade do menor que imponham essa oposição. Júlio Gomes, Direito..., pág. 460, nota de rodapé n.º 1192, coloca duas dúvidas que podem surgir caso a oposição seja superveniente: uma que consiste em saber se a oposição valerá para as retribuições vencidas anteriormente mas ainda não pagas e outra em saber se o menor poderá resolver o contrato por modificação das circunstâncias. Quanto à primeira questão parece-nos deverem os efeitos da oposição dos representantes legais produzirem-se relativamente a toda a retribuição que venha a ser recebida depois da oposição, ainda que no momento da oposição a mesma já se encontrasse vencida. Se os representantes legais se opõem à percepção dos rendimentos por parte do menor por este não estar em condições, seja por que razão for, de administrar esses mesmos rendimentos e de forma a defender os seus próprios interesses, importando a percepção dos rendimentos pelos representantes legais, não uma alteração da propriedade dos mesmos, mas apenas uma alteração do seu administrador, consideramos que a defesa dos interesses do menor e que motivou (ou deveria ter motivado) a oposição deve ser feita e produzir efeitos quanto antes.

No que se refere à possibilidade de o menor poder resolver o contrato por modificação das circunstâncias, tendemos a responder negativamente. A possibilidade de uma das partes do contrato poder resolvê-lo por alteração das circunstâncias vem prevista no art. 437.º do CC. Ciente do risco que necessariamente é sempre assumido com a celebração de um contrato, o legislador obriga, para que a parte lesada possa resolver o contrato quando tenha havido uma alteração anormal das circunstâncias em que as partes fundaram a decisão de contratar, a que a exigência das obrigações assumidas pela parte afectem gravemente o princípio da boa fé e que não esteja coberta pelos riscos que os contratos sempre pressupõem. Ora não só nos parece que a oposição superveniente por parte dos representantes legais da percepção dos rendimentos do trabalho por parte do menor não configura uma alteração anormal das circunstâncias em que o contrato foi celebrado, como consideramos a possibilidade de oposição superveniente como sendo um risco normal do contrato de trabalho celebrado com menores, cuja verificação não afecta gravemente os princípios da boa fé, mesmo que seja do conhecimento do empregador a essencialidade da percepção dos rendimentos para o menor. Quando o menor celebra o contrato de trabalho sabe, ou devia saber, que a qualquer momento os seus representantes legais podem opor-se a que ele receba a retribuição. A possibilidade de oposição dos

Quanto à denúncia do contrato de trabalho pelo menor, prevê o art. 71.º do CT que se o menor que esteja a receber ou tenha recebido formação nos termos do disposto no art. 69.º do CT denunciar o contrato sem termo durante a formação ou num período subsequente de duração igual à formação, deve compensar o empregador com o valor correspondente ao custo com a formação que este haja comprovadamente assumido, o mesmo se passando no caso de o menor denunciar o contrato a termo depois de o empregador lhe ter proposto por escrito a conversão do mesmo em contrato sem termo, excepto se o menor tiver prestado trabalho apenas durante as férias escolares.

Júlio Gomes refere este artigo como sendo um dos exemplos de normas que são prejudiciais para o menor por comparação com outros trabalhadores. De facto, relativamente ao trabalhador adulto, só há uma obrigação de permanecer na empresa ou de indemnizar o empregador no caso de o trabalhador pretender sair, se as partes tiverem inserido no contrato de trabalho um pacto de permanência, nos termos do disposto no art. 137.º do CT. Segundo o autor, por conter a norma do art. 71.º do CT um regime excepcional, a mesma não deverá ser aplicada se o contrato de trabalho com o menor cessar por revogação da autorização pelos representantes legais ou por oposição superveniente[122].

Já Pedro Bettencourt considera a disposição "absolutamente justa", tendo em conta os custos da formação. Contudo, o autor considera que a norma pode ficar esvaziada com a oposição dos representantes legais do menor, uma vez que esta poderá afectar a própria validade do contrato de trabalho. Julgamos interpretar bem as palavras do autor no sentido de considerar que quando a cessação do contrato se deve a oposição superveniente ou, permitimo-nos acrescentar, a revogação da autorização, já não há obrigação de compensar o empregador pelos custos directos com a formação[123].

Quanto a nós, temos alguma dificuldade em entender que se estabeleçam nesta matéria regimes diferentes consoante o contrato seja denun-

---

representantes legais é um risco inerente ao seu contrato de trabalho, o qual tem de ser devidamente ponderado no momento da contratação, pressupondo a celebração do contrato uma assunção do referido risco.

[122] *Direito...*, pág. 460.
[123] "O trabalho...", pág. 122.

ciado pelo menor ou cesse por revogação da autorização ou por oposição superveniente. Isto porque as razões que justificam que não se exija qualquer indemnização aos pais pela revogação da autorização ou pela oposição superveniente são semelhantes às que justificam da parte do menor uma denúncia do contrato. É perfeitamente justificável que um menor, no decorrer da sua prestação de actividade, venha a concluir que os seus estudos estão a ser afectados com a prestação de trabalho ou que a sua saúde física ou psíquica estão a ser abaladas com a actividade. Será legítimo coarctar a liberdade de cessação do contrato (uma das características básicas do trabalho) com a imposição de uma indemnização?

Por outro lado, não resulta claro da lei, na situação prevista no n.º 2 do art. 71.º, se o legislador apenas quis limitar o direito de denúncia do contrato a termo, findo o período estipulado ou alguma das suas renovações, ou se quis impor um período de permanência mínima, mesmo após a conversão do contrato a termo em contrato por tempo indeterminado. Parece-nos, pela letra da lei, que apenas fica limitado o direito de denúncia do contrato a termo, pelo que, uma vez convertido o contrato, poderá o menor denunciá-lo nos termos gerais (art. 400.º, n.º 1 do CT).

Do exposto, verificamos que o regime previsto para os menores com idade inferior a dezasseis anos é muito mais rígido do que o previsto para os menores com idade igual ou superior a dezasseis anos, não permitindo aquele qualquer excepção no que respeita aos contratos de trabalho em geral. Por outro lado, também as actividades que lhes estão proibidas são em muito maior número do que aquelas que estão proibidas aos menores com pelo menos dezasseis anos, como se compreende (arts. 66.º, n.º 2 e 68.º a 72.º da Lei n.º 102/2009).

De notar também que enquanto as normas que regulam o trabalho dos menores de catorze e quinze anos são imperativas, já algumas das normas que regulam o trabalho dos menores com idade igual ou superior a dezasseis anos prevêem poder as mesmas ser afastadas em determinadas situações consideradas especiais ou por instrumento de regulamentação colectiva de trabalho (trabalho nocturno, descanso diário, descanso semanal).

A propósito do trabalho dos menores, resta ainda fazer referência a duas situações específicas: ao caso dos menores emancipados e ao caso do trabalho autónomo prestado por menores.

No que concerne ao primeiro caso, como já foi referido, o menor emancipado pelo casamento adquire a capacidade plena de exercício de direitos, nos termos do disposto no art. 133.º do CC. Assim sendo, se se desse o caso de não existir qualquer norma laboral que constituísse um desvio a esta regra do CC, deveria o menor emancipado ser considerado para efeitos de celebração, execução e cessação do contrato de trabalho como maior.

Acontece, porém, que o CT prevê uma norma específica para o caso dos menores emancipados. Segundo o n.º 4 do art. 66.º do CT, "a emancipação não prejudica a aplicação das normas relativas à protecção da saúde, educação e formação do trabalhador menor". Dito de outro modo, tudo quanto sejam regras referentes à protecção da saúde, educação e formação que consagrem especificidades relativamente aos menores devem aplicar-se ainda que o menor seja emancipado.

No entender de Romano Martinez, o art. 66.º, n.º 4 do CT vem sustentar a sua opinião de que as limitações à contratação por parte de menores não são encaradas pela lei como uma forma de proteger aqueles que não têm capacidade de entender e de querer, mas explicam-se por razões de protecção do desenvolvimento físico, psíquico e moral e pela educação e formação do menor. Daí que aos menores emancipados não se aplique, em matéria de contrato de trabalho, a regra geral do art. 133.º do CC, que lhes concede plena capacidade de exercício como se de um maior se tratasse, mas as regras aplicáveis aos menores relativas à protecção da saúde, educação e formação[124].

Assim sendo, e olhando o regime jurídico dos menores consagrado nos já mencionados e analisados arts. 66.º a 80.º do CT e 61.º a 72.º da Lei n.º 102/2009, parece-nos, desde logo, poderem os menores emancipados celebrar livremente contratos de trabalho, sem que seja necessária a autorização ou a não oposição de outrem. Ainda que não sejam exclusivamente razões que se prendem com a vontade e o entendimento e, consequentemente, com o grau de autonomia do menor que explicam a intervenção dos representantes legais na celebração do contrato e que existam aqui também razões ligadas à formação, o que explica por que razão há um tratamento diferente entre menores com dezasseis e dezas-

---

[124] *Direito...*, págs. 423 e 424.

sete anos em função de terem ou não concluído a escolaridade obrigatória, parece-nos que a autonomia e a capacidade de exercício adquiridas com a emancipação exigem que os menores emancipados possam celebrar pessoal e livremente contratos de trabalho, sem que estes tenham de estar sujeitos às regras do art. 70.º do CT.

Quanto aos arts. 67.º, 69.º e 72.º do CT, a sua aplicação ao trabalho prestado por menor emancipado não levanta quaisquer dúvidas, uma vez que deles resulta claramente dizerem respeito à educação e formação do menor (arts. 67.º e 69.º do CT) e à protecção da sua saúde (art. 72.º).

Quanto às normas referentes à prevenção dos riscos, ao período normal de trabalho diário e semanal, à organização do tempo de trabalho, ao trabalho suplementar, ao trabalho nocturno, ao descanso e às actividades proibidas (arts. 66.º, n.ºs 1, 2 e 3 e 73.º a 80.º do CT e arts. 61.º a 65.º, 66.º, n.º 1 e 68.º a 72.º da Lei n.º 102/2009), parece-nos terem como fundamento a protecção da saúde, razão pela qual normas semelhantes existem para o caso das trabalhadoras grávidas, e sem prejuízo de poderem ter reflexos na educação e formação do menor, pelo que serão de aplicar ao caso dos menores emancipados[125].

Por fim, no que toca à norma sobre a denúncia do contrato pelo menor (art. 71.º do CT), fundamentando-se a existência da mesma em razões ligadas à formação do menor e, mais concretamente, aos custos de formação, justifica-se a sua extensão ao caso dos menores emancipados[126].

---

[125] Aliás, algumas destas normas denotam a preocupação da saúde do menor que lhes está subjacente: "o menor é dispensado de prestar trabalho em horário organizado de acordo com o regime de adaptabilidade, banco de horas ou horário concentrado quando o mesmo puder prejudicar a sua **saúde** ou segurança no trabalho" (art. 74.º, n.º 1); "a prestação de trabalho nocturno por menor deve ser vigiada por um adulto, se for necessário para protecção da sua segurança ou **saúde**" (art. 76.º, n.º 4); "o descanso diário (...) pode ser reduzido por instrumento de regulamentação colectiva de trabalho se for justificado por motivo objectivo, desde que não afecte a sua segurança ou **saúde**" (art. 78.º, n.º 2).

[126] Rosário Palma Ramalho, *Direito..., Parte II...*, pág. 98, considera poder o contrato de trabalho do menor emancipado ser por ele livremente celebrado, sem necessidade da autorização ou da não oposição dos representantes legais. No entanto, no que concerne aos outros requisitos relativos à capacidade do menor para celebrar contratos de trabalho (idade mínima, nível mínimo de escolaridade, qualificação profissional e aptidão física e psíquica do menor para o trabalho a realizar), o menor emancipado fica a eles sujeito, uma vez que esses requisitos se referem à saúde, educação e formação. Júlio

Numa segunda situação específica referente aos menores, temos o trabalho autónomo por eles prestado. Ainda que a prestação de trabalho autónomo não integre o âmbito do Direito do Trabalho, à semelhança do que acontece com outras situações (trabalhadores da função pública, contratos equiparados), o legislador optou, como já sucedera anteriormente ao CT (Lei n.º 58/99, de 30 de Junho), por estender parte do regime aplicável ao contrato de trabalho dos menores à actividade dos menores prestada com carácter autónomo.

Assim, o art. 3.º da LPCT prevê, como regra, que o menor com idade inferior a dezasseis anos não possa ser contratado para prestar actividade remunerada com autonomia (n.º 1, 1.ª parte). Quando com idade inferior a dezasseis anos, o menor só pode ser contratado para prestar actividade remunerada com autonomia, desde que tenha concluído a escolaridade obrigatória e desde que se trate de trabalhos leves, considerando-se, para este efeito, trabalhos leves os que como tal forem considerados pela lei para efeitos de contrato de trabalho de menores, ou seja, os que "consistam em tarefas simples e definidas que, pela sua natureza, pelos esforços físicos ou mentais exigidos ou pelas condições específicas em que são realizadas, não sejam susceptíveis de o prejudicar no que respeita à integridade física, segurança e saúde, assiduidade escolar, participação em programas de orientação ou de formação, capacidade para beneficiar da instrução ministrada, ou ainda ao seu desenvolvimento físico, psíquico, moral, intelectual e cultural (art. 3.º, n.º 1, 2.ª parte e n.º 3 da LPCT e art. 68.º, n.º 3 do CT).

No n.º 2 do art. 3.º da LPCT prevê-se a aplicação das regras gerais de direito civil à celebração de contratos, mas com as limitações estabelecidas para o contrato de trabalho com menores (n.º 4) e que acabámos de analisar.

Como nota Maria José Costa Pinto, comentando o já revogado art. 5.º da Lei n.º 58/99 (agora art. 3.º da LPCT), "a lei reguladora do trabalho de menores ultrapassou o estrito esquema do contrato individual de tra-

---

Gomes, *Direito*..., pág. 457, refere expressamente que o menor emancipado pelo casamento continuará a ser considerado menor para efeitos, nomeadamente, "de trabalhos permitidos ou proibidos, de proibição de trabalho suplementar, de proibição (em princípio) de trabalho nocturno".

balho (...), passando a abranger o trabalho que o menor realiza por conta própria (...)", como já sucedera com a revisão do Código Penal levada a cabo com a Lei n.º 65/98, de 2 de Setembro, que, na tipificação do crime de maus tratos e infracção das regras de segurança em relação a quem tenha menores ao seu serviço e os empregar em actividades perigosas, desumanas ou proibidas ou os sobrecarregar com trabalhos excessivos, deixou de exigir o requisito da subordinação jurídica (actual art. 152.º-A do Código Penal)[127].

---

[127] "A protecção...", pág. 104.

PARTE II
O REGIME JURÍDICO-LABORAL DOS PROFISSIONAIS DE ESPECTÁCULOS

I. Noção de espectáculo

Importa, antes de entrar na matéria do regime jurídico dos profissionais de espectáculos, analisar a noção de espectáculo para compreender de que sujeitos estamos a falar quando nos referimos ao regime jurídico-laboral dos profissionais de espectáculos.

São várias, englobando diferentes realidades, as noções dadas para o termo "espectáculo" por vários dicionários: "diversão pública que se realiza num teatro, num circo ou em qualquer outro edifício ou lugar onde se juntam pessoas para presenciá-la; [...] conjunto das actividades da representação teatral, dança, música, etc; [...] aquilo que se apresenta à vista e é capaz de atrair a atenção"[128]; "tudo o que atrai o nosso olhar e a nossa atenção"[129]; "é a exibição de qualquer trabalho artístico, manifestação desportiva ou divertimento, organizados de modo a atrair o grande público"[130]; são as acções de pessoas ou de pessoas com animais ou outras coisas, que têm como principal fim o divertimento, independentemente de qualquer outro fim acessório, às quais o público assiste passivamente e cujo desenrolar é apreensível pela vista ou em simultâneo pela vista e pelo ouvido[131].

---

[128] *Grande Dicionário Enciclopédico*, Vol. VI, Clube Internacional do Livro, Alfragide, pág. 2406.
[129] *Dicionário da língua portuguesa*, Porto Editora, Porto, 2010, pág. 656.
[130] *Enciclopédia Luso-Brasileira de Cultura*, 7.º, Editorial Verbo, Lisboa, pág. 1175.
[131] Gianni Long, *Enciclopédia del Diritto*, XLIII, Giuffrè-Editore, Milão, 1990, pág. 421.

Bentes de Oliveira considera ser a exibição um elemento essencial da definição de espectáculo "já que é através da revelação ou amostra para o exterior da obra artística que o autor proporciona ao público o acesso à mensagem, obra ou labor, que incorporou enquanto seu trabalho". Acrescenta que apenas releva para este efeito a "actividade de produção de coisas belas" e que, ainda aqui é necessário fazer uma limitação, uma vez que a actuação artística que não é "directa ou imediatamente gozada ou acedida pelo público", como é em regra o caso da pintura, da escultura ou da gravura, não se enquadra na noção[132]. O espectáculo, para o ser, deve ser promovido atractivamente junto ou para o grande público, independentemente da adesão ou do interesse por ele efectivamente demonstrado[133].

Por seu turno, Garcia Marques considera ser o espectáculo a "representação – artística, teatral, cinematográfica, musical, televisiva, desportiva – destinada a ser motivo de divertimento, (...) à qual o público assiste passivamente e cujo desenvolvimento é apreendido só pela vista ou, conjuntamente, pela vista e pelo ouvido"[134].

Costa Pimenta considera o espectáculo "como uma coisa imaterial (incorpórea), destinada ao simultâneo e imediato desfrute visual e/ou auditivo de um conjunto de terceiros, a que se chama público (espectadores e/ou ouvintes), para recreio deste, a título gratuito ou oneroso"[135].

Alice Monteiro de Barros também refere o espectáculo como sendo "uma diversão pública, manifestada em geral, pela actuação artística ou desportiva, capaz de atrair a atenção das pessoas e despertar-lhes vários tipos de sentimentos". Como esclarece a autora, para que se possa falar em espectáculo necessário se torna que em abstracto a actuação não tenha um carácter privado; não que tenha de ser assistido por um número elevado de pessoas, mas que tenha sido fisicamente possível o acesso ao

---

[132] O que distingue um artista que pinta no seu atelier, na sua privacidade, de um artista que pinta na rua, sob o olhar dos transeuntes, é precisamente o carácter público (manifestação perante o público) que a actividade do segundo reveste.

[133] "Trabalho de menores em espectáculos e publicidade", *Questões Laborais*, Ano 7, n.º 16, Coimbra, 2000, págs. 191 e 192.

[134] "Desporto, Estado e sociedade civil", *Sub Judice – Justiça e Sociedade*, n.º 8, 1994, pág. 28.

[135] *Polis – Revista de Estudos Jurídico-Políticos*, Ano I, n.º 1, CEJUP, Lisboa, 1994, págs. 56 e 57.

recinto onde decorreu a apresentação ou tenha sido difundido por um meio de comunicação[136].

Já o projecto de lei apresentado pelo Partido Comunista Português na Assembleia da República em 2006 (projecto de lei n.º 324/X) continha uma definição de espectáculo: "toda a apresentação pública de manifestações artísticas destinadas à fruição pelo público de actividades ligadas à criação, execução e interpretação, que envolva uma ou várias áreas artísticas e a actuação de intérpretes "ao vivo" em espaços tecnicamente preparados para a especificidade de cada produção"[137].

Luís Roberto Barroso e Ana Paula de Barcellos definem espectáculos públicos como "eventos artísticos que se desenvolvem *diante* do público, como o teatro, o circo, um *show* de música ao vivo, etc." E acrescentam "o adjetivo *público* que acompanha o substantivo *espetáculo* não dá margem a outro entendimento, senão o de que se trata de um evento em que há um contato direto, e em tempo real, com as pessoas que o assistem". "Não há sentido, portanto, em identificar a gravação de um programa televisivo com o que a lei denomina de *espetáculo público*, pois ela não se desenvolve perante uma platéia. Ademais, o fato de as cenas gravadas serem veiculadas ao público posteriormente não tem o condão de transformar a gravação de um programa dentro de um estúdio em espetáculo público. Não é a destinação pública que dá ao espetáculo o caráter de público, mas o ambiente em que ela se desenvolve"[138].

É manifesto que as noções de espectáculo avançadas por vários autores não são uniformes, como não podia deixar de ser, tal é a ambiguidade deste conceito. Se para uns o desporto é considerado espectáculo, para outros não; se para uns apenas é espectáculo público o evento artístico desenvolvido e expressado directamente perante o público, para outros, basta que a actividade tenha sido difundida nos meios de comu-

---

[136] *As relações de trabalho no espetáculo*, Editora São Paulo, São Paulo, 2003, pág. 20.
[137] *In www.parlamento.pt*.
[138] "Regime jurídico da participação de crianças e adolescentes em programas de televisão", *Revista Trimestral de Direito Civil – RTDC,* Ano 2, Vol. 7, Editora Padma, Rio de Janeiro, 2001, pág. 101.

nicação social e manifestada para o público para se poder falar de espectáculo.

Sabemos também que mais importante do que formular uma definição precisa de uma determinada expressão para interpretar uma lei, é fundamental interpretar a própria lei e saber que sentido quis o legislador dar a essa expressão. Muitas vezes o sentido comum dado a um determinado conceito não coincide com o sentido que uma lei que o utiliza lhe dá.

A Lei n.º 4/2008, de 7 de Fevereiro, que aprova o regime jurídico do contrato de trabalho dos profissionais de espectáculos diz serem considerados espectáculos públicos "os que se realizam perante o público e ainda os que se destinam a gravação de qualquer tipo para posterior difusão pública, nomeadamente em teatro, cinema, radiodifusão, televisão ou outro suporte áudio-visual, Internet, praças de touros, circos ou noutro local destinado a actuações ou exibições artísticas" (art. 1.º, n.º 3).

Assim, é considerado espectáculo público não só a actuação desenvolvida directamente perante o público, como também a que seja gravada e posteriormente exibida ao público através de meios áudio-visuais.

Por outro lado, ficam de fora da noção de espectáculo público as actividades que, embora artísticas, não são consideradas de espectáculo por lhes faltar o imediatismo, isto é, a realização/manifestação da actividade perante o público ou para o público. A literatura, a pintura, a escultura e a gravura, por não serem actividades directamente gozadas ou acedidas pelo público, mas em regra desenvolvidas em privado, apesar de serem consideradas de arte, não são consideradas espectáculo. O público tem acesso a esta arte já como obra acabada, intocada, finalizada, não a vê desenvolver-se e aperfeiçoar-se perante ele[139].

Também relativamente à actividade dos desportistas, embora à partida possa ser considerada uma actividade de espectáculo, produzindo também eles, de certa forma, "coisas belas", perante o divertimento e a intervenção passiva do público, o certo é que, em regra, os desportistas não são considerados artistas. Contrariamente à actividade artística, o desporto, ainda que praticado de forma bela e com o que chamamos no

---

[139] Diz-se "em regra", porque casos há em que essas artes são manifestadas perante o público, como é o caso já referido de um artista de rua, que pinta os seus quadros ou que faz retratos sob o olhar do público.

senso comum de "arte" (e que no futebol se chama muitas vezes de "a magia do futebol"), pressupõe competição, confronto. No desporto, quaisquer que sejam as modalidades, há regras próprias, que todos os atletas têm de cumprir rigorosamente. A natureza competitiva que o desporto assume sobressai ao carácter artístico e lúdico do que se entende classicamente como sendo actividades de espectáculo[140]. Como refere Leal Amado, "o espectáculo desportivo pressupõe a competição, diferencia-se pelo agonismo (...). Não se busca aqui propriamente a beleza do gesto, a excelência na interpretação, como no *ballet*, na ópera ou no teatro. O praticante desportivo profissional é pago para disputar as competições e, tanto quanto possível, vencê-las, não para representar, não para se exibir como se de uma bailarina se tratasse"[141].

Acresce que, ou até por isso, existe um regime jurídico próprio para os desportistas, o que leva a afastar desde logo o diploma aplicável aos profissionais de espectáculos ou, no caso de menores, o regime jurídico da participação de menores em espectáculos, regulado nos arts. 2.º e ss. da RCT[142].

Diríamos então que, partindo do conceito fornecido pela nossa lei e articulando com as noções supra expostas, é considerado espectáculo

---

[140] Neste sentido, Pla Rodríguez, "Derechos laborales de los deportistas profesionales y de los artistas", *Revista del Instituto de Derecho del Trabajo e Investigaciones Sociales*, Año XV, n.os 25-26, Faculdad de Jurisprudência, Ciencias Politicas y Sociales, Quito, 1984.

[141] *Vinculação versus Liberdade – O Processo de Constituição e Extinção da Relação Laboral do Praticante Desportivo*, Coimbra Editora, Coimbra, 2002, pág. 70. Também Torollo González, "Las relaciones laborales especiales de los deportistas y artistas en espectáculos públicos", *Revista española de derecho del trabajo – El Estatuto de los Trabajadores, Veinte años después*, n.º 100, Civitas, Madrid, 2000, pág. 177, considerando que "ambas actividades constituyen espectáculos (...), porque ambas procuran la diversión y la recreación del ócio del espectador", diz ser o critério decisivo da distinção o facto de o desporto ser praticado dentro de uma competição oficial e sob determinadas regras, pelo que, se a actividade física ou o jogo em que consiste se desenvolver fora deste contexto, estaremos perante um desporto de exibição, que, enquanto tal, constitui uma actividade equiparada ao trabalho dos artistas de espectáculos.

[142] O contrato de trabalho do praticante desportivo e de formação desportiva é considerado um contrato de trabalho com regime especial e encontra-se regulado pela Lei n.º 28/98, de 26 de Junho, com a alteração introduzida pela Lei n.º 114/99, de 8 de Março.

público a actuação artística manifestada directamente perante o público ou gravada e difundida posteriormente perante o público[143].

II. EVOLUÇÃO HISTÓRICA EM PORTUGAL[144]

O primeiro diploma legal que regulou, de forma unitária, a actividade dos artistas de espectáculos foi o Decreto n.º 13 564, de 6 de Maio de 1927. Como constava do preâmbulo do diploma, convinha "reunir num só diploma as disposições legais de mais frequente aplicação relativas a espectáculos públicos". O diploma tinha um âmbito mais abrangente, visto ter como objectivo estabelecer normas reguladoras dos espectáculos públicos; no entanto, tinha uma parte própria na qual previa o regime jurídico dos artistas.

Em traços gerais o diploma previa a obrigatoriedade de os artistas possuírem licença e carteira profissional, ambas passadas pela Inspecção Geral dos Teatros, sem a qual não podiam participar em espectáculos públicos (art. 101.º), sob pena de o empresário ser responsabilizado por essa omissão (art. 110.º). Mesmo os trabalhadores estrangeiros que não tinham de ter carteira profissional, tinham de ter licença (art. 101.º, § 2.º).

Outras duas notas de relevo deste diploma são a proibição de os menores de 16 anos participarem em espectáculos públicos, salvo auto-

---

[143] De acordo com um trabalho de Magda Nico, Natália Gomes, Rita Rosado e Sara Duarte, *Licença para criar – Imigrantes nas artes em Portugal*, Editorial do Ministério da Educação, Lisboa, 2007, págs. 47 e 48, em 2001 havia cerca de 2340 compositores, músicos e cantores, 706 coreógrafos e bailarinos, 1579 actores, encenadores e realizadores e 578 artistas de variedades e similares, o que representava, face a 1991, um aumento de 127% na categoria de artistas de variedades e similares, de 89% na categoria de coreógrafos e bailarinos, de 38% na categoria de actores, encenadores e realizadores e de 18% na categoria de compositores, músicos e cantores.

[144] Pretende-se neste ponto traçar muito resumidamente a evolução histórica do regime legal dos artistas de espectáculos e não dos espectáculos públicos em si. Assim, ficam propositadamente por analisar, nomeadamente, o Decreto n.º 28 990, de 10 de Setembro de 1938, os Decretos n.ºs 42 660, 42 661, 42 662, 42 663 e 42 664, todos de 20 de Novembro de 1959 e o DL n.º 315/95, de 28 de Novembro. Traçando a evolução histórica da actividade artística em Portugal, veja-se a tese de mestrado de Susana Santos, *Enquadramento Jurídico-laboral dos Profissionais de Espectáculos – Algumas reflexões*, apresentada na Universidade Católica Portuguesa, no Porto, em 2004, págs. 32 e ss.

rização da Inspecção Geral dos Teatros (art. 112.º) e a obrigatoriedade de o contrato de trabalho ser reduzido a escrito (art. 121.º), contrato este de natureza temporária.

Considerando o Decreto n.º 13 564 antiquado e incompleto, o Decreto n.º 43 181, de 23 de Setembro de 1960, juntamente com o Decreto n.º 43 190, da mesma data, procedeu à sua revisão e actualização. O Decreto n.º 43 181, como refere no preâmbulo, visou apenas tratar das condições gerais de exercício da actividade, tendo em conta a existência de despachos próprios que previam a regulação das particularidades de cada profissão.

Como aspectos mais relevantes do referido decreto sobressai a atribuição ao Ministério das Corporações e Previdência Social da jurisdição sobre o trabalho dos profissionais de espectáculos (art. 1.º), a manutenção da obrigação da posse da carteira profissional (art. 1 § 1.º), a possibilidade de ser exigida às empresas a prestação de uma caução para garantia das obrigações contratuais e do pagamento das importâncias devidas à Caixa de Previdência dos Profissionais de Espectáculos (art. 3.º), a possibilidade de as empresas exigirem dos seus trabalhadores a prestação de uma fiança como garantia de execução dos contratos celebrados para a realização de excursões artísticas "às ilhas adjacentes, províncias ultramarinas ou países estrangeiros" (art. 4.º), o condicionamento da actuação de amadores em espectáculos organizados por empresas exploradoras de espectáculos e divertimentos públicos devidamente registadas (art. 7.º), a obrigatoriedade dos agentes artísticos possuírem licença para exercerem a sua actividade enquanto tal (art. 9.º) e a criação na 2.ª Repartição da Direcção-Geral do Trabalho e Corporações da Secção dos Profissionais de Espectáculos (art. 10.º).

Este Decreto n.º 43 181 tinha de ser articulado com o Decreto n.º 43 190, que veio regular as condições gerais do exercício da actividade dos profissionais de espectáculos.

O Decreto n.º 43 190, no art. 1.º, n.º 2, § 1, circunscrevia o âmbito de aplicação do diploma apenas aos artistas teatrais, líricos, musicais, tauromáquicos, de bailado, circo e variedades, aos coristas, aos ensaiadores e pontos, aos contra-regras, maquinistas e respectivos ajudantes, excepto quando outra coisa fosse expressamente determinada.

Como matérias mais significativas do diploma encontramos a exigência da carteira profissional para o exercício profissional de actividades do espectáculo (art. 1.º, n.º 1), a necessidade de os menores de dezoito anos serem autorizados pelo Instituto Nacional do Trabalho e Previdência para intervirem em espectáculos e divertimentos públicos (art. 5.º), as condições em que os amadores podiam participar em espectáculos públicos (arts. 6.º a 9.º), as condições de exercício da actividade de agente artístico (arts. 11.º a 17.º), a celebração, cumprimento e cessação dos contratos celebrados entre empresas ou entidades que realizassem espectáculos ou divertimentos públicos e os profissionais de espectáculos e estagiários (arts. 18.º a 34.º)[145] e o pagamento de caução pelas empresas teatrais, de variedades e circo ou outras registadas na Inspecção dos Espectáculos para a exploração de espectáculos ou divertimentos públicos para garantia das suas obrigações contratuais e do pagamento das importâncias devidas à Caixa de Previdência dos Profissionais de Espectáculos (arts. 35.º a 44.º).

Um aspecto muito relevante do diploma foi a previsão da regra da contratação a termo para o sector do espectáculo. O legislador de 1960 considerou que, face às especificidades do sector e ao carácter transitório dos espectáculos, o contrato a termo era aquele que melhor se coadunava com essa situação, daí que tenha partido do princípio de que os contratos dos profissionais de espectáculos seriam celebrados a termo (cfr. art. 20.º do Decreto n.º 43 190, que referia que dos contratos deveria constar a data de início de execução "e a do seu termo").

Acontece, porém, que aquando da publicação da LCT, em 24 de Novembro de 1969, e até à publicação do DL n.º 38/87, a 26 de Janeiro, dúvidas surgiram em saber se aquele diploma, consagrador da regra do contrato por tempo indeterminado, se aplicaria à contratação dos profissionais de espectáculos ou se a estes continuava a ser aplicável o Decreto n.º 43 190.

---

[145] O diploma exigia que os contratos fossem obrigatoriamente reduzidos a escrito e submetidos a homologação do Instituto Nacional do Trabalho e Previdência, numa altura em que vigorava para a maioria dos trabalhadores a Lei n.º 1952, de 10 de Março de 1937, que não exigia a forma escrita para os contratos.

Nuno Cabral Basto afirmou, nessa altura, que em face dos interesses de ordem pública que justificam a especialidade do regime dos contratos de trabalho de profissionais de espectáculos, a disciplina disposta nos Decretos n.º 43 181 e n.º 43 190 prevalecia sobre o regime da LCT[146]. Também o STJ, no acórdão de 9 de Julho de 1982, considerou que, dado o carácter especial da actividade dos profissionais de espectáculos, pela sua natureza transitória, a LCT não revogava o Decreto n.º 43 190, nomeadamente na matéria da contratação a prazo e sua renovação[147]. No mesmo sentido, em anotação ao referido acórdão, Bernardo Lobo Xavier considerava que os Decretos n.º 43 181 e n.º 43 190 se mantinham plenamente, não podendo aplicar-se aos trabalhadores de espectáculos o regime geral dos contratos a termo. Nas palavras do autor "a «lex specialis» dos contratos de espectáculos não complementava (e nem sequer pressupunha) o regime da lei geral quanto aos contratos a prazo", antes estabelecia um regime próprio e completo[148].

Surge então o DL n.º 38/87, que, ciente da existência para a actividade dos profissionais de espectáculos e divertimentos públicos de medidas "de carácter restritivo e controlador" que "só aparentemente protegem os profissionais vinculados", sem paralelo com nenhum outro ramo de actividade, procede à revisão de vários diplomas, no sentido de harmonizar a legislação portuguesa com o princípio da livre circulação de pessoas, bens e serviços, em vigor na então Comunidade Económica Europeia.

De facto, era notória a forma desfavorável como os profissionais de espectáculos eram tratados. A exigência às empresas do pagamento da caução supra referida e a necessidade de homologação dos contratos

---

[146] "Contratos especiais de trabalho – Reflexões em torno do sistema positivo vigente", *Estudos Sociais e Corporativos*, 1969, n.º 31, pág. 72.
[147] *In Boletim do Ministério da Justiça*, n.º 319, pág. 205. Veja-se, no mesmo sentido, acórdão do TRE, de 21/02/1989, *Colectânea de Jurisprudência*, ano XIV, Tomo I, pág. 272, acórdão do TRE, de 11/04/1989, *Colectânea de Jurisprudência*, ano XIV, Tomo II, pág. 301 e acórdão do TRL, de 31/01/1990, *in www.dgsi.pt*.
[148] "Contratos de trabalho dos profissionais de espectáculo" (direito aplicável), *Revista de Direito e de Estudos Sociais*, Ano XXVIII, n.º 1, Almedina, Coimbra, 1986, pág. 127.

pelos serviços competentes do Ministério do Trabalho e Segurança Social, medidas que visavam proteger os profissionais, tinham o efeito contrário, uma vez que as empresas fugiam à celebração dos contratos sob a forma escrita, prejudicando, nomeadamente, o direito dos profissionais de espectáculos a prestações da Segurança Social.

Deste modo, o DL n.º 38/87 revogou as normas dos Decretos n.º 43 181 e n.º 43 190 referentes à obrigatoriedade de prestação de caução e à celebração, execução e cessação do contrato celebrado entre empresas ou entidades que realizem espectáculos ou divertimentos públicos e os profissionais de espectáculos e estagiários (art. 3.º do Decreto n.º 43 181 e arts. 18.º a 45.º do Decreto n.º 43 190)[149], submetendo esta matéria ao regime previsto na lei geral do trabalho (nomeadamente no DL n.º 781/76, de 28 de Outubro, que disciplinava a matéria do contrato a termo) e, consequentemente à regra da contratação por tempo indeterminado[150].

Assim, a partir da entrada em vigor do DL n.º 38/87 e até à entrada em vigor da Lei n.º 4/2008, na ausência de legislação específica aplicável ao sector dos profissionais de espectáculos aplicou-se a lei geral do trabalho, que continuou a consagrar a regra da celebração do contrato de trabalho por tempo indeterminado e a permitir a contratação a termo apenas em circunstâncias excepcionais.

Ironicamente, as razões que justificaram a publicação do DL n.º 38//87, o combate à fuga à celebração de contratos escritos e consequentes restrições ao acesso por parte do artista ao subsídio de desemprego e a outras prestações pecuniárias da Segurança Social, foram as mesmas que, vinte anos depois, justificaram a consagração de uma legislação própria para este sector de actividade, mais adequada à realidade.

---

[149] Pelo menos teoricamente continuou a vigorar o regime previsto nos arts. 1.º a 17.º do Decreto n.º 43 190; por sua vez, o art. 2.º do Decreto n.º 43 181 (sobre os requisitos dos contratos celebrados entre os profissionais de espectáculos e as entidades responsáveis pela realização dos espectáculos e divertimentos públicos) foi tacitamente revogado, uma vez que os artigos que o regulamentavam (arts. 18.º a 34.º do Decreto 43 190) foram expressamente revogados pelo DL n.º 38/87.

[150] Criticando esta opção legislativa, Albino Mendes Baptista, "Subsídios para a criação de um regime jurídico do contrato de trabalho do profissional de espectáculo", *Estudos sobre o Código do Trabalho*, 2.ª Edição, Coimbra Editora, Coimbra, 2006, pág. 287.

A aplicação de regras como a da celebração do contrato por tempo indeterminado ou a da cessação do contrato de trabalho por iniciativa do empregador apenas nos casos previstos na lei geral não se coadunava com a actividade do espectáculo. A relação laboral do profissional de espectáculos é uma relação que depende muito não só da aptidão profissional do artista, como também da relação de confiança existente entre ele e o empresário, da sua relação com os colegas de trabalho, do público e, no limite, da comunicação social, justificando-se que em muitos casos a mesma seja meramente temporária. Como nota Alzaga Ruiz, *"la temporalidad o tiempo cierto es la nota característica del contrato de trabajo del artista por referirse al ejercicio de unas facultades de naturaleza muy especial y que dependen tanto de su objetiva aptitud para desarrollarlas, como de la aceptación del público ante quien se realizan y cuyos cambiantes gustos son la única razón de su aceptación o rechazo sin poderse acudir a los clásicos conceptos de productividad o rendimiento típicos de la normal relación de trabajo"*[151-152].

As peculiaridades da relação laboral dos artistas de espectáculos não permitem a aplicação de um regime laboral que apenas admite a contratação a termo em situações excepcionais, que coloca um limite máximo ao número de renovações, que estabelece obstáculos à contratação

---

[151] "Contratación laboral temporal de artistas en espectáculos públicos, *Revista Jurídica de Deporte y Entretenimiento*, n.º 15, Thomson Arazandi, 2005, pág. 68. Também Alvarez Cuesta, "Artistas en parques de atracciones: ¿fijos discontinuos? Comentário a la STS 15 julio 2004 (RJ 2004, 5362), *Revista Jurídica del Deporte y del Entretenimiento*, n.º 14, Thomson Arazandi, 2005, pág. 239, explica que a aceitação da celebração de contratos por tempo indeterminado ou de contratos a termo, em igualdade de circunstâncias, relativamente aos artistas em espectáculos públicos se deve, por um lado, às características próprias do artista, tendo em conta que a sua prestação exige uma aptidão e uma qualificação específicas em permanente renovação e, por outro, à natureza da actividade e ao contexto na qual se desenvolve, submetido a constantes mudanças e inovações.

[152] Em França, o profissional de espectáculos é apelidado de "l'intermittent du spectacle", sendo caracterizado como alguém que trabalha de forma descontínua, alternando períodos de trabalho com períodos de inactividade, trabalhando a maior parte das vezes para empregadores variados e auferindo uma retribuição que é, a maior parte do tempo, irregular, variando em função do número e da duração dos seus contratos – veja--se Frédéric Chhum, *L'Intermittent du Spectacle – Les nouvelles règles après la reforme de 2003*, Juris Classeur, Paris, 2004, págs. 6 e 7.

sucessiva, que limita os casos de contratação por prazo inferior a seis meses ou que sanciona a falta de formalidades do contrato com a conversão do contrato a termo em contrato sem termo[153].

Face à manifesta desadequação do regime geral do trabalho ao sector dos espectáculos, fazia-se sentir há muito a necessidade de um diploma que tivesse em conta as especificidades do sector, o que veio a acontecer com a publicação da Lei n.º 4/2008.

III. O NOVO REGIME JURÍDICO DOS PROFISSIONAIS DE ESPECTÁCULOS

Há muito que era reclamada no nosso país a aprovação de um conjunto de normas que pudesse tutelar verdadeiramente os profissionais de espectáculos. Como dissemos, o DL n.º 38/87 revogou grande parte das normas específicas existentes para o sector, muitas das quais, de resto, já não tinham aplicação prática, passando os profissionais de espectáculos a estar sujeitos à lei geral laboral, com todas as desvantagens inerentes a essa injusta equiparação.

Nos últimos anos foram-se ouvindo vozes cada vez mais fortes reclamando uma intervenção legislativa.

---

[153] Albino Mendes Baptista, "Subsídios...", págs. 288 e ss., apontou vários exemplos do regime laboral que, quando aplicados à actividade dos profissionais de espectáculos, se revelam totalmente inadequados. Como constata o autor, a actividade artística tem uma natureza transitória, tendo em conta que, por um lado, os espectáculos podem durar apenas dias ou semanas e que, por outro, estão sujeitos a uma grande margem de incerteza, pelo facto de o sucesso ou insucesso do espectáculo dependerem da receptividade do público. Matérias como o período experimental, o tempo de trabalho ou a duração, renovação e cessação dos contratos a termo, são exemplos da desadequação do regime comum à actividade do espectáculo. Por exemplo, no que concerne à cessação do contrato, alertou o autor para a necessária confiança que tem de existir entre os profissionais de espectáculos, as entidades organizadoras de espectáculos e o público e para a necessidade de mudança de intervenientes que por vezes é preciso fazer no espectáculo por forma a mantê-lo em cena, razões que podem justificar a criação de situações específicas de rompimento contratual. Daí a necessidade de enquadrar legalmente a relevância do público, nomeadamente para definição de deveres laborais ou para a criação de novas formas de cessação do contrato.

Ligada ao próprio sector do espectáculo, a movimentação começou a sentir-se particularmente a partir de finais de 2006, quando um conjunto de organizações, composto por associações e sindicatos, num total de quinze, representantes, nomeadamente, de profissionais do cinema, do teatro, da televisão, da música, da dança e do circo e que se auto--denominou "plataforma dos intermitentes", entregou na Assembleia da República uma petição com vista à criação de um regime laboral adequado às especificidades do sector. Reclamavam, entre outras coisas, a previsão de um tipo de contrato de trabalho que tivesse em conta o carácter intermitente de grande parte destas relações de trabalho e um regime de segurança social que permitisse aos profissionais de espectáculos fazerem os descontos apenas sobre o rendimento auferido e garantir-lhes o acesso a "direitos mínimos", como o subsídio de desemprego, de doença ou de maternidade[154]. O que é certo é que estes profissionais, cada vez em maior expansão em Portugal, na falta de um regime legal adaptado à especificidade do sector, viam-se obrigados a celebrar contratos de prestação de serviços, com a perda das regalias inerentes ao contrato de trabalho, a descontar mensalmente, por sua conta, para a Segurança Social, independentemente de estarem a trabalhar ou não (o que os obrigava a descontar pelo escalão mínimo ou mesmo a não descontar, colocando-os em situação de ilegalidade), a beneficiar dos mesmos esquemas de segurança social das outras actividades, que requerem, para a concessão de subsídios, períodos de garantia mínimos, difíceis de cumprir para quem trabalha na área do espectáculo, e a suportar uma carga fiscal demasiado elevada para os montantes e a periodicidade com que auferiam os rendimentos.

Em consequência, alguns partidos apresentaram projectos de lei, tendo, no dia 30 de Novembro de 2007, sido aprovada na Assembleia da República, com os votos favoráveis do Partido Socialista e com os votos contra dos restantes partidos da oposição, a proposta de lei n.º 132/X, apresentada pelo Governo, publicada como Lei n.º 4/2008, no DR, 1.ª Série, de 7 de Fevereiro de 2008[155].

---

[154] www.aipcinema.com.
[155] Já em 29 de Junho de 2005 o Partido Popular tinha apresentado um projecto de resolução (n.º 48/X) que recomendava ao Governo a criação de um regime laboral, fiscal

Analisemos, ainda que sucintamente, visto não ser este o tema central do nosso trabalho, o referido diploma[156].

No artigo 1.º é feita a delimitação do âmbito de aplicação do diploma, em termos semelhantes às noções que foram sendo construídas pela doutrina ao abordar a matéria dos artistas de espectáculos públicos.

Assim, começa a lei por dizer-se aplicável ao contrato de trabalho celebrado entre aquele que exerce uma actividade artística destinada a espectáculos públicos e a entidade produtora ou organizadora desses espectáculos.

E o legislador, certamente com o justo receio de ficar limitado ao definir o que entende por artistas de espectáculos públicos[157], optou por uma solução em que, por um lado, definiu o conceito de espectáculo público, mas, por outro, limitou-se a exemplificar o que considera ser uma actividade artística.

E compreende-se a razão da opção tomada. Se, por um lado, o conceito de espectáculo público que o legislador plasmou no texto da lei vai ao encontro daquele que tem sido utilizado pela maioria dos autores que se propõem fazer uma definição de espectáculo público, como sendo "os que se realizam perante o público e ainda os que se destinam a gravação de qualquer tipo para posterior difusão pública, nomeadamente em teatro, cinema, radiodifusão, televisão ou outro suporte áudio-visual,

---

e de protecção social especial para os trabalhadores das artes e espectáculos até ao fim da legislatura, resolução que foi aprovada e publicada no DR, 1.ª série, n.º 99, de 23 de Maio de 2007. Quanto aos projectos de lei que foram apresentados na mesma altura da proposta de lei do Governo, a autoria dos mesmos pertence ao Partido Comunista Português (projecto de lei n.º 324/X) e ao Bloco de Esquerda (projecto de lei n.º 364/X).

[156] Sobre o tema, veja-se Rosário Palma Ramalho, *Direito..., Parte II...*, págs. 326 e ss. e Júlio Gomes, "Da fábrica à fábrica de sonhos – primeiras reflexões sobre o regime dos contratos de trabalho dos profissionais de espectáculos", *Liberdade e Compromisso: estudos dedicados ao Professor Mário Fernando de Campos Pinto*, Vol. II, Universidade Católica Editora, Lisboa, 2009, págs. 247 e ss.

[157] Alonso Olea e Casas Baamonde, *Derecho del Trabajo*, 26.º Edição, Civitas, Madrid, 2009, pág. 137, definem o artista profissional da seguinte forma: "es normalmente un trabajador por cuenta ajena, que ofrece y presta sus servicios mediante un salário a un empresario que, a su vez, los ofrece al público mediante un precio del que obtiene un beneficio o pérdida, lo que quiere decir que asume el riesgo de empresa".

Internet, praças de touros, circos ou noutro local destinado a actuações ou exibições artísticas", já a definição de actividade artística tinha o problema de poder ser limitadora, não permitindo que o decurso do tempo viesse a dar conta de actividades até agora desconhecidas ou não caracterizáveis como artísticas. Assim, a lei considera como sendo actividades artísticas nomeadamente as actividades de actor, artista circense ou de variedades, bailarino, cantor, coreógrafo, encenador, realizador, cenógrafo, figurante, maestro, músico e toureiro[158-159]. Mas não basta o mero exercício destas actividades. Para que tenham a tutela da lei, têm necessariamente de se destinar ao público e de ser exercidas com carácter regular, como meio de vida, ou seja, como profissão (art. 1.º, parte final do n.º 2 e n.º 4)[160-161].

[158] O Decreto n.º 43 190, no art. 1.º, n.º 2, § 1, só agora revogado com o novo regime do contrato de trabalho dos profissionais de espectáculos, considerava serem por ele abrangidos os artistas teatrais, líricos, musicais, tauromáquicos, de bailado, circo e variedade, coristas, ensaiadores e pontos, os contra-regras, maquinistas e respectivos ajudantes, "excepto quando doutra forma se determinar expressamente". Já o DL n.º 407/82, de 27 de Setembro, diploma regulador da situação dos artistas, intérpretes ou executantes perante a Segurança Social, exemplifica o pessoal abrangido nalgum daqueles três casos: artistas de teatro, artistas de cinema, artistas de rádio e televisão, artistas de ópera, artistas de variedades, artistas de bailado, cançonetistas, músicos, artistas de circo, declamadores, imitadores, locutores-apresentadores e artistas tauromáquicos. De notar que, no que respeita aos artistas tauromáquicos, existe um diploma próprio – o Decreto Regulamentar n.º 62/91, de 29 de Novembro – que tem necessariamente de ser articulado com o regime dos profissionais de espectáculos. É um diploma que regula pormenorizadamente a actividade tauromáquica e que, no entender de António Xavier, *As Leis dos Espectáculos e Direitos Autorais – Do Teatro à Internet*, Almedina, Coimbra, 2002, pág. 36, revela uma excessiva intervenção do Estado.

[159] Como constata Júlio Gomes, "Da fábrica...", págs. 255 e 256, "esta enunciação exemplificativa comporta alguns exemplos de actividades que nem todos considerariam artísticas", questionando mesmo se a enumeração "não acabará por diluir a exigência de uma actividade artística propriamente dita".

[160] O art. 3.º traça o modo e o regime da inscrição dos artistas de espectáculos. Prevê-se, em termos a definir em Portaria a emitir pelo Ministro da Cultura, a criação de um registo próprio onde os artistas de espectáculos possam inscrever-se (n.º 1). A inscrição neste registo, com a validade de cinco anos, renovável, para além de conferir um título profissional a emitir pelos serviços competentes do ministério da cultura (n.os 3 e 4), permite que sobre os artistas que estejam inscritos recaia uma presunção de exercício regular da actividade de artistas de espectáculos (n.º 2), nomeadamente para efeitos de aplicação da lei em análise. Já antes da Lei n.º 4/2008, o Decreto n.º 43 190

referia-se aos "profissionais de espectáculos" como sujeitos abrangidos pelo diploma, o mesmo sucedendo com o Decreto n.º 43 181. Júlio Gomes, "Da fábrica...", págs. 260 e 261, levanta a questão de saber se quando alguém faz um contrato para aparecer como actor ou figurante num determinado episódio, por exemplo, somos forçados a dizer que o contrato é um contrato de prestação de serviços ou se poderemos considerar que naquele caso concreto há subordinação jurídica e um contrato de trabalho, aplicando-se ao contrato as normas do Código do Trabalho. Quanto a nós, o carácter regular ou não regular da actividade apenas importa para efeitos de aplicação ou não da Lei n.º 4/2008. A qualificação do contrato não se altera em função da regularidade da actividade. Tendo em conta a celebração e/ou a execução do contrato, atentas as suas características, substancialmente o contrato será um contrato de trabalho ou um contrato de prestação de serviços. Qualificado de contrato de trabalho, será então de aplicar a Lei n.º 4/2008 ou o Código do Trabalho em função da regularidade ou não da actividade, sem que, no entanto, a qualificação do contrato seja posta em causa.

161 Olhando para alguma legislação estrangeira, verificamos que no direito espanhol a legislação específica existente para os artistas em espectáculos públicos aplica-se a todos aqueles que prestam uma actividade artística por conta e dentro do âmbito de organização e direcção de um organizador de espectáculos públicos ou empresário, sendo que, para o efeito, as actividades artísticas têm de ser desenvolvidas perante o público ou destinadas a gravação para posterior difusão, em locais como o teatro, o cinema, a radiodifusão, a televisão, as praças de touros, as instalações desportivas, o circo, as salas de festas, as discotecas e, em geral, qualquer local destinado habitual ou ocasionalmente a espectáculos públicos ou actuações de tipo artístico ou de exibição (art. 1.º, n.os 2 e 3 do RD 1435/1985, de 1 de Agosto). Para além de pressupor a prestação de uma actividade artística, o RD exige que ela decorra necessariamente como espectáculo público (decorrendo ou não directamente perante o público). No direito francês, o legislador optou por não definir qualquer conceito, limitando-se a dar exemplos de artistas de espectáculo: *l'artiste lyrique*; *l'artiste dramatique*; *l'artiste chorégraphique*; *l'artiste de variétés*; *le musicien*; *le chansonnier*; *l'artiste de complément*; *le chef d'orchestre*; *l'arrangeur--orchestrateur*; *le metteur en scène, pour l'exécution matérielle de sa conception artistique* (art. L7121-2 do *Code du Travail*). Refere Yves Saint-Jours, "Le statut juridique des artistes du spectacle et des mannequins", *Recueil Dalloz Sirey*, 5.º Cahier – Chronique, Jurisprudence Generale Dalloz, Paris, 1970, pág. 5, que esta enumeração meramente exemplificativa deve-se ao facto de a evolução da técnica criar no espectáculo novas funções artísticas (difíceis de prever). Como dá conta Frédéric Chhum, *L'Intermittent...*, pág. 8, já houve decisões judiciais a alargarem a qualidade de artista de espectáculos ao ciclista participante de uma prova de qualificação, a um pugilista participante de um espectáculo desportivo e a um participante de um filme publicitário. Refere ainda o autor, que o desportista é equiparado ao artista de espectáculo nos casos em que executa a sua prestação desportiva no contexto de um espectáculo. Já a lei brasileira opta por dar as definições de artista (como sendo o "profissional que cria, interpreta ou executa obra de

Quanto ao pessoal técnico e auxiliar que colabora na produção dos espectáculos públicos, numa opção legislativa muito criticada por todo o pessoal ligado ao espectáculo e pelos vários partidos políticos com assento na Assembleia da República, apenas se lhe aplicam as especificidades relacionadas com o tempo e com o local de trabalho[162].

Esclarece o diploma logo no primeiro artigo sobre a susceptibilidade de qualificar o contrato celebrado entre o artista de espectáculos públicos e a entidade produtora ou organizadora de eventos como contrato de trabalho.

Discutiu-se durante muito tempo qual a natureza do contrato celebrado entre estes sujeitos, havendo quem se inclinasse a qualificar a relação dele emergente como uma relação laboral, enquanto outros a considera-

---

caráter cultural de qualquer natureza, para efeito de exibição ou divulgação pública, através de meios de comunicação de massa ou em locais onde se realizam espetáculos de diversão pública") e de técnico (como sendo o "profissional que, mesmo em caráter auxiliar, participa, individualmente ou em grupo, de atividade profissional ligada diretamente à elaboração, registro, apresentação ou conservação de programas, espetáculos e produções") em espectáculos e diversões públicas, acrescentando que a lei se aplica a todas as pessoas físicas ou jurídicas que tenham ao seu serviço os referidos profissionais, "para realização de espetáculos, programas, produções ou mensagens publicitárias" e às que promovam a colocação de mão-de-obra daqueles profissionais (arts. 2.º e 3.º da Lei n.º 6.533, de 24 de Maio de 1978).

[162] Veja-se a discussão da proposta de lei na generalidade, in www.parlamento.pt. Já o projecto de lei apresentado pelo grupo parlamentar do Partido Comunista previa a aplicação do regime especial dos trabalhadores das artes e espectáculos não só às "profissões ligadas à criação, execução e interpretação de obras" (profissões de natureza estritamente artística), como às "profissões ligadas aos materiais, equipamentos e processos produtivos" (profissões de natureza técnico-artística), assim como às profissões relacionadas com a organização, a gestão e a venda de bens e serviços, com a valorização, divulgação e classificação das obras e dos artistas, bem como com a pedagogia das artes e a animação cultural e urbana" (profissões de mediação). Além fronteiras, optou a Espanha por afastar o regime específico dos profissionais de espectáculos ao pessoal técnico e auxiliar que colabore na produção de espectáculos (art. 1.º, n.º 5 do RD 1435//1985); já o Brasil aplica todo o regime, de igual modo, tanto aos artistas como aos técnicos em espectáculos de diversões (art. 1.º da Lei n.º 6.533). Albino Mendes Baptista, "Subsídios...", pág. 295, antes da criação da Lei n.º 4/2008, já tinha manifestado preferência por um modelo semelhante ao espanhol, equacionando, porém, a possibilidade de matérias como o tempo de trabalho e a contratação a termo serem aplicáveis ao pessoal técnico e auxiliar.

vam como uma prestação de serviços[163]. E como é evidente a discussão tinha o máximo relevo, não só para efeitos de saber qual o regime jurídico a aplicar quando as normas específicas criadas pelo legislador para os profissionais de espectáculos não fossem suficientes para regular a relação (problema que nos últimos anos era evidente), como porque o tratamento jurídico dado ao prestador de actividade num caso ou no outro é diferente: enquanto trabalhador o prestador de actividade goza de uma protecção muito mais ampla do que enquanto prestador de serviços.

Ao longo dos tempos, as dúvidas que têm surgido na qualificação dos contratos celebrados pelos profissionais de espectáculos com empresas empreendedoras de espectáculos públicos prendem-se essencialmente com o elemento da subordinação jurídica.

A existência de subordinação jurídica, enquanto poder de o empregador instruir, dar ordens, fiscalizar e exercer o poder disciplinar sobre o trabalhador, foi sendo posta em causa devido à autonomia técnica com que os profissionais de espectáculos estão dotados no cumprimento dos seus contratos. Quem defende ou defendia não existir na relação entre o profissional de espectáculos e a entidade promotora ou organizadora de espectáculos uma relação laboral fundamenta a sua posição no dever de o profissional de espectáculos proporcionar ao beneficiário da prestação não uma actividade propriamente dita, mas mais do que isso, um resultado, nos termos do disposto no art. 1154.º do CC. Nesta perspectiva, o artista não se limita a executar a obra, a seguir as instruções de alguém, ele interpreta-a também, dá vida ao pensamento do autor, exprime-a e permite ao público senti-la e vivê-la[164].

---

[163] Já na vigência do Código de Seabra, que dedicava apenas um artigo às actividades das artes, o art. 1409.º, Cunha Gonçalves, *Tratado de Direito Civil*, Vol. VII, Coimbra Editora, Coimbra, 1933, págs. 656 e ss., classificava-as de serviços e não de trabalho, tendo em conta tratar-se de serviços em que "predomina a espiritualidade, mais do que a materialidade". Ainda assim, o referido autor considerava poder um pequeno núcleo de pessoas ligadas ao mundo das artes, os actores, coristas, bailarinas, saltimbancos e acrobatas, ser titular de contratos de trabalho.

[164] Como refere Bernardo Lobo Xavier, "Contratos...", pág. 119, "o original do autor, para além de ser revelado ao público, ganha uma dimensão nova quando interpretado, transformando-se em espectáculo". O referido autor, antes de concluir pela possibilidade de os profissionais de espectáculos serem sujeitos de contratos de trabalho, considera, num primeiro momento, serem vários os elementos da relação contratual do artista com

No entanto, hoje em dia é cada vez mais consentâneo que a autonomia técnica do artista não prejudica a qualificação do contrato como contrato de trabalho[165]. Não obstante a autonomia técnica, que, de resto, não é exclusiva da actividade do profissional de espectáculos[166], podem existir relações em que exista um poder efectivo por parte da entidade organizadora ou promotora do espectáculo em conformar a actividade do prestador, nomeadamente determinando as horas de início e termo da actividade, o local da prestação, a forma de o artista exprimir a sua arte, dando a este instruções concretas, e podendo, inclusive, ainda que em abstracto, punir condutas do artista não conformes às ordens recebidas ou às condições acordadas. De resto, o próprio Código do Trabalho prevê a possibilidade de existir sujeição à autoridade e direcção do empregador e, simultaneamente, autonomia técnica por parte do trabalhador, devendo esta ser salvaguardada (art. 116.º).

---

o seu empresário que denotam a existência de um contrato de prestação de serviços: a existência de um resultado proporcionado pelo próprio artista, a existência de certos direitos que o artista mantém relativamente à sua criação, o facto de um volume significativo da sua actividade não ser prestado na esfera de acção do empresário, a não submissão a um horário de trabalho, o facto de a remuneração ser muitas vezes variável, pesando muito o *cachet* ou o prémio de execução. Em Espanha, referindo-se ao carácter especial das relações laborais dos artistas em espectáculos públicos, Sala Franco e outros, *Derecho del trabajo*, 10.ª Edição, Tirant lo blanch, Valência, 1996, pág. 780, menciona que o ET ao enumerar no art. 2.1 e) como relação especial laboral a relação dos artistas em espectáculos públicos não faz senão confirmar a natureza laboral do contrato destes trabalhadores, quando a sua actividade seja exercida com dependência e por conta de outrem, como de resto, nota o autor, vinha sendo já o entendimento da jurisprudência nos últimos anos. Também Torollo González, "Las relaciones...", pág. 197, considera que a liberdade interpretativa não impede a qualificação como laboral da contratação do artista de espectáculos públicos, uma vez que a dependência manifesta-se e reflecte-se em muitos outros factores. Dando conta do tratamento da matéria pela doutrina e pela jurisprudência, Dolz-Lago, "La relacion laboral de carácter especial de los artistas de espectáculos publicos", *Revista de Derecho Privado*, Febrero, 1983, págs. 133 e ss.

[165] Também Albino Mendes Baptista, "Subsídios...", pág. 294, considera que o facto de os trabalhadores de espectáculos serem dotados de acentuada autonomia técnica não é incompatível com a existência de um contrato de trabalho.

[166] Nos dias de hoje já não se levantam dúvidas sobre poderem determinadas profissões liberais, como sejam a medicina e a advocacia (fazendo os arts. 68.º e 76.º, n.º 3 do Estatuto da Ordem dos Advogados menção a essa possibilidade), ser exercidas mediante a celebração de contratos de trabalho, sem prejuízo da autonomia técnica que necessariamente tem de haver no cumprimento dessas profissões.

Assim, entendeu o legislador da Lei n.º 4/2008 que não só a relação estabelecida entre os artistas de espectáculos e as entidades promotoras pode ser qualificada de contrato de trabalho, como que a especial protecção concedida pelo diploma apenas se deve aplicar às relações laborais. Fundamental desde logo é qualificar o contrato celebrado entre as partes, atenta a vontade destas aquando da sua celebração (art. 236.º do CC) e atento o circunstancialismo concreto da sua execução, para se saber se estamos no âmbito de aplicação da Lei n.º 4/2008. E mais do que a qualificação dada pelas partes ao contrato, o que importa é o que ele verdadeiramente é[167-168]. Apenas depois de qualificar o contrato celebrado entre o profissional de espectáculos e a entidade produtora ou organizadora desses espectáculos como contrato de trabalho, atendendo às características do contrato, à noção de contrato de trabalho e eventualmente à presunção da existência de contrato de trabalho (arts. 11.º e 12.º do CT) é que se pode colocar o problema da aplicação ou não da Lei n.º 4/2008, consoante os pressupostos de aplicação da lei estejam ou não cumpridos.

Além de admitir a possibilidade de qualificação do contrato como contrato de trabalho, a lei caracteriza-o ainda como um contrato de

---

[167] Sobre a distinção entre contrato de trabalho e contrato de prestação de serviços, ver, entre outros, Rosário Palma Ramalho, *Direito...*, Parte II, págs. 31 e ss., Sousa Ribeiro, "As fronteiras juslaborais e a (falsa) presunção de laboralidade do art. 12.º do Código do Trabalho", *Nos 20 anos do Código das Sociedades Comerciais, Homenagem aos Profs. Doutores A. Ferrer Correia, Orlando de Carvalho e Vasco Lobo Xavier*, Vol. II, Vária, Coimbra Editora, Coimbra, 2007, págs. 931 e ss., Jorge Leite, *Direito...*, Vol. II, págs. 37 e ss., Monteiro Fernandes, *Direito...*, págs. 143 e ss., Bernardo Lobo Xavier, *Iniciação...*, págs. 224 e ss., Romano Martinez, *Direito ...*, págs. 315 e ss., Motta Veiga, *Lições de Direito do Trabalho*, 8.ª Edição, Universidade Lusíada, Lisboa, 2000, págs. 313 e ss. e, entre tantos outros, os acórdãos do STJ de 09/09/2009, 16/01/2008 e 17/05/2007, in www.dgsi.pt.

[168] Veja-se o acordão do STJ, de 30/09/2009, in www.dgsi.pt. Como refere Leal Amado, *Contrato...*, pág. 72, a propósito do princípio da primazia da realidade, "as partes são livres para concluir o contrato x ou o contrato y, mas já não o são para celebrar o contrato x dizendo que celebraram o contrato y. (...) A liberdade contratual não se confunde, pois, com a manipulação ilícita da qualificação da relação". Veja-se também a propósito do carácter recorrente com que as partes qualificam erradamente o contrato, Joana Vicente, *Fuga à relação de trabalho (típica): em torno da simulação e da fraude à lei*, Coimbra Editora, Coimbra, 2008, págs. 61 e ss.

trabalho com regime especial[169], à semelhança do que faz a nossa vizinha Espanha, que prevê expressamente no art. 2.1, al. e) do ET ser uma relação laboral de carácter especial a dos artistas em espectáculos públicos, relação regulada especialmente no RD 1435/1985[170-171].

---

[169] Nuno Cabral Basto, "Contratos..., pág. 72. refere, a propósito da especialidade do contrato, que quando se está perante um contrato especial "nem toda a particularidade do regime será, em si mesma, bastante para inequivocamente caracterizar a especialidade do contrato ou, se se preferir, do estatuto que o rege: antes, se afigura que esta apenas se verificará quando tal particularidade reflectir alguma peculiaridade de natureza, isto é, uma diferença específica, de teor qualitativo, positiva ou negativa, em relação aos elementos normais, ou seja, tipificados no negócio; mas já não quando somente traduzir uma simples modificação quantitativa desses elementos" (pág. 73). No sentido de considerar o contrato do profissional de espectáculos como sendo um contrato especial, Rosário Palma Ramalho, *Direito...*, *Parte II*, págs. 89 e 327, fundamenta a especialidade do contrato de trabalho destes profissionais com a especificidade do objecto da sua prestação laboral, não só pelo facto de se consubstanciar numa actividade artística, mas também por essa actividade estar ligada à produção e organização de espectáculos públicos; veja-se também Menezes Cordeiro, *Manual...*, págs. 536 e 537, Bernardo Lobo Xavier, *Curso de Direito do Trabalho*, 3.ª Edição, Verbo, Lisboa, 1999, pág. 306, Romano Martinez, "Os novos horizontes do direito do trabalho", *III Congresso Nacional de Direito do Trabalho*, Almedina, Coimbra, 2001, pág. 348, Leal Amado, "Contrato de trabalho prostitucional", *Questões Laborais*, Ano IX, n.º 20, Coimbra Editora, Coimbra, 2002, págs. 236 e 237, Fernandez Gonzalez, "Contrato de trabajo de los artistas", *Catorze lecciones sobre contratos especiales de trabajo*, Seccion de Publicaciones e Intercambio de la Faculdad de Derecho de la Universidad de Madrid, Madrid, 1965, págs. 49 e ss. e Torollo González, "Las relaciones...", pág. 177. Ainda sobre o conceito de contrato especial de trabalho, Bayon Chacon, "Contratos especiales de trabajo. Concepto", *Catorze lecciones sobre contratos especiales de trabajo*, Seccion de Publicaciones e Intercambio de la Faculdad de Derecho de la Universidad de Madrid, Madrid, 1965, págs. 9 e ss., diz ser preciso relativizar a distinção entre contrato de trabalho comum e contratos especiais de trabalho, considerando que todos os contratos são mais ou menos especiais, embora uns tenham características individualizadoras que os fazem distinguir dos demais, concluindo que a especialidade dos contratos de trabalho não nasce do tipo de actividade profissional em causa, antes da inadequação ou da insuficiência dos requisitos exigidos pela lei para uma certa categoria de contrato de trabalho, que por ser de carácter mais geral, se considera como contrato tipo. Também a propósito, Montoya Melgar, "Sobre las relaciones especiales de trabajo y su marco regulador", *Revista española de Derecho del Trabajo*, n.º 109, Civitas, Madrid, 2002, pág. 12, considera ser a criação das relações especiais de trabalho, por um lado, uma forma de colocar sob a protecção do direito do trabalho pessoas que, ainda que prestando trabalho assalariado, estavam fora do seu domínio e, por outro, um meio de ter em atenção as particularidades da sua actividade laboral.

[170] Como relata Alzaga Ruiz, "El proceso de integración de los artistas en espectáculos públicos en el ámbito del Derecho del Trabajo", *Revista española de Derecho del*

Como contrato especial que é, aplicam-se em primeira linha as normas especiais próprias deste tipo de contrato e previstas, desde logo, na Lei n.º 4/2008, aplicando-se subsidiariamente, nos termos do art. 2.º, n.º 1 da mesma lei e do art. 9.º do CT, as regras gerais do CT na medida em que sejam compatíveis com as especificidades daquele contrato.

À semelhança da lei geral do trabalho, estabelece a Lei n.º 4/2008, no art. 6.º, uma presunção de existência de contrato de trabalho, em moldes que se aproximam da anterior redacção do art. 12.º do CT, mas que se distinguem substancialmente da actual[172-173].

Trabajo, n.º 104, Civitas, Madrid, 2001, pág. 243, foi com a *Ley 16/1976 de Relaciones Laborales*, de 8 de Abril, que foi reconhecido pela primeira vez o carácter especial da relação laboral dos artistas em espectáculos públicos e ao mesmo tempo o carácter laboral da sua prestação.

[171] Conforme o preâmbulo do RD 1435/1985, foi opção do legislador espanhol, face à diversidade de situações existentes nos diversos sectores artísticos, optar por uma regulamentação não exaustiva do conteúdo da relação laboral dos artistas em espectáculos públicos, prevendo a lei apenas os aspectos susceptíveis de um tratamento unitário em todos os sectores da actividade artística, deixando que uma regulamentação mais específica seja tratada em sede de negociação colectiva.

[172] A disposição sobre a presunção de existência de um contrato de trabalho foi introduzida pelo CT com a função de facilitar a prova ao trabalhador sobre a existência de um contrato de trabalho e de consagrar o contrato de trabalho como regime regra, representando uma novidade em face da legislação anterior. Numa primeira redacção do art. 12.º do CT, a presunção da existência de um contrato de trabalho estava condicionada à verificação cumulativa de diversos factos: inserção do trabalhador na estrutura organizativa do beneficiário da actividade e realização da prestação sob as suas orientações; realização do trabalho na empresa beneficiária da actividade ou em local controlado pela empresa; respeito por um horário previamente definido; ser a retribuição efectuada em função do tempo dispendido na execução da actividade ou situação de dependência económica do trabalhador face ao beneficiário da actividade; fornecimento dos instrumentos de trabalho pelo beneficiário da actividade; e execução da prestação da actividade por um período ininterrupto superior a 90 dias. Esta redacção foi alvo de fortes críticas por parte da doutrina, tendo a referida norma, inclusive, sido objecto de uma interpretação correctiva no sentido de fazer corresponder a sua aplicação ao "critério dos factos-índices", devendo considerar-se os factos previstos nas cinco alíneas do art. 12.º como factos-índices, bastando para o funcionamento da presunção fazer um juízo global sobre os mesmos, sem exigir a sua verificação cumulativa. "O entendimento oposto colocará em contradição a presunção constante desta norma e a definição constante do art.º 10.º do mesmo diploma, na medida em que a verificação da primeira é mais exigente do que a prova da segunda, o que representa um *non sense* na medida em que a presunção tem de estar ao serviço da definição, tanto no plano lógico da política legislativa, como no

plano prático da decisão e não o contrário" (acórdão do TRP, de 16/05/2007, *in www.dgsi.pt*). Júlio Gomes, *Direito...*, págs. 142 e 143, considerava a presunção, tal como constava da primeira redacção, não só inútil, como perniciosa, quando mal compreendida, porque, por um lado, a exigência cumulativa dos principais indícios para funcionamento da presunção poderia levar a que, havendo indícios em sentidos opostos, mais facilmente fosse negada a existência de contrato de trabalho e, por outro, porque a exigência dos noventa dias para que se presumisse a existência de contrato de trabalho poderia ser confundida com uma exigência de duração mínima para a existência de contrato de trabalho. No mesmo sentido, considerando que a presunção dificultava a prova do contrato de trabalho, Monteiro Fernandes, *Direito...*, págs. 153 e 154, conclui desta forma: "o primeiro dos suportes da «presunção de contrato de trabalho» preencheria já o essencial da noção legal desse contrato; a verificação das quatro primeiras condições permitiria alicerçar, mais do que uma presunção (...), a *certeza* da existência de contrato de trabalho; e o quinto elemento da enumeração legal (...) parecia inteiramente destituído de aptidão qualificativa"; também criticando a redacção do art. 12.º do CT, Andrade Mesquita, *Direito...*, pág. 386, Rosário Palma Ramalho, *Direito...*, *Parte II*, págs. 44 e 45, Leal Amado, "O contrato de trabalho entre a presunção legal de laboralidade e o presumível desacerto legislativo", *Temas laborais*, 2, Coimbra Editora, Coimbra, 2007, págs. 15 a 17. Com uma opinião manifestamente diferente e considerando a introdução da presunção no CT como "genericamente positiva", Isabel Parreira, "Qualificação do contrato de trabalho e presunção legal: notas para a interpretação e aplicação do artigo 12.º do Código do Trabalho", *VII Congresso Nacional de Direito do Trabalho, Memórias*, Almedina, Coimbra, 2004, págs. 170 e 171. Considera a autora ser necessária a exigência de tantos requisitos: "quanto mais ampla e fácil fosse a sua aplicação, mais injusta se revelava, criando preconceitos infundados em relação a certos beneficiários da actividade".

A Lei n.º 9/2006, de 20 de Março, deu nova redacção ao art. 12.º, passando a presumir a existência de um contrato de trabalho "sempre que o prestador esteja na dependência e inserido na estrutura organizativa do beneficiário da actividade e realize a sua prestação sob as ordens, direcção e fiscalização deste, mediante retribuição". No entanto, esta nova redacção não ficou isenta de críticas e se, para alguns, ela traduziu um progresso face à anterior – neste sentido, Rosário Palma Ramalho, *Direito...*, *Parte II*, págs. 45 e 46 e Júlio Gomes, *Direito...*, págs. 143 e 144, ainda que tecendo algumas criticas –, para outros nem por isso – Leal Amado, "O contrato...", págs. 18 e ss., considera que o art. 12.º, com a nova redacção, se traduz num "autêntico embuste", considerando a base da presunção mais exigente do que os requisitos da própria noção legal; Sousa Ribeiro, "As fronteiras...", pág. 986, considera o art. 12.º "verdadeiramente inútil", limitando-se a reproduzir, "em termos mais desdobrados e analíticos", a noção do art. 10.º (actual art. 11.º); também o acórdão do TRP, de 08/10/2007, *in www.dgsi.pt*, considera que a verificação de todos os pressupostos exigidos pelo art. 12.º, em qualquer uma das suas redacções, permite concluir pela existência de um contrato de trabalho, sem necessidade de recorrer à via presuntiva. Já Albino Mendes Baptista, "Qualificação contratual e presunção de laboralidade", *Estudos sobre o Código do Trabalho*, 2.ª Edição, Coimbra Editora, Coimbra, 2006, págs. 72 e ss., que fora uma das poucas vozes a demonstrar alguma receptividade à redacção original do art. 12.º, defendendo que em muitas situações de subordinação, sem o art. 12.º, a tarefa probatória do prestador de trabalho seria mais onerosa, considerou ser a nova redacção do preceito "muito pior" que a anterior, mais pesada que a própria definição de contrato de trabalho do anterior art. 10.º, augurando a inaplicação da presunção de laboralidade pelos tribunais.

Já com a Lei n.º 7/2009, a redacção do art. 12.º voltou a ser alterada, simplificando em muito as anteriores presunções. No fundo, veio agora o legislador presumir a existência de contrato de trabalho com a verificação, na relação estabelecida entre a pessoa que presta uma actividade e outra ou outras que dela beneficiam, de algumas (não define quantas) das características elencadas no artigo e que correspondem, com excepção da da alínea e), aos factos-índices utilizados pela doutrina e pela jurisprudência para a qualificação do contrato de trabalho, mais especificamente, da subordinação jurídica. Assim, na actual versão do art. 12.º, presume-se a existência de contrato de trabalho se se verificarem algumas das seguintes características: ser a actividade realizada em local pertencente ao beneficiário da prestação ou por ele determinado; pertencerem os equipamentos e instrumentos utilizados ao beneficiário da actividade; cumprir o prestador de actividade horas de início e de termo da prestação, por determinação do beneficiário da mesma; ser paga ao prestador de actividade, com determinada periodicidade, uma quantia certa, como contrapartida dessa mesma actividade; desempenhar o prestador de actividade funções de direcção ou chefia na estrutura orgânica da empresa. Como refere Leal Amado, *Contrato...*, pág. 81, esta nova presunção "representa uma simplificação do método indiciário tradicional, visto que, como ponto de partida, ela dispensa o intérprete de proceder a uma valoração global de todas as características pertinentes para a formulação de um juízo conclusivo sobre a subordinação".

[173] A inserção de uma presunção de laboralidade concretamente aplicada às relações contratuais dos artistas de espectáculos públicos não é nenhuma inovação do legislador português. Também o legislador francês previu, nos arts. L7121-3 e 7121-4 do *Code du Travail*, que qualquer contrato através do qual uma pessoa assegure, mediante retribuição, a participação de um artista de espectáculo tendo em vista a sua produção presume-se ser contrato de trabalho, desde que o artista não exerça a actividade objecto do contrato em condições que impliquem a sua inscrição no "registre du commerce", subsistindo a presunção qualquer que seja o modo e o montante da remuneração e a qualificação dada pelas partes ao contrato e mesmo que o artista tenha liberdade técnica, seja proprietário de todo ou de parte do material utilizado ou empregue pessoas para o ajudar, desde que, neste caso, ele participe pessoalmente no espectáculo. Debonne-Penet, "Le statut juridique des artistes du spectacle", *Recueil Dalloz Sirey*, 3.º Cahier – Chronique, Jurisprudence Generale Dalloz, Paris, 1980, pág. 19, explica que a razão pela qual o Código do Trabalho francês não tem uma definição de contrato de trabalho, mas apenas uma presunção, foi a de salvaguardar a situação dos artistas de grande notoriedade ou das

Prevê a Lei n.º 4/2008 que se presume existir um contrato de trabalho "sempre que o artista de espectáculos esteja na dependência económica da entidade produtora ou organizadora dos espectáculos e realize a sua prestação sob a direcção e fiscalização desta, mediante retribuição"[174]. Para que funcione a presunção tem, assim, a actividade do artista de ser remunerada, tem o mesmo de estar sob a dependência económica da entidade produtora ou organizadora e tem o trabalho de ser realizado sob a direcção e a fiscalização dessa entidade[175].

Quanto aos pressupostos da retribuição e do trabalho realizado sob a direcção e a fiscalização da entidade produtora ou organizadora dos

---

vedetas internacionais, relativamente aos quais é difícil considerá-los como simples assalariados. Entendeu o *Conseil d'Etat* que uma norma muito rígida que encarasse a contratação de um artista de forma remunerada automaticamente como constituindo um contrato de trabalho poderia acarretar no futuro numerosas dificuldades e reacções. Relativamente à actividade de manequim preferiu também o legislador francês fazer uso de uma presunção, conforme o art. L7123-3 do *Code du Travail*.

[174] Também os projectos de lei dos grupos parlamentares do Partido Comunista Português e do Bloco de Esquerda continham uma presunção de existência de contrato de trabalho, em termos, de resto, muito semelhantes: previa o art. 5.º do projecto de lei do Bloco de Esquerda que "presume-se a existência de um contrato de trabalho sempre que o trabalhador esteja inserido na estrutura organizativa e se encontre em situação de dependência económica face à entidade promotora do espectáculo ou evento", enquanto que o art. 9.º do projecto de lei do Partido Comunista Português dispunha que "presume--se que as partes celebraram um contrato de trabalho sempre que o trabalhador esteja inserido na estrutura organizativa e se encontre numa situação de dependência económica face à entidade promotora do espectáculo".

[175] Esta presunção, que, como dissemos, se aproxima da redacção anterior do art. 12.º do CT, afasta-se da mesma essencialmente em dois aspectos: no primeiro, pelo facto de inserir como elemento integrante da presunção de contrato de trabalho a dependência do prestador, referindo expressamente que a dependência que se exige como pressuposto é a dependência económica e não a jurídica; no segundo, porque omite um elemento que o art. 12.º previa, que é o da inserção na estrutura organizativa do beneficiário da prestação. No que toca ao pressuposto da dependência económica, a diferença é sobretudo formal. Júlio Gomes, *Direito...*, pág. 143, Rosário Palma Ramalho, *Direito..., Parte II*, pág. 46 e Romano Martinez, *Direito...*, pág. 319, defendiam que a dependência prevista na anterior redacção do art. 12.º era também a dependência económica. Relativamente ao pressuposto da inserção na estrutura organizativa da empresa, o mesmo é criticado por Andrade Mesquita, *Direito...*, págs. 380 e 381, por não se consubstanciar num facto, como pressupõe o art. 349.º do CC, tratando-se antes de um conceito ao qual se chega provando vários elementos que concretamente o traduzem, como seja o trabalho nas instalações, a relação directa com os outros trabalhadores ou a sujeição às instruções do credor da prestação.

espectáculos, não levantam os mesmos dúvidas quanto ao fim pretendido pelo legislador. Para além de ter de haver uma prestação de carácter patrimonial como contrapartida da prestação de actividade por parte do devedor, tem de se provar, para que se possa presumir a existência de contrato de trabalho, que o beneficiário da prestação dá orientações, instruções e directivas e fiscaliza a actividade do prestador.

Estas exigências impostas pelo legislador para o funcionamento da presunção, às quais acresce a dependência económica, incorrem no mesmo mal que incorria a presunção de contrato de trabalho na anterior redacção do CT. Trata-se aqui de uma presunção que é mais exigente do que a própria noção de contrato de trabalho prevista no CT e que se aplica, evidentemente, ao contrato de trabalho dos profissionais de espectáculos. A crítica que se apontava ao art. 12.º, no sentido de que, verificados os pressupostos da presunção, estava provada a existência de contrato de trabalho, sem necessidade de recorrer à presunção, parece-nos ter aqui total cabimento.

A dúvida quanto ao art. 6.º surge essencialmente com a noção de dependência económica. Segundo Andrade Mesquita, a dependência económica "significa que, atendendo ao tempo gasto para desempenhar a actividade, a contraprestação que lhe corresponde destina-se tipicamente ao sustento do trabalhador e da sua família"[176]. Embora referindo-se ao art. 10.º do CT, Abílio Neto, diz que "o trabalhador deve considerar-se na dependência económica do beneficiário da actividade por ele prestada, embora sem subordinação jurídica, sempre que ele viva exclusiva ou predominantemente do rendimento que lhe é proporcionado por essa actividade, de tal modo que esta constitua, digamos, o seu modo de vida"[177]. Já Romano Martinez, num sentido que o próprio apelida de económico-jurídico, considera abranger a expressão, no caso do art. 10.º, as situações em que o prestador de actividade se integra na produção empresarial do beneficiário da prestação, sem que exista, no entanto, subordinação jurídica[178].

---

[176] *Direito...*, pág. 370.
[177] *Novo Código do Trabalho e Legislação Complementar Anotados*, Ediforum, Lisboa, 2009, pág. 73.
[178] *Direito...*, págs. 346 e 347. A propósito do art. 10.º do CT refere haver dois sentidos para a noção de dependência económica: num primeiro, a dependência económica

Na norma em apreço, não parece ser este sentido avançado por Romano Martinez o querido pelo legislador. No caso dos contratos equiparados, ou como o CT agora refere, das situações equiparadas, o requisito da dependência económica surge na falta da subordinação jurídica, pretendendo-se estender algumas normas aplicáveis ao contrato de trabalho a um tipo de trabalho que, embora exercido sem subordinação jurídica, ainda assim, pela integração do prestador de actividade no processo produtivo do beneficiário, justifica a aplicação daquelas normas. Ou seja, apesar de não existir dependência jurídica, ainda assim há uma inserção na organização do processo produtivo do beneficiário que justifica a aplicação de uma parte do regime jurídico do contrato de trabalho.

No art. 6.º, não se trata de comparar dois tipos de vínculo para, na sua diferença, descortinar o que de comum existe neles, a fim de se aplicar, em determinados aspectos, o mesmo regime. Não se trata de aferir os casos em que, apesar de não existir subordinação jurídica, mas por haver dependência económica no sentido do art. 10.º do CT, se justifica a aplicação de uma parte do regime jurídico aplicável aos contratos em que existe a dita subordinação jurídica. Pelo contrário, o legislador não só exige, para que funcione a presunção, que haja dependência económica, como pressupõe também a existência de subordinação jurídica ("realize a sua prestação sob a direcção e fiscalização desta"). E, exigindo esta última, deixa de fazer sentido recorrer à dependência económica com o sentido que lhe é dado por Romano Martinez para efeitos de aplicação do art. 10.º do CT, porque o mesmo já consta do conceito de subordinação jurídica.

Daí que, quanto a nós, o sentido de dependência económica neste caso seja mais aproximado do senso comum e do sentido economicista, avançado por Abílio Neto e por Andrade Mesquita. Dependência económica visará aqui abranger a situação daqueles que vivem exclusivamente,

---

"pressupõe que o trabalhador aufere do beneficiário da actividade uma remuneração necessária ao sustento da sua família"; num segundo, a dependência económica "relaciona--se com o facto de o prestador de trabalho receber encomendas do beneficiário da actividade e de essas encomendas só terem interesse para aquele beneficiário, havendo uma exclusividade", ou seja, o prestador de actividade integra-se na produção empresarial do beneficiário da prestação. É este segundo sentido que o autor considera aplicar-se ao art. 10.º do CT.

ou quase exclusivamente, do rendimento auferido pelo trabalho prestado, que constitui o meio primário e essencial para a sua subsistência e da sua família.

Quanto às modalidades de contrato no que concerne à sua duração, prevê a lei duas: a de contrato por tempo indeterminado e a de contrato a termo resolutivo (art. 5.º)[179].

A aplicação do regime dos contratos a termo da legislação laboral geral aos artistas de espectáculos e que decorria do DL n.º 38/87, era, como se disse, insustentável e totalmente desadequada, em muitos dos casos, a estes trabalhadores e à actividade em questão. Era opinião geral que havia necessidade de criar um regime próprio para este sector, com especificidades que tivessem em conta todas as condicionantes que fazem com que muitos dos contratos celebrados com artistas sejam ou se justifique que sejam precários ou que tivessem em conta a intermitência com que o trabalho é muitas vezes prestado.

Foi desta forma que o legislador acolheu nesta lei um regime de contrato a termo com diferenças relevantes face ao regime geral e que têm a ver com a abolição de regras básicas do regime geral inibidoras da contratação a termo: a falta de liberdade das partes na estipulação da duração do contrato, o limite do número de renovações, a regra da proibição de celebração de contratos a termo sucessivos para o mesmo posto de trabalho e a fixação de medidas aptas a desincentivar a celebração de contratos a termo, como seja o agravamento da taxa contributiva legal, em função do número de trabalhadores contratados a termo na empresa e da duração dos respectivos contratos de trabalho[180-181].

---

[179] Na proposta de lei apresentada pelo Governo e que resultou na Lei n.º 4/2008, tinham sido previstas três modalidades de contrato de trabalho: o contrato por tempo indeterminado, o contrato a termo resolutivo e o contrato de trabalho intermitente, solução que veio a ser alterada com a votação do texto na especialidade, encarando a lei agora publicada o trabalho intermitente como uma subespécie do contrato de trabalho por tempo indeterminado.

[180] Como refere Andrea Fortunat, "Legittimità della successione di contratti a termine nel settore dello spettacolo", *Rivista Italiana di Diritto del Lavoro*, 1, Parte Seconda, Giuffrè Editore, Milão, 2003, pág. 103, a prestação artística, quando é objecto de contrato de trabalho subordinado, obsta, pela sua própria natureza, a uma relação tendencialmente duradoura e estável. Também o ordenamento jurídico francês encara com

O grande problema que surge com este novo regime do contrato a termo, previsto na Lei n.º 4/2008, é que as linhas inovadoras que surgiram não foram acompanhadas das correspondentes soluções, ou seja, tendo--se o legislador desviado do regime geral em matéria de contrato a termo, ou pelo menos em alguns dos seus pontos essenciais, pura e simplesmente foi omisso quanto às consequências práticas e quanto à resolução de problemas que podem surgir ao abrigo deste novo regime.

São várias as dúvidas que decorrem da análise do regime jurídico do contrato a termo celebrado com profissionais de espectáculos. Parece resultar agora do novo regime uma maior abertura para a contratação a termo, mas será essa abertura total, no sentido de o contrato a termo poder ser celebrado sempre que as partes quiserem ou continuarão a existir limitações a essa celebração? Por outro lado, admitindo a lei o contrato a termo em termos substancialmente diferentes dos do regime geral, sem ter um carácter excepcional perante o contrato por tempo indeterminado, face a que regras e a que princípios se deve resolver o problema de um contrato a termo que chega ao seu término e, não obstante, o trabalhador continua a trabalhar? E como interpretar a exi-

---

normalidade a celebração de contratos de duração limitada para a actividade do espectáculo, considerando ser um dos sectores de actividade "pour lesquels il est d'usage constant de ne pas recourir au contrat à durée indéterminée en raison de la nature de l'activité exercée et du caractère par nature temporaire de ces emplois" (arts. L1242-2, 3.º e D1242-1, 6.º do *Code du Travail*). Referem Isabelle Daugereilh e Philippe Martin, "Les intermittents du spectacle: une figure du salariat entre droit commun et droit spécial", *Revue Française des Affaires Sociales,* 54.ᵉ Anné, n.º 3-4, Ministère de l'emploi et de la solidarité, 2000, pág. 84, que a lei favorece a disponibilidade e mobilidade dos trabalhadores no sector do espectáculo, articulando-se com a negociação colectiva que tenta criar contrapartidas à precariedade do emprego. Concretamente, segundo os autores, quanto mais curta for a duração do contrato, mais elevado será o salário.

[181] Recorde-se que a celebração do contrato a termo, nos termos do CT, só é permitida quando for para a satisfação de necessidades temporárias da empresa e desde que seja pelo período estritamente necessário à satisfação dessas necessidades (art. 140.º, n.º 1), não podendo exceder, em nenhuma situação, o limite de três anos ou ser renovado mais de três vezes (art. 148.º). Quando cessado o contrato de trabalho a termo por motivo não imputável ao trabalhador, em regra, salvo as situações previstas no n.º 2 do art. 143.º, não pode a entidade empregadora admitir a mesma ou outra pessoa para o mesmo posto de trabalho sem que tenha decorrido um período de tempo equivalente a um terço da duração do contrato, incluindo as renovações.

gência de forma escrita para os contratos de trabalho do artista de espectáculos e, especificamente, para os contratos a termo? Qual a consequência que advém da não verificação dos requisitos formais previstos no CT para a celebração do contrato a termo? Será a mesma do regime laboral geral[182]?

Estas são apenas algumas questões que se suscitam a propósito do contrato a termo e relativamente às quais a nova lei não dá solução. Questões que, do nosso ponto de vista, e para bem da segurança jurídica, mereciam uma atenção especial da parte do legislador e cuja resposta é absolutamente urgente para evitar que se venha a cair num caos legislativo que corre o risco de tornar este novo regime inútil por imperceptível. Se numa leitura menos cuidadosa podemos ser levados a pensar que esta lei consagra um novo regime, com soluções inovadoras e que permite dar resposta aos problemas suscitados na contratação com profissionais de espectáculos, uma leitura mais atenta depressa nos alerta para todo um conjunto de problemas emergentes à face desta lei e que vão para além da contratação a termo, que pura e simplesmente ficam sem resposta.

Procuremos então reflectir sobre alguns dos problemas atrás suscitados a propósito do contrato a termo.

Desde logo, a lei não diz claramente se as partes, ao abrigo do novo diploma, podem celebrar um contrato de trabalho a termo sem que tenha de existir um motivo justificativo, nomeadamente algum dos elencados no art. 140.º do CT[183]. Repare-se que a lei apenas refere no art. 5.º que uma das modalidade que o contrato de trabalho dos artistas de espectáculos pode revestir é a do contrato a termo resolutivo, admite, no art. 7.º, n.º 1, a celebração do referido contrato para o desempenho das activi-

---

[182] A acrescer a estas, outras questões necessariamente se suscitam: saber se no âmbito do contrato de trabalho dos profissionais de espectáculos há lugar a uma compensação final semelhante à existente para o contrato a termo no regime geral ou saber se os prazos de denúncia dos contratos a termo, previstos nos arts. 344.º e 345.º do CT, se aplicam no âmbito da Lei n.º 4/2008, são questões de grande relevância prática às quais o legislador não respondeu.

[183] Júlio Gomes, "Da fábrica...", pág. 263, parece admitir a celebração dos contratos a termo "sem necessidade de qualquer justificação", quando questiona se não terá o legislador "cometido uma generalização excessiva" ao admitir a contratação a termo para todas as actividades de espectáculos.

dades artísticas e no art. 7.º, n.º 3 apenas diz não ser aplicável àquele contrato "o regime previsto no Código do Trabalho em matéria de contratos sucessivos, limites de renovações e agravamento da taxa contributiva global". Surge assim a dúvida de saber se a liberdade das partes em escolher a modalidade de contrato de trabalho é total ou se continua o contrato a termo a ter de ser celebrado sob determinadas condições, nomeadamente a de satisfazer necessidades temporárias[184].

Pela redacção das normas citadas, e a uma primeira vista, nada pareceria obstar a que se permitisse a celebração de contratos a termo apenas em situações em que se verifique o carácter temporário da relação laboral. Por um lado, a possibilidade admitida no art. 5.º de celebração do contrato na modalidade de contrato por tempo indeterminado ou na modalidade de contrato a termo não apresenta qualquer especificidade face ao regime geral, que admite as mesmas duas modalidades. Por outro lado, a referência expressa a determinadas normas do regime geral que não são aplicáveis à relação de trabalho e entre as quais não consta a norma referente à admissibilidade do contrato a termo, poder-nos-ia levar a acreditar que as restantes regras não referidas do regime geral se aplicariam aos contratos a termo dos profissionais de espectáculos.

Porém, pensamos que o legislador quis ir mais longe e quis permitir a celebração de contratos a termo para o sector do espectáculo independentemente dos motivos da celebração.

Consideramos que quando o CT, no art. 140.º, n.º 1, refere que o contrato a termo resolutivo "só pode ser celebrado para satisfação de necessidade temporária da empresa e pelo período estritamente necessário à satisfação dessa necessidade", estas duas exigências só fazem sentido se compreendidas em conjunto. Não faz sentido pensar que o contrato a termo tem de ser celebrado pelo período estritamente necessário à satisfação de necessidade temporária, se não se exigir a celebração do contrato só em casos de necessidade temporária, obviamente.

---

[184] Rosário Palma Ramalho, *Direito...*, *Parte II...*, págs. 328 e 329, defende bastar que o fundamento objectivo para a celebração do contrato seja o desempenho de uma actividade artística, não sendo necessário recorrer nem à cláusula geral do art. 140.º, n.º 1 do CT, no caso da celebração de contrato a termo certo, nem às situações taxativamente previstas no n.º 3 do mesmo artigo para a celebração de contrato a termo incerto.

Mas o contrário também se aplica. Não faz sentido dizer que a celebração só é admitida para a satisfação de necessidade temporária da empresa e permitir que a duração do contrato seja superior à duração dessa necessidade, sob pena de, decorrido o período da necessidade temporária, já não se poder dizer que o contrato a termo visa satisfazer a necessidade temporária, uma vez que ela já não existe[185].

Ora, o art. 7.º, n.º 2 da Lei n.º 4/2008 prevê que o contrato tem a duração que as partes estipularem, com o limite máximo de oito anos (n.º 3). Não há, da parte do legislador, qualquer limitação ou imposição às partes quanto à estipulação da duração, que não seja a do prazo máximo dos oito anos. Ora, ao dar a lei esta liberdade às partes, contrariamente ao que acontece no CT em que o prazo não pode ultrapassar a duração da necessidade temporária, nem pode, nos contratos com duração inferior a seis meses, ter duração inferior à tarefa ou serviço a realizar, está a lei a permitir que as mesmas estipulem o prazo que entenderem, não tendo o contrato que durar apenas pelo período estritamente necessário à duração do motivo que as levou a contratar. O mesmo é dizer que havendo liberdade de estipulação do prazo do contrato, deixa de fazer sentido exigir que o contrato a termo seja celebrado apenas para a satisfação de necessidades temporárias.

Ainda no mesmo sentido, não deixa de ser muito significativo o facto de a lei, depois de já ter enunciado no art. 5.º as modalidades de contrato existentes, dizer, sem colocar qualquer limitação, que é admitida a celebração de contrato de trabalho a termo resolutivo, certo ou incerto, para o desempenho das actividades artísticas enunciadas no art. 1.º, n.º 2 da lei.

---

[185] Este raciocínio não põe em causa uma situação que pode suceder na prática, que é a de o contrato a termo ter uma duração efectiva superior à necessidade temporária. Ou seja, pode suceder que um trabalhador que se estimava que estivesse ausente da empresa, por motivo de doença, durante um ano, regresse à empresa antes, numa altura em que está em execução um contrato a termo, com a duração de um ano, para o substituir. Neste caso, o contrato a termo foi celebrado julgando o empregador que o trabalhador ausente estaria fora da empresa durante um ano. Regressando ele mais cedo à empresa, o contrato a termo, pelo menos na opinião de muitos, perdura até ao fim do prazo estipulado, não obstante ter cessado o motivo justificativo. Já se a contratação a termo tivesse sido feita sabendo o empregador à partida que o trabalhador não ia estar ausente durante um ano, a solução seria outra, devendo o contrato ser considerado como celebrado por tempo indeterminado.

Parece-nos, pois, que a intenção do legislador da Lei n.º 4/2008 foi a de conceder total liberdade às partes quanto à escolha da modalidade de contrato a celebrar[186]. E à não aplicação do art. 140.º do CT não obsta, em nosso entender, a falta de menção a essa norma no art. 7.º, n.º 3 da Lei n.º 4/2008, uma vez que esta apenas se limitou a excluir da aplicação da lei as normas do CT referentes à matéria da duração do contrato a termo.

Não obstante, cumpre fazer ainda um comentário à possibilidade de as partes celebrarem um contrato a termo incerto. Mesmo considerando que o contrato a termo certo não está sujeito ao rigor e à exigência do disposto no art. 140.º do CT, sempre terá o contrato a termo incerto de estar constituído no pressuposto da existência de uma determinada actividade ou serviço. Só assim se justifica que o contrato seja um contrato "a termo incerto", cuja produção dos efeitos cessará com a verificação de um determinado acontecimento futuro e certo, que à partida as partes não sabem com certeza quando se verificará. Mas não só o contrato a termo incerto terá de estar dependente desse dito acontecimento futuro e certo, como, em nosso entender, esse acontecimento terá de ter a ver com a actividade ou com o serviço a realizar pelo artista. Não pressupor isto, e fazer depender a duração do contrato de um qualquer outro facto, torna a possibilidade de celebração deste tipo de contrato demasiado arbitrária, sobretudo quando no contrato a termo incerto não existe o limite de duração máxima que existe para os contratos a termo certo e que existe para os contratos a termo incerto no regime geral (art. 148.º, n.º 4 do CT). Aceitar a celebração do contrato a termo incerto dependente de um qualquer facto futuro será aceitar a perpetuação de uma modalidade de contrato que o legislador quis que fosse temporário, caso contrário não colocaria o limite máximo dos oito anos para o contrato a termo certo.

Parece-nos, pois, em suma, que quanto à celebração do contrato a termo incerto, a mesma não tem de se cingir às situações de necessida-

---

[186] Sendo assim, entendemos que quando a Lei n.º 4/2008, no art. 10.º, n.º 2, manda aplicar os requisitos formais do contrato a termo previsto no CT ao contrato a termo celebrado com o profissional de espectáculos, deve fazer-se uma interpretação restritiva no sentido de não se exigir a indicação do motivo justificativo do contrato, decorrente do art. 141.º, n.º 1, al. e) do CT.

des temporárias, e muito menos às situações referidas nas alíneas a) a c) e e) a h) do art. 140.º, n.º 2 do CT (por remissão do n.º 3 do mesmo artigo), em consonância com o entendimento que expressámos acerca do contrato a termo certo, mas a sua duração terá de estar necessariamente ligada a um motivo estreitamente relacionado com a concreta actividade profissional exercida pelo profissional de espectáculos.

Um segundo problema que se coloca prende-se com a forma, ou melhor, com a falta de forma do contrato a termo.

Prevê a Lei n.º 4/2008, no seu art. 10.º, que o contrato de trabalho do artista de espectáculos deve revestir forma escrita, aplicando-se aos contratos de trabalho a termo, com as necessárias adaptações, os requisitos de forma exigidos para os contratos a termo previstos no CT (art. 141.º, n.º 1).

A dúvida imediata que surge e à qual a lei não responde é a de saber qual a consequência para a falta de redução a escrito do contrato de trabalho celebrado pelos profissionais de espectáculos. É um problema que não se coloca apenas relativamente ao contrato a termo, mas também relativamente ao contrato por tempo indeterminado, uma vez que, contrariamente ao regime geral, a lei sujeita os contratos por tempo indeterminado à forma escrita. Temos ainda muitas dúvidas na resposta a esta questão, razão pela qual avançamos com possíveis soluções, ainda que não definitivas.

Começando por problematizar a questão da falta de forma do contrato por tempo indeterminado, deverá considerar-se o contrato não reduzido a escrito sujeito à lei geral, que não exige qualquer formalidade para a celebração da generalidade dos contratos por tempo indeterminado? Ou será de qualificar o contrato como contrato de prestação de serviços? Ou deverá a falta de redução a escrito reconduzir à nulidade do contrato, por falta de forma, nos termos do art. 220.º do CC?

A hipótese de considerar o contrato não reduzido a escrito como sendo um contrato de prestação de serviços é desde logo de afastar, uma vez que a qualificação do contrato não depende do cumprimento ou do não cumprimento de requisitos formais. Cada um dos dois tipos de contrato tem características próprias que justificam a sua qualificação como contrato de trabalho ou como contrato de prestação de serviços. Um contrato em que uma das partes se obriga, perante outra, a prestar a sua actividade, por conta e sob a sua direcção e mediante retribuição não pode ser qualificado de contrato de prestação de serviços, contrato que se caracteriza por uma das partes se obrigar a prestar a outra um certo resultado, sem que haja subordinação jurídica, apenas porque não cumpre um requisito formal legalmente exigido. Tal não é suficiente para que substancialmente o contrato possa ser qualificado de prestação de serviços.

Quanto à solução de afastar do contrato de trabalho por tempo indeterminado não reduzido a escrito a aplicação da Lei n.º 4/2008, aplicando--se o regime laboral geral, a mesma, analisada isoladamente, levanta-nos dúvidas, por ser uma solução que não se concilia bem com a razão do aparecimento da referida lei. Não deixa de ser estranho que o legislador português, alertado para a desadequação do regime geral, ou de parte dele, à relação laboral dos profissionais de espectáculos, construísse um regime jurídico, no seu entender, com especificidades adequadas à situação profissional e à actividade desenvolvida por aquele grupo profissional, e, por causa da inobservância de uma formalidade, reconduzisse a relação laboral do profissional de espectáculos e da entidade promotora ao tal regime desadequado. É que não se trata, neste caso, de reconduzir o contrato de trabalho à tutela de um regime que lhe é mais favorável e garantístico, como sucede, por exemplo, no caso de não redução a escrito do contrato de comissão de serviços (art. 162.º, n.º 4 do CT); tratar-se--ia, no caso dos profissionais de espectáculos, de submeter o contrato a um regime que é desadequado com a realidade em que é desenvolvida a relação laboral, o que é algo substancialmente diferente. É certo que muitos poderão não ver no novo regime da Lei n.º 4/2008 um regime beneficiador do artista ou um regime adequado ao seu modo de prestação de actividade, mas não deixa de ter sido essa a intenção do legislador ao criar o referido regime. Por outro lado, falta, quanto a nós, apoio legal para seguir esta via.

Se procurarmos perceber qual terá sido a intenção do legislador ao introduzir a exigência de forma escrita para a celebração do contrato de trabalho por tempo indeterminado do profissional de espectáculos, quando não o faz no regime geral, chegamos a uma terceira solução possível. A exigência de forma escrita prender-se-á com a intenção do legislador de facilitar ao trabalhador a prova da existência de um contrato de trabalho. Num tipo de contrato relativamente ao qual, na prática, não se afigura, em muitas situações, fácil a sua qualificação, entendeu o legislador fazer recair sobre as partes o ónus de reduzir o contrato a escrito, desonerando o artista de ter de vir posteriormente discutir a qualificação do contrato. A obrigação de redução do contrato a escrito seria assim uma formalidade "ad probationem".

Ainda que esta seja a solução que à partida nos parece a mais razoável, encontramos-lhe uma objecção, o art. 364.º do CC. Prevê o mesmo que quando a lei exigir, como forma da declaração negocial, um documento particular, este não pode ser substituído por outro meio de prova ou por outro documento que não tenha força probatória superior – estaremos aqui perante uma formalidade "ad substantiam". O documento só poderá ser substituído por confissão expressa, judicial ou extrajudicial se resultar claramente da lei que o documento é exigido para prova da declaração, ou seja, "nos casos excepcionais em que *resultar claramente da lei* que a finalidade tida em vista ao ser formulada certa exigência de forma foi apenas a de obter prova segura acerca do acto"[187]. Ora, não cremos que *resulte claramente da lei* ser a exigência de forma do contrato por tempo indeterminado do profissional de espectáculos uma mera formalidade "ad probationem".

Em face disto, a solução que parece ser a tecnicamente mais adequada, embora não a mais justa, nem insusceptível de reparos, é a de considerar o contrato não reduzido a escrito nulo, por falta de forma.

É certo ser esta uma solução que prejudica sobretudo o trabalhador. Ainda que os efeitos da invalidade do contrato de trabalho, como já vimos noutro capítulo, não sejam os mesmos da lei civil, produzindo o contrato efeitos como se fosse válido em relação ao tempo durante o qual esteve em execução, e podendo, inclusive, a parte que estiver de má fé e invocar a invalidade ter de pagar uma indemnização à parte que estiver de boa fé, não deixa a nulidade do contrato de prejudicar tremendamente o trabalhador, desde logo porque fica sem emprego. Por outro lado, a nulidade do contrato por falta de forma representa um desvio ao regime geral quanto a nós injustificável, colocando o trabalhador numa posição mais desfavorável do que aquela que deriva da aplicação daquele regime.

---

[187] Mota Pinto, *Teoria...*, pág. 434.

Não que tal não seja admissível em determinadas matérias, cuja diferença de tratamento justifica-se pela especificidade da prestação de trabalho e da actividade em questão, mas nada justifica que tal aconteça numa questão de suma importância como seja a de considerar o contrato de trabalho por tempo indeterminado não reduzido a escrito válido ou nulo por falta de forma.

Contra esta solução acresce ainda um argumento de peso: a existência de uma presunção de laboralidade. O regime da Lei n.º 4/2008 consagra uma presunção de existência de contrato de trabalho no art. 6.º, como vimos. Considerar a possibilidade de a falta de redução a escrito do contrato determinar a nulidade do contrato é uma solução que se conjuga mal com a existência de uma presunção de laboralidade, retirando-lhe praticamente todo o efeito prático, uma vez que o seu raio principal de acção são os casos em que os contratos não estão reduzidos a escrito.

Não obstante estas considerações, o que é certo é que não prevendo a Lei n.º 4/2008 uma consequência específica para a falta de observância de forma escrita do contrato por tempo indeterminado, fica difícil justificar legalmente a não aplicação da regra do art. 220.º do CC, respeitante à inobservância da forma legal da declaração negocial, que prevê que "a declaração negocial que careça da forma legalmente prescrita é nula, quando outra não seja a sanção especialmente prevista na lei". Não deixamos, no entanto, de considerar uma solução demasiado drástica, desproporcionada, mesmo tendo em conta que relativamente ao contrato que porventura mais se aproxima do contrato celebrado pelo profissional de espectáculos, pelas características em que a actividade é prestada – o contrato de trabalho desportivo – a lei previu, aí expressamente, a sanção da nulidade.

Seja como for, e admitindo que seja esta a solução preconizada pelos tribunais, tal não implica a aplicação cega da sanção da nulidade para a falta de forma dos contratos. Como refere Mota Pinto, "o intérprete, desde que lealmente aceite como boa e valiosa para o comum dos casos a norma que prescreve a nulidade dos negócios feridos de vício de forma, está legitimado para, nos casos excepcionalíssimos do artigo 334.º, afastar a sua aplicação, tratando a hipótese como se o acto estivesse formalizado. Fora destes casos excepcionalíssimos, se uma das partes actuou com má fé nas negociações, o negócio é nulo, mas surgirá uma indemnização, por força do artigo 227.º"[188]. No caso dos profissionais de espectáculos, não se afigura necessário recorrer ao referido art. 227.º do CC, tendo em conta a existência do art. 123.º, n.º 3 do CT que já prevê a obrigação de indemnizar por parte daquele que, tendo celebrado o contrato ou mantido-o com conhecimento da causa de invalidade, invocar a invalidade do mesmo.

No que diz respeito ao contrato de trabalho a termo, conforme decorre do art. 10.º, n.º 1 da Lei n.º 4/2008, também ele está sujeito a forma escrita, acrescentando o n.º 2 do referido artigo que os requisitos de forma previstos no CT para o contrato a termo, no art. 141.º, se aplicam, com as devidas adaptações, aos contratos de trabalho a termo celebrados com os profissionais de espectáculos. No entanto, uma vez mais, o legislador não previu as consequências da falta de cumprimento desta obrigação legal.

De novo, surgem as dúvidas sobre o que acontecerá ao contrato de trabalho a termo que não cumpra os requisitos do art. 141.º do CT e, em concreto, o requisito da redução a escrito. Converter-se-á em contrato por tempo indeterminado, seguindo a solução legal do CT para os contratos a termo celebrados sem observância de forma escrita (art. 147.º, n.º 1, alínea c))? Será o contrato considerado nulo, por falta de forma (art. 220.º do CC)? Converter-se-à em contrato a termo com a duração de oito anos, prazo máximo previsto na lei para os contratos a termo certo? Ou funcionará aqui uma presunção semelhante à que encontrávamos no CT2003 relativamente ao contrato a tempo parcial, por exemplo[189]?

---

[188] *Teoria...*, pág. 437.
[189] Referindo-se à solução espanhola, que prevê, no art. 5.º do RD 1435/1985, que os contratos de trabalho dos artistas de espectáculos públicos se possam celebrar com uma duração determinada ou indeterminada, Alzaga Ruiz, "Contratación...", pág. 73, considera deverem os contratos a termo que não estiverem reduzidos a escrito presumir-se celebrados por tempo indeterminado, presunção, no entanto, ilidível e, como tal, passível de prova em contrário (um pouco à semelhança do que sucedia com o contrato a tempo parcial, que, quando não reduzido a escrito, se presumia ser a tempo inteiro, mas susceptível de prova em contrário). Já Marta Alamán, "Principales puntos de interés en las relaciones laborales en el sector audiovisual", *Revista Jurídica del Deporte y del Entretenimiento*, n.º 14, Thomson Arazandi, 2005, págs. 78 e 79, refere, no entanto, que, embora a exigência de forma escrita para os contratos celebrados com os artistas (art. 3.º

Como vemos, as hipóteses, que não se reduzem às enunciadas, que se podem colocar em abstracto são muitas, o que tornará certamente a função do intérprete e do aplicador da lei mais complicada e sujeita a não ser consensual, com os prejuízos que tal acarretará para a segurança jurídica.

É certo ser o regime laboral comum aplicável supletivamente ao contrato de trabalho dos profissionais de espectáculos, nos termos do disposto no art. 9.º do CT e do art. 2.º, n.º 1 da Lei n.º 4/2008, por ser este um contrato de trabalho com regime especial. No entanto, o próprio CT apenas legitima a sua aplicação relativamente às regras que sejam compatíveis com a especificidade do contrato com regime especial. Resta saber em que medida é que as consequências impostas para a falta de observância das formalidades exigidas pelo CT para o contrato a termo em geral são ajustadas para os contratos a termo celebrados ao abrigo da Lei n.º 4/2008, que permite a celebração do contrato a termo com muito menos restrições do que o regime geral.

Temos alguma dificuldade em aceitar que a solução para a falta de redução a escrito e de cumprimento das exigências formais do art. 141.º do CT seja a mesma para o contrato a termo celebrado nos termos do regime geral e para o contrato a termo celebrado ao abrigo da Lei n.º 4//2008[190]. Justifica-se que a consequência para a falta de redução a escrito dos contratos a termo celebrados nos termos do disposto nos arts. 140.º e ss. do CT seja a conversão em contrato sem termo. Sendo o contrato a termo permitido apenas em circunstâncias excepcionais (para a satisfação de necessidades temporárias da empresa e apenas pelo período estritamente necessário à satisfação dessas necessidades – art.

---

do RD 1435/85) e a aplicabilidade a esses contratos do *Estatuto de los Trabajadores*, a título supletivo, pudesse levar a pensar que se estaria perante um contrato por tempo indeterminado, tal não acontece, desde logo porque a presunção de temporalidade é tão forte que, em grande parte dos casos, os tribunais acabam por qualificar a relação laboral dos artistas como sendo temporária.

[190] Aceitando a aplicação da solução do CT à falta de redução a escrito do contrato a termo do artista de espectáculos, por considerar não ser a norma do CT que consagra a conversão do contrato incompatível com a especificidade do contrato de trabalho de artistas de espectáculos e por não ter sido a norma excluída pela Lei n.º 4/2008, Júlio Gomes, "Da fábrica...", pág. 266.

140.º, n.º 1) e estando em causa a segurança e a estabilidade no emprego, exigiu o legislador formalidades acrescidas que permitam acautelar a posição do trabalhador, nomeadamente para efeitos probatórios. Não observando o empregador as formalidades a que está obrigado, a consequência natural é ser aplicado ao contrato o regime regra, o regime do contrato por tempo indeterminado[191].

Agora, entendendo-se aceitar o legislador para os profissionais de espectáculos a contratação a termo nas mesmas circunstâncias da contratação por tempo indeterminado, a conversão imediata do contrato a termo celebrado com o profissional de espectáculos em contrato sem termo pela falta de observância de forma escrita contraria toda a lógica da construção do regime dos contratos de trabalho dos profissionais de espectáculos, denotando, ainda que disfarçadamente, uma preferência pelo contrato por tempo indeterminado, não correspondente ao espírito da lei.

Acresce ainda, quanto àquela solução, o problema de que, defendendo a conversão do contrato, tal significará ficarmos perante um contrato por tempo indeterminado que não foi reduzido a escrito, o que nos levará, pelos motivos já expostos, às conclusões supra mencionadas.

De novo aqui, sob o ponto de vista técnico, e seguindo o mesmo raciocínio que tecemos para a falta de redução a escrito do contrato por tempo indeterminado, parece-nos que não tendo o legislador previsto uma sanção especial para a falta de forma do contrato a termo do profissional de espectáculos (nomeadamente alguma das que acima equacionámos para resolução deste problema), somos levados a considerar, com as mesmas críticas que fizemos relativamente ao contrato por tempo indeterminado, ser aplicável a regra do art. 220.º do CC, sendo o contrato nulo por falta de forma.

---

[191] Veja-se o acórdão do STJ, de 24/01/2007, in www.dgsi.pt, em que tendo-se debruçado o tribunal sobre o caso de um treinador desportivo profissional cujo contrato a termo não estava reduzido a escrito, considerou o tribunal não acarretar a falta de observância da forma escrita a conversão do contrato em contrato sem termo. Considerando que o perfil, as qualidades e aptidões técnicas de um treinador são elementos muito relevantes para a consecução dos projectos desportivos e dos objectivos fixados pelo clube, o que torna o contrato com ele celebrado distinto dos contratos de trabalho comuns, o STJ aplicou por analogia o regime jurídico dos praticantes desportivos, considerando ser a invalidade do contrato a consequência para a falta de observância de forma escrita do contrato a termo.

De resto, a adoptar esta solução, não é a mesma exclusiva deste tipo de contrato. Também no contrato de trabalho dos praticantes desportivos a falta de redução a escrito do contrato de trabalho leva à invalidade do mesmo (art. 5.º, n.º 2 da Lei n.º 28/98)[192], o mesmo sucedendo com o contrato de trabalho em funções públicas, em que o art. 92.º, n.º 3 da Lei n.º 59/2008, de 11 de Setembro, prevê que a celebração ou a renovação do contrato a termo em violação do disposto no referido diploma (nomeadamente a exigência de forma escrita) implica a sua nulidade, sem prejuízo de o contrato produzir plenamente os seus efeitos durante o tempo em que tenha estado em execução[193].

Seja como for, melhor teria sido, como se vê, que o legislador tivesse dado uma resposta clara a esta questão, evitando deixar essa tarefa para os tribunais e para a doutrina.

Um outro problema que surge na interpretação do regime do contrato a termo plasmado na Lei n.º 4/2008 prende-se com a questão de saber o que é que acontece ao contrato a termo, certo ou incerto, quando, decorrido o período de tempo nele estipulado ou verificado o motivo que levou à sua celebração e do qual estava dependente o termo, o artista continua a prestar a sua actividade[194]? Ou seja, perante que tipo de

---

[192] Ainda que aqui, embora a lei não o diga directamente, o entendimento, tendo em conta nomeadamente os arts. 5.º, 8.º e 9.º da Lei n.º 28/98, é de que o contrato de trabalho desportivo é sempre um contrato a termo (veja-se Leal Amado, *Vinculação...*, págs. 99 e 100), contrariamente ao que sucede com o contrato do profissional de espectáculos que pode ser a termo ou por tempo indeterminado.

[194] O regime do contrato de trabalho em funções públicas é um regime em que vigora a regra da contratação por tempo indeterminado, prevendo a lei, no entanto, não só que não há em situação alguma lugar à conversão do contrato a termo celebrado em violação do estipulado no regime em contrato por tempo indeterminado, mas também que a celebração do contrato a termo em desconformidade com a lei provoca mesmo a nulidade do contrato, não admitindo sequer que ele vigore como contrato sem termo. Não se pode esquecer, no entanto, que neste tipo de contrato, a sanção para a falta de redução a escrito explica-se essencialmente pelo contexto em que decorre a relação de trabalho em funções públicas e pela qualidade dos seus sujeitos.

[194] Do art. 7.º, n.º 3 surge também a dúvida de saber se poderão as mesmas partes celebrar dois contratos consecutivos, quando o primeiro atingiu o limite máximo de duração de oito anos. Embora nos pareça que a letra da lei o permite, uma vez que apenas impõe o limite dos oito anos para um determinado contrato ("o contrato de trabalho a

situação contratual é que estaremos caso o contrato a termo certo atinja o prazo nele estipulado, sem que as partes tenham estipulado expressamente a sua renovação, ou caso o mesmo tenha atingido, após renovações sucessivas, o limite dos oito anos, se o profissional de espectáculos continuar a exercer as suas funções? E o que é que sucede ao contrato a termo incerto, celebrado para um determinado serviço, tarefa ou actividade, decorrida que seja esta circunstância? Temos as maiores dúvidas sobre esta questão.

A conversão do contrato de trabalho a termo em contrato por tempo indeterminado ao abrigo do regime geral, nos termos do art. 147.º, n.º 2 do CT, é uma solução natural quando a opção legislativa é a de favorecer e promover a contratação por tempo indeterminado, relegando apenas para situações excepcionais a celebração de contratos a termo. É natural, nestas circunstâncias, que a falta de formalidades, a ultrapassagem do prazo de duração máxima do contrato ou a manutenção do trabalhador no seu posto de trabalho para lá do prazo estipulado ou do fim do motivo pelo qual foi contratado resultem na conversão do contrato[195].

A dúvida coloca-se, no entanto, quando a celebração do contrato a termo não aparece como legítima apenas em situações excepcionais, mas aparece, pelo menos aparentemente, em situação de igualdade com o contrato por tempo indeterminado.

Antes de mais, a solução de considerar que o contrato que liga um profissional de espectáculos que se mantém ao serviço não obstante o contrato a termo certo ter atingido a duração máxima prevista na lei ou não obstante não ter sido estipulada a renovação do contrato continua a ser um contrato a termo, viola de forma estrondosa as normas do art. 7.º, n.ºs 2 e 3 da Lei n.º 4/2008, tornando-as inúteis.

Por outro lado, considerar que passa a haver um novo contrato a termo seria permitir na prática o que o legislador quis evitar no papel.

---

termo resolutivo certo") e diz expressamente que em matéria de contratos sucessivos não se aplica o regime do CT, não deixa de ser uma solução estranha, que permite contornar muito facilmente o limite máximo de duração imposto pelo legislador.

[195] Júlio Gomes, "Da fábrica…", pág. 264, considera que se um contrato de trabalho a termo com um profissional de espectáculos, que não contenha uma cláusula que preveja a sua renovação, continuar a ser executado para além do termo, ele transforma-se em contrato sem termo.

Seria, por um lado, aceitar um contrato a termo que não só não foi celebrado com as formalidades obrigatórias previstas na lei (art. 10.º, n.º 2), como que ultrapassa ou pode ultrapassar, na prática, a duração máxima imposta por lei, com a vantagem para o empregador de estar perante dois contratos distintos, com perda de regalias para o trabalhador.

O mesmo se diga do trabalhador com contrato a termo incerto que se mantém no seu posto de trabalho, não obstante a verificação do termo do contrato. Considerar que o contrato a termo incerto se mantém é ignorar de todo a existência de um termo e a qualificação do contrato como sendo a termo. Considerar que passa a existir um novo contrato a termo incerto também não é plausível, uma vez que nenhum termo foi estipulado neste "novo contrato", não podendo aferir-se o momento em que o contrato cessará a produção dos seus efeitos, o que desfigura por completo a figura do contrato a termo incerto.

Daí que nos pareça que a solução da questão suscitada passará necessariamente por outro caminho. Consideramos duas hipóteses. A primeira passa por considerar aplicável ao regime dos profissionais de espectáculos o regime geral do CT; a segunda passa por considerar que, atingido o termo ou o limite máximo de duração do contrato a termo, o mesmo caduca.

Quanto à primeira hipótese, a mesma só é defensável se se sustentar ser a suposta igualdade concedida pela lei ao contrato a termo e ao contrato por tempo indeterminado meramente aparente. Defendendo isso, poderá justificar-se aplicar a regra do regime comum da conversão do contrato a termo em contrato por tempo indeterminado, ultrapassado que está, neste caso, o problema do cumprimento da redução a escrito do contrato.

Já a segunda hipótese, nomeadamente se se considerar injustificada e inadequada a aplicação do regime geral do CT, e em consonância com o que já foi exposto a propósito da falta de redução a escrito do contrato a termo e do contrato por tempo indeterminado, passa por considerar que, atingido o termo ou o limite máximo de duração do contrato a termo, o contrato caduca, passando a existir, daí em diante, um contrato nulo. Ou seja, não se aceitando a conversão, atingido que está o termo, deixa o contrato a termo de subsistir, caducando, por não haver novo termo que permita qualificar o contrato de contrato a termo. E neste caso, continuando, não obstante a caducidade do contrato, o profissional de espectáculos a prestar actividade para a entidade promotora, a mesma está a decorrer sem que haja contrato escrito, o que nos leva, quanto ao vínculo existente após o termo, às conclusões chegadas relativamente à falta de redução a escrito dos contratos, ou seja, à sanção da nulidade[196].

Esta solução não deixa, contudo, de ser criticável. Considerar que o que existe a partir do momento em que o contrato a termo caduca é um contrato nulo, permite abusos por parte do empregador, tendo em conta que, na grande maioria dos casos, quem sai beneficiado com a nulidade do contrato é ele, que passa a estar numa situação privilegiada face ao artista, passando a dispor de uma forma rápida e eficaz de fazer cessar o vínculo laboral. No entanto, também aqui será possível, em circunstâncias excepcionais, invocar a existência de um abuso de direito por parte do empregador, bem como o profissional de espectáculos reclamar uma indemnização, nos termos já expostos a propósito da falta de redução a escrito do contrato por tempo indeterminado.

De novo surge o problema da existência de uma presunção legal na Lei n.º 4/2008 que se coaduna mal com o entendimento de que estamos perante um contrato nulo com a caducidade do contrato a termo. Havendo uma presunção legal que permite que através da prova de determinados pressupostos se presuma a existência de um contrato de trabalho, a circunstância de considerar o contrato nulo por falta de forma reduz e muito o âmbito de aplicação da presunção.

Dito isto, fica a dúvida quanto à melhor via a adoptar nesta matéria e a sensação de que o legislador ao regular o contrato a termo suscitou mais problemas do que aqueles que pretendeu resolver.

Ainda no que respeita à forma dos contratos e, mais concretamente, à exigência da forma escrita, aditou a Lei n.º 105/2009 um novo artigo

---

[196] Esta seria, de resto, uma solução semelhante à que encontramos no regime do contrato de trabalho em funções públicas, regulado pela Lei n.º 59/2008, que prevê, no art. 92.º, n.º 2, que o contrato a termo resolutivo não se converte nunca em contrato por tempo indeterminado, caducando no caso de atingir o prazo máximo previsto na lei ou quando se deixe de verificar a situação que justificou a sua celebração, no caso de contrato a termo incerto.

O referido diploma não esclarece qual a situação do trabalhador contratado em funções públicas quando, após a caducidade do contrato, se mantém a trabalhar. Parece, contudo, poder retirar-se do n.º 3 do mesmo artigo, que prevê que a celebração ou a renovação do contrato a termo em violação do disposto no diploma implica a sua nulidade, sem prejuízo de produzir plenamente os seus efeitos durante o tempo em que tenha estado em execução, a conclusão de que o que vincula o trabalhador à entidade empregadora pública passa a ser, a partir do momento da caducidade do contrato, um contrato nulo.

à Lei n.º 4/2008, o art. 10.º-A, que veio permitir, à semelhança, de resto, do que sucedeu com o contrato a termo previsto no CT, a celebração de contratos de trabalho de muito curta duração sem que seja necessário reduzi-los a escrito[197].

Assim, não está sujeito a forma escrita o contrato de trabalho a termo resolutivo celebrado entre a entidade produtora ou organizadora de espectáculos e o artista cuja duração não seja superior a uma semana, desde que, no ano civil em questão, a duração total de contratos de trabalho a termo com a mesma entidade produtora ou organizadora não tenha ainda excedido sessenta dias de trabalho[198].

A lei não é totalmente clara no sentido de esclarecer se o limite da duração total tem em consideração quaisquer contratos de trabalho de muito curta duração celebrados com uma determinada entidade produtora ou organizadora, independentemente de serem com o mesmo ou com trabalhadores distintos, assim como também não é esclarecedora quanto a saber se naquela contagem entram só os contratos que não sejam efectivamente reduzidos a escrito ou todos os que tenham duração inferior a uma semana, mesmo que celebrados por escrito.

Articulando o n.º 2 com o n.º 3 do art. 10.º-A, que prevê que a violação das regras constantes dos n.ºs 1 e 2 faz com que o contrato se considere celebrado pelo prazo de seis meses, contando-se para a duração do mesmo a duração de contratos anteriores celebrados ao abrigo do mesmo art. 10.º-A, depreende-se que a limitação dos sessenta dias é para os contratos de muito curta duração celebrados sempre com o mesmo trabalhador. Ou seja, o facto de o contrato celebrado com um determinado trabalhador ser considerado de duração de seis meses, contabilizando-se para tal a duração de contratos anteriores, só faz sentido, no nosso entender, se o limite máximo dos sessenta dias de trabalho previsto no n.º 2 for referente apenas a esse mesmo trabalhador[199].

---

[197] O conteúdo do artigo 10.º-A, à excepção do seu âmbito de aplicação, é em tudo igual ao art. 142.º do CT, que constitui uma novidade do novo código, mas que se aplica apenas ao contrato de trabalho em actividade sazonal ou para realização de evento turístico.

[198] Sessenta dias de trabalho e não de calendário.

[199] No mesmo sentido, ainda que referindo-se ao art. 142.º do CT, Luís Miguel Monteiro e Pedro Madeira de Brito, in AAVV, *Código do Trabalho Anotado*, 8.ª Edição, Almedina, Coimbra, 2009, pág. 390, consideram evidente tratarem-se de contratos celebrados entre o mesmo empregador e o mesmo trabalhador.

De notar, relativamente ao n.º 3, que não é só a ultrapassagem do limite máximo do número de dias de trabalho que faz com que o contrato seja considerado de seis meses; pela letra da lei, o facto de simplesmente a entidade produtora ou organizadora de espectáculos não comunicar a celebração do contrato de muito curta duração ao serviço competente da Segurança Social, com os elementos constantes do n.º 1, tem também a mesma consequência[200].

Já quanto aos contratos que são ou não tidos em conta para a contagem do limite temporal, a redacção da parte final do n.º 3 do mesmo art. 10.º-A leva-nos a pensar que o legislador apenas quis sujeitar ao limite dos sessenta dias os contratos não reduzidos a escrito, que apenas cumprem as formalidades do n.º 1. A lei ao referir que se conta nesse prazo "a duração de contratos anteriores celebrados ao abrigo dos mesmos preceitos", e tendo em conta que, nos termos do disposto no n.º 1, a não redução do contrato a escrito e a sua sujeição apenas às formalidades do art. 10.º-A é uma opção e não uma obrigatoriedade, nada invalida que a entidade produtora ou organizadora queira celebrar o contrato por escrito, dando o mesmo tratamento a esse contrato que daria a qualquer outro contrato a termo. E aí, pensamos nós, já não estaremos perante um contrato celebrado ao abrigo dos preceitos do art. 10.º-A, razão pela qual tal contrato não será tido em consideração para efeitos de contagem dos sessenta dias.

Dispõe o art. 8.º da lei que quando os espectáculos não tenham carácter de continuidade e as partes celebrem um contrato de trabalho por tempo indeterminado, podem as mesmas, na celebração ou já durante a vigência do contrato, acordar em sujeitar o contrato ao regime intermitente, temporária ou definitivamente[201], cumprindo os requisitos formais previstos no art. 10.º, n.º 3[202].

---

[200] O que, se relativamente aos contratos de trabalho dos profissionais de espectáculos não levanta problemas de maior, tendo em conta a abertura existente à celebração de contratos a termo, no que respeita aos contratos a termo celebrados ao abrigo do CT é uma solução que entra em contradição com a ideia de que a duração do contrato não deve ser superior à duração da necessidade. Criticando o art. 142.º do CT, Leal Amado, *Contrato...*, pág. 104.

[201] Não obstante as partes terem acordado em sujeitar definitivamente o contrato de trabalho ao exercício intermitente da prestação de trabalho, nada invalida que possam posteriormente acordar submetê-lo a tal regime com carácter meramente temporário.

A introdução da possibilidade de exercício da prestação de trabalho com carácter intermitente constituiu uma inovação na legislação portuguesa, que, a nosso ver, procurou ultrapassar um dos obstáculos à contratação por tempo indeterminado no sector dos espectáculos[203]. A maioria das actividades artísticas caracteriza-se por ciclos de trabalho aos quais se seguem períodos, mais ou menos longos, de inactividade, razão pela qual as entidades produtoras ou organizadoras de espectáculos se mostraram sempre renitentes na celebração de contratos duradouros.

No entanto, e independentemente dos resultados práticos que serão conseguidos com esta lei, se por um lado se procurou salvaguardar a segurança e a estabilidade no emprego dos profissionais de espectáculos, por outro retirou-se parte da estabilidade já adquirida por alguns, ao permitir que o exercício da prestação de trabalho com carácter intermitente seja acordado já no decorrer da relação laboral, opção legislativa que, de resto, causou uma reacção negativa por parte dos profissionais de espectáculos.

Neste regime de trabalho intermitente considera-se como tempo de trabalho efectivo o tempo da preparação, da promoção e da duração dos espectáculos públicos e o tempo gasto em deslocação, quando se trate de espectáculos itinerantes, conforme art. 8.º, n.º 3. Já o tempo de não trabalho, para efeitos de aplicação deste regime, corresponde aos períodos de inactividade do trabalhador.

O conteúdo do n.º 3 do art. 8.º, embora à partida possa parecer semelhante ao do art. 12.º, tem um campo de aplicação distinto. Enquanto

---

[202] Já muito recentemente, com o novo CT, foi introduzida esta forma de prestação laboral no referido código, para os contratos de trabalho do regime comum, ainda que não aplicável indistintamente a todas as empresas (arts. 157.º e ss.). Veio agora o CT permitir que em empresas que exerçam actividade com carácter de descontinuidade ou intensidade variável, o empregador possa acordar com o trabalhador sujeitar o contrato de trabalho por tempo indeterminado ao regime do trabalho intermitente, ou seja, em que períodos de prestação de trabalho são intercalados por um ou mais períodos de inactividade. Não esclarece o CT, contrariamente à Lei n.º 4/2008, se admite o acordo das partes no sentido de sujeitarem o contrato, já em execução, ao regime da intermitência. No sentido de admitir a possibilidade de acordo em momento posterior à celebração do contrato, Leal Amado, *Contrato...*, págs. 143 e 144, nota de rodapé n.º 183.

[203] Em termos práticos, no entanto, poderá a solução legal não surtir os efeitos pretendidos, uma vez que podendo as partes celebrar livremente contratos a termo, a maior facilidade que a entidade empregadora tem em fazer cessar o contrato representará sempre um incentivo para a celebração deste tipo de contratos.

que nos termos do art. 12.º se pretende definir o que é tempo de trabalho num momento em que a relação laboral está activa, num momento em que a relação laboral está a ser executada com normalidade, quer se esteja perante um contrato de trabalho não sujeito ao regime da intermitência, quer se esteja num período de actividade de um contrato de trabalho sujeito ao regime da intermitência, nos termos do art. 8.º, n.º 3, ao definir-se tempo de trabalho efectivo, pretende-se fazer o confronto e a distinção entre período de actividade e período de inactividade no âmbito do regime da intermitência.

Contrariamente à solução que veio a ser adoptada pelo CT, não existe, quanto ao contrato por tempo indeterminado celebrado com o profissional de espectáculos, uma duração mínima legalmente fixada para o período de actividade, cabendo às partes, no momento da celebração do acordo para o exercício intermitente, estipular os períodos mínimos de trabalho efectivo[204]. De resto, da redacção da lei (art. 10.º, n.º 3) não parece necessário concretizar mais do que os ditos períodos mínimos de trabalho efectivo e o período temporal a que respeita a intermitência, que terá interesse apenas no caso em que o exercício da intermitência da prestação de trabalho é temporário. Quanto à definição em concreto dos períodos de trabalho efectivo, tanto no que respeita à sua duração como à sua localização no tempo, parece decorrer da lei poderem as partes estipular no acordo ou deixar na disponibilidade do empregador essa tarefa.

Durante o período de inactividade tem o trabalhador direito a receber uma percentagem da retribuição normal correspondente ao último período de trabalho efectivo como compensação retributiva, variável em função da possibilidade ou não de o trabalhador exercer outra actividade (no mínimo de 30% ou 50%, consoante o caso), e os complementos retributivos, como sejam os subsídios de férias e de Natal[205], mantendo-se

---

[204] Prevê o art. 159.º, n.º 2 do CT que a prestação de trabalho, ou seja, o período de actividade, não pode ser inferior a seis meses a tempo completo, dos quais quatro devem ser consecutivos, devendo as partes indicar logo no momento em que contratualizam o número anual de horas de trabalho ou o número anual de dias de trabalho a tempo completo.

[205] Também aqui a solução da Lei n.º 4/2008 é diferente daquela que veio a ser consagrada no CT (art. 160.º); nesta, para além de o valor legal da compensação retributiva

durante este período todos os direitos e obrigações que não pressuponham a prestação efectiva de trabalho (n.os 5 e 6 do art. 8.º).

Estando o trabalhador no período de inactividade e não estando definidos no contrato de trabalho ou por acordo os termos em que o trabalhador deve regressar ao trabalho, o empregador tem de convocar o trabalhador com um mínimo de trinta dias de antecedência. Regulando o contrato de trabalho ou o acordo essa matéria, nada obsta, a nosso ver, a que as partes estipulem um prazo inferior.

Prevê ainda o art. 8.º, no n.º 7, duas obrigações a cargo do empregador durante o período de inactividade: a obrigação de pagar pontualmente a compensação retributiva, com a periodicidade observada no período de tempo de trabalho efectivo ou acordada e a obrigação de não admitir novos trabalhadores ou não renovar contratos para actividades artísticas que sejam susceptíveis de ser desempenhadas pelo trabalhador em situação de inactividade.

Compreende-se a bondade desta segunda obrigação, que visa essencialmente que num caso em que o trabalhador em situação de inactividade tem aptidão suficiente e tem um perfil adequado para uma determinada actividade ele seja colocado em situação de tempo de trabalho efectivo, podendo não só receber na totalidade a sua retribuição, mas sobretudo podendo trabalhar e consequentemente realizar-se profissionalmente, ao invés de se estar a contratar alguém ou a renovar um contrato temporalmente limitado. É uma solução construída um pouco à imagem da obrigação de dar preferência ao trabalhador contratado a termo na celebração de contrato sem termo (art. 145.º do CT).

Acontece, porém, que esta solução poderá não ser tão linear e pacífica como aparenta. Basta pensar no caso em que os períodos de inactividade estão previamente definidos. Ainda que se possa aceitar que, se da parte do trabalhador não houver oposição, o empregador tem de abrir mão do período de inactividade previamente acordado e colocar o trabalhador a prestar actividade, entende-se mal que o empregador esteja

---

ser inferior (20%), o valor dos subsídios de férias e de Natal são calculados, não com base no valor da retribuição correspondente ao último período de trabalho efectivo, mas com base na média dos valores de retribuições e compensações retributivas auferidas pelo trabalhador nos últimos doze meses.

inibido de contratar outra pessoa ou de renovar um contrato a termo no caso de o trabalhador em situação de inactividade não querer regressar ao trabalho enquanto durar o período de inactividade previamente estipulado, ou simplesmente não puder, por estar a exercer outra actividade. Parece-nos que pelo menos neste caso em que é o trabalhador quem não quer ou não pode reiniciar a actividade deve ser permitido ao empregador celebrar um novo contrato ou renovar um contrato a termo já existente.

Quanto aos requisitos formais da celebração do acordo para o exercício intermitente da prestação de trabalho, como dissemos, constam os mesmos do art. 10.º, n.º 3 da lei. Embora a lei não o diga expressamente, resulta claro da sua redacção estar o mesmo sujeito à forma escrita. Não tendo o acordo sido reduzido a escrito, deverá o regime da intermitência acordado ficar sem efeito, vigorando o contrato por tempo indeterminado sem qualquer limitação[206].

No art. 9.º prevê-se a possibilidade de a entidade produtora ou organizadora celebrar o contrato de trabalho com uma pluralidade de trabalhadores para a prestação de uma actividade artística em grupo, contrato esse que pode ser celebrado com todos os trabalhadores individualmente ou com um representante comum, que é designado como chefe do grupo[207].

---

[206] De resto, esta é a solução expressa do CT, quando no art. 158.º, n.º 2 dispõe que não tendo sido observada a forma escrita o contrato se considera celebrado sem período de inactividade.

[207] Também a lei francesa, no seu art. L7121-7 do *Code du Travail*, prevê a possibilidade de o contrato de trabalho ser comum a vários artistas, quando diga respeito a artistas que actuem no mesmo número ou a músicos pertencentes à mesma orquestra. Nestes casos, diz a lei, o contrato tem de mencionar todos os membros do grupo e discriminar o salário a pagar a cada um deles. Quanto ao contrato propriamente dito, ele pode ser assinado por apenas um dos artistas, desde que esse artista tenha recebido procuração escrita de cada um dos artistas indicados no contrato.

Refere Roland Debonne-Penet, "Le statut...", pág. 20, que o contrato colectivo deve limitar-se aos casos de grupos que constituam uma unidade artística indissociável no plano da execução técnica do número. Dá conta ainda o autor das dificuldades que advêm deste tipo de contrato para a entidade promotora do espectáculo, quando esta deixa de poder contar com um dos elementos do grupo, uma vez que, não obstante o grupo ficar com um elemento a menos, a entidade promotora continua a estar ligada e obrigada, com um vínculo laboral próprio, a cada um dos outros membros do grupo, salvo cláusula expressa prevista no contrato. Já uma substituição que venha a haver do membro do

O contrato de trabalho de grupo pode ser um contrato por tempo indeterminado ou a termo, certo ou incerto, podendo aquele ser celebrado em regime de intermitência[208].

O sector dos espectáculos será eventualmente dos sectores mais propícios e no qual mais se justifica a celebração deste tipo de contrato, dependendo muitas vezes o sucesso do espectáculo da articulação de um grupo de trabalhadores, sendo que à entidade promotora apenas interessa a contratação dos trabalhadores individualmente considerados se integrados no grupo, pois apenas este considerado na sua globalidade é que poderá dar ao empregador o resultado que ele pretende (veja-se o caso de um corpo de ballet, de uma orquestra ou de um grupo musical).

Com a celebração do contrato com uma pluralidade de trabalhadores, não obstante ser só um contrato de trabalho, os vínculos laborais são tantos quantos os trabalhadores que integram o grupo. Resolve o legislador no âmbito desta lei e relativamente ao contrato celebrado com pluralidade de trabalhadores uma dúvida existente no âmbito do Código do Trabalho na matéria referente à pluralidade de empregadores, prevista no art. 101.º, e que se prende com a questão de saber se neste tipo de contrato existe apenas um vínculo laboral, não obstante serem vários os empregadores, ou se existem tantos vínculos quantos os empregadores[209]. No entanto, como

---

grupo que saiu não estará já integrada e sujeita aos termos do contrato colectivo, podendo o substituto, no contrato individual de trabalho que celebre, exigir condições diferentes das aplicáveis ao artista substituído.

[208] Embora a lei estipule no art. 9.º, n.º 4 que "o contrato de trabalho com pluralidade de trabalhadores pode ser celebrado por tempo indeterminado, a termo certo ou incerto ou em regime de intermitência", estamos em crer que quando se refere ao regime de intermitência o encara e o admite nos mesmo termos em que o previu no art. 8.º. Tendo em conta que a redacção daquela norma se manteve a mesma desde a proposta inicial, numa altura em que a proposta previa ainda as três modalidades de contrato de trabalho, alterada a redacção do artigo referente às modalidades de contratos, não cuidou o legislador de alterar o n.º 4 do art. 9.º.

[209] Embora não seja totalmente claro, a letra da lei sugere a existência de apenas um vínculo laboral no caso de contrato celebrado com pluralidade de empregadores, pois, à parte a responsabilidade de todos pelo cumprimento das obrigações decorrentes do contrato e pelo pagamento de coima que venha a ser aplicada por violação dos pressupostos e das formalidades da celebração do contrato, diz a lei centralizarem-se apenas num empregador o cumprimento dos deveres e o exercício dos direitos emergentes do contrato de trabalho, nomeadamente o poder de direcção e o poder disciplinar.

nota Júlio Gomes, no caso do art. 9.º da Lei n.º 4/2008 a existência de tantos vínculos quanto o número de trabalhadores que forma o grupo permite concluir "que não se trata de um genuíno contrato de trabalho de grupo (...), mas tão-só de um contrato de trabalho em grupo"[210].

Esclarecendo a lei serem vários os vínculos laborais estabelecidos entre a entidade produtora ou organizadora e os artistas, tantos quanto o número de trabalhadores sujeitos do contrato (daí que mesmo que o contrato seja outorgado pelo chefe do grupo, terá sempre de ter a indicação individualizada de todos os trabalhadores), já se compreende poderem ser o poder de direcção e o poder disciplinar exercidos autonomamente relativamente a cada um dos trabalhadores[211-212].

---

[210] "Da fábrica...", pág. 266. De resto, a solução portuguesa é bem diferente da espanhola, em que, celebrado um contrato de grupo, o empresário "no tendrá frente a cada uno de sus miembros los derechos y deberes que como tal le competen". O chefe de grupo, escolhido entre todos os seus membros e, como tal, ele mesmo trabalhador, é que representará os membros que integram o grupo, "respondiendo de las obliagaciones inherentes a dicha representación" (art. 10.2 do ET). Como refere Alzaga Ruiz, "El contrato de grupo de artistas en espectáculos públicos", *Revista Jurídica de Deporte y Entretenimiento*, Año 2006 – 1, n.º 16, Thomson Arazandi, 2006, pág. 142, no contrato de grupo o empresário contrata um grupo de artistas no seu conjunto, estabelecendo uma só relação jurídica, que liga todo o grupo, e não uma pluralidade de relações com cada um dos seus elementos, salvo se tiver sido acordado o contrário, caso em que, no entanto, já não estaremos perante um contrato de grupo.

[211] Rosário Palma Ramalho, *Direito...*, *Parte II...*, pág. 332, justifica ser o surgimento de tantos vínculos laborais quantos os membros do grupo um aspecto inerente à subordinação jurídica, "que só pode reportar-se a uma pessoa singular".

[212] Alzaga Ruiz, "El contrato...", pág. 147 e ss., dá-nos conta da realidade espanhola. Desde logo, refere que a relação existente entre o chefe do grupo e cada um dos seus membros à partida não é laboral, salvo quando as características próprias desse tipo de relação existam no caso concreto. Quanto ao poder de direcção, quem o exerce frente a cada um dos elementos do grupo é o chefe, exercendo o empresário o seu poder directivo frente ao grupo considerado no seu todo. Também relativamente ao poder disciplinar, o organizador do espectáculo não o exerce relativamente a cada trabalhador individualmente considerado, mas apenas frente ao grupo em si, originando as infracções uma responsabilidade colectiva, sem prejuízo de posterior apuramento interno de responsabilidades entre os vários membros do grupo, na forma em que tiverem acordado no momento em que se constituíram como tal. Já quanto à questão de saber se o abandono ou a substituição de um membro do grupo precisa do acordo das partes, embora, segundo a autora, o ET incline-se para a liberdade de alteração dos membros do grupo, o que é certo é que em muitos contratos, nomeadamente em numerosos contratos artísticos, a celebração do contrato tem como fundamento as especiais condições pessoais e individuais dos

De resto, se relativamente ao poder de direcção se consegue conceber a hipótese de o mesmo se concretizar na figura de um representante do grupo ou do grupo no seu todo (nomeadamente na fixação do horário, na determinação do local de trabalho, na emissão de determinadas ordens, podendo, inclusive, aceitar-se que possa o empregador invocar, recorrendo às regras civilísticas, a falta de cumprimento ou o cumprimento defeituoso do contrato pela inobservância ou desrespeito dessas ordens), quanto ao poder disciplinar, tendo em consideração os elementos que o constituem, nomeadamente a culpa, não parece defensável a hipótese de ele ser exercido contra todo o grupo, independentemente do sujeito que praticou a infracção. Dependendo o cometimento de uma infracção de um comportamento ilícito e culposo do trabalhador e devendo o critério de decisão e aplicação da sanção disciplinar ser aferido em função da gravidade da infracção e da culpabilidade do infractor (art. 330.º, n.º 1 do CT), mesmo que se admitisse o uso do poder disciplinar contra uma colectividade de pessoas, apenas em situações muito contadas conseguir-se-ia observar os critérios legais.

Precisamente por serem vários os vínculos laborais e por poder o poder disciplinar ser exercido contra cada um dos trabalhadores é que pode acontecer ser aplicada uma sanção disciplinar de despedimento contra apenas um dos membros do grupo. Neste caso, conforme o n.º 7 do art. 9.º, a impossibilidade de prestação de trabalho por parte de um dos trabalhadores não implica a extinção do contrato relativamente aos restantes,

---

membros que integram o grupo. E acrescenta: "en este supuesto, es claro que no puede resultar indiferente al organizador del espectáculo público que sea uno u outro el artista interviniente, puesto que el êxito del evento dependerá en gran medida de las dotes artísticas del trabajador, así como de las modas del momento o de los gustos o preferências del público". Neste caso, o organizador do espectáculo público pode exigir do grupo a realização da prestação nos termos em que se obrigou, sob pena de poder resolver o vínculo contratual, invocando a cláusula *rebus sic stantibus*.

Também Eva Garrido Pérez, "Trabajo autónomo y trabajo subordinado en los artistas en espectáculos públicos", *Trabajo subordinado y trabajo autónomo en la delimitación de fronteras del derecho del trabajo – Estudios en homenaje al Profesor José Cabrera Bazán*, coordenado por Jésus Cruz Villalón, Tecnos, Madrid, 1999, pág. 344, diz que o carácter pessoalíssimo da prestação característica do contrato de trabalho justifica que possa o empregador impedir a substituição de algum ou de alguns dos membros do grupo sem que tenha conhecimento e/ou dê autorização para tal.

salvo se a actividade não puder continuar sem esse elemento. De resto, esta solução é aplicável a todos os casos em que, por qualquer motivo, um dos membros do grupo deixa de poder continuar a prestar actividade.

Já quanto à ocorrência do termo, no caso de contrato com pluralidade de trabalhadores celebrado a termo, diz o n.º 6 do mesmo artigo que quando o mesmo se verifica, todos os vínculos laborais consideram-se cessados. Não carecia a lei de fazer esta especificação, uma vez que existindo apenas um contrato de trabalho, o termo será apenas um e vinculará, necessariamente, todos os sujeitos do contrato.

Relativamente à retribuição, podem ser acordados diferentes montantes a pagar aos vários trabalhadores, devendo essa menção constar do contrato de trabalho[213], que deverá igualmente fixar o regime (expressão demasiado vaga) de cada um dos trabalhadores (art. 10.º, n.º 5). Esta norma é mais uma que se justifica pela multiplicidade de vínculos laborais existentes neste tipo de contrato.

Tendo em conta o art. 9.º e o n.º 5 do art. 10.º, conclui-se reduzir-se a pouco a especialidade do contrato com pluralidade de trabalhadores: às formalidades necessárias para a contratação, aos efeitos que a verificação do termo produz em todos os vínculos laborais e às situações, que não serão a regra, em que a impossibilidade de prestação de trabalho por parte de algum trabalhador impossibilite a continuação da actividade e faça, consequentemente, cessar o contrato de trabalho com todos os trabalhadores.

No que respeita aos direitos e aos deveres dos artistas de espectáculos, são aplicáveis, desde logo, os direitos e deveres previstos no CT para todos os trabalhadores em geral. Entendeu o legislador, no entanto, que havia necessidade de particularizar alguns que, de forma mais acentuada, se fazem sentir na relação laboral estabelecida entre os profissionais de espectáculos e as entidades produtoras ou organizadoras de espectáculos. Não que qualquer um dos direitos e deveres previstos no art. 11.º não resultasse já das regras gerais; decerto que sim, ainda que uns de forma mais expressiva que outros. No entanto, quando aplicáveis

---

[213] Já no ordenamento jurídico espanhol, o salário é pago ao grupo enquanto tal, distribuindo-o os seus membros entre si da forma que tiverem acordado.

ao sector do espectáculo, os mesmos assumem uma importância e contornos mais visíveis do que nas relações laborais comuns.

Assim, para além do especial dever de diligência que recai sobre o profissional de espectáculos no que respeita à realização e à organização do espectáculo público (n.º 1) e do dever de o empregador respeitar a autonomia da direcção, supervisão e realização artísticas do espectáculo (n.º 4), são de salientar os deveres previstos nos n.ºs 2, 3 e 5 do art. 11.º, aqueles por que assumem particular relevância no sector dos espectáculos, este por ter, quanto a nós, um alcance prático inferior ao dever de exclusividade estipulado no âmbito de um contrato de trabalho comum.

O primeiro é o especial dever de colaboração que o artista tem de ter com os restantes membros do grupo, quando a actividade for desenvolvida nessa condição. São raras as profissões relativamente às quais a integração do trabalhador no grupo tem uma importância tão grande como no mundo do espectáculo. A má prestação de um dos artistas, a sua falta de pontualidade ou um temperamento que se revele mais hostil, podem não só pôr em causa a boa prestação da actividade por parte do artista, como influenciar negativamente a prestação dos seus companheiros. Daí que seja compreensível que o legislador tenha querido deixar bem expresso este especial dever que recai sobre o profissional de espectáculos[214].

Também no que se refere ao dever de ocupação efectiva, hoje plasmado no art. 129.º, al. b) do CT, que proíbe ao empregador opor-se, sem justificação, à prestação efectiva de trabalho pelo trabalhador[215], o mes-

---

[214] De resto, parece-nos que a forma como será valorado um determinado comportamento praticado em violação do dever de colaboração com colegas de trabalho será diferente consoante a actividade seja desenvolvida em grupo ou fora desse contexto, tendo a infracção uma gravidade maior no primeiro caso.

[215] Durante muito tempo e antes do aparecimento do CT2003, discutia-se sobre a existência de um especial dever de ocupação efectiva a cargo da entidade empregadora (a que correspondia o inerente direito do trabalhador). Questionava-se se bastava ao empregador, para cumprimento do contrato de trabalho, o mero pagamento atempado da retribuição ou se, mais do que isso, lhe era exigido ocupar o trabalhador, permitindo-lhe executar efectivamente as funções para as quais fora contratado. Com o CT2003, a legislação portuguesa passou a prever expressamente a proibição de o empregador obstar, injustificadamente, à prestação efectiva de trabalho (agora art. 129.º, al. b) do CT), podendo, inclusive, a violação desse dever por parte do empregador justificar a resolução do contrato de trabalho pelo trabalhador com justa causa e o ressarcimento de danos que haja sofrido. Sobre a resposta dada pela doutrina e pela jurisprudência à dúvida sobre

mo assume no sector dos espectáculos uma particular relevância para a qualificação pessoal e profissional, para a experiência e para a formação do artista[216]. Como refere Jorge Leite, "a notoriedade, o prestígio, o "público" que os executantes de certas profissões podem alcançar constituem, frequentemente, um factor de aumento da sua «cotação no respectivo mercado»"[217]. A propósito do praticante desportivo, refere Leal Amado que o mesmo "precisa de se exibir, necessita de competir, sob pena de cair no esquecimento e/ou de ver desvalorizada a sua cotação no respectivo mercado de trabalho. O praticante desportivo é o principal intérprete de um espectáculo, o espectáculo desportivo, que é alimentado pelo público – e o público, esse, ama quem vê". Parece-nos que estas mesmas conclusões podem ser retiradas, com as necessárias adaptações, para o caso dos profissionais de espectáculos[218].

---

a existência de um direito/dever de ocupação efectiva antes da entrada em vigor do CT2003, veja-se, entre outros Jorge Leite, "Direito de exercício da actividade profissional no âmbito do contrato de trabalho", *Revista do Ministério Público*, Julho-Setembro de 1991, Editorial Minerva, Lisboa, 1991, págs. 9 e ss., Furtado Martins, "A relevância dos elementos pessoais na situação jurídica de trabalho subordinado – Considerações em torno de uma manifestação típica: o dever de ocupação efectiva", *Revista do Ministério Público*, Julho-Setembro de 1991, Editorial Minerva, Lisboa, 1991, págs. 35 e ss., Romano Martinez, *Direito...*, págs. 514 e ss., acórdão do TRL, de 09/03/2006, acórdão do STJ, de 02/05/2007, acórdão do TRL, de 09/05/2007 e acórdão do TRP, de 16/05/2007, todos em *www.dgsi.pt*.

[216] Neste sentido, Monteiro Fernandes, *Direito...*, pág. 294 e Leal Amado, *Vinculação...*, nota de rodapé n.º 456, pág. 267. Fazendo referência ao gradual reconhecimento pela doutrina tradicional do direito à ocupação efectiva, em especial e desde cedo, relativamente aos artistas de espectáculos, Júlio Gomes, *Direito...*, pág. 553.

[217] "Direito de exercício...", pág. 17.

[218] *Vinculação...*, pág. 267. Como refere ainda o autor, numa realidade que pode ser também transposta para a da relação laboral dos profissionais de espectáculos, se por um lado o legislador consagrou o dever de ocupação efectiva, na medida em que deixou claro não poder o empregador limitar-se ao pagamento da retribuição devida ao praticante, por outro rejeitou o dever de ocupação efectiva, na medida em que este não se estende à competição propriamente dita (art. 12.º, al. a) da Lei n.º 28/98). Relativamente ao regime do contrato de trabalho dos profissionais de espectáculos sucedeu o mesmo: se por um lado ficou expressa a proibição de a entidade produtora ou organizadora não integrar, injustificadamente, o artista nos ensaios e nas demais actividades preparatórias do espectáculo público, por outro, não há qualquer obrigação de a entidade empregadora o fazer participar nos espectáculos públicos propriamente ditos, que são, obviamente, o principal veículo para a aquisição da notoriedade e do prestígio tão almejados pelos profissionais de espectáculos.

Prevê o art. 11.º, no n.º 5, a possibilidade de as partes acordarem, por escrito, a realização da prestação de trabalho pelo artista em regime de exclusividade, sendo-lhe fixada, consequentemente, uma compensação adequada. Esta possibilidade de sujeitar a relação laboral a um regime de exclusividade não é uma especificidade deste tipo de contrato, nem mesmo, em bom rigor, a necessidade de o empregador pagar uma compensação, uma vez que, embora não resulte expressamente da legislação laboral o dever de pagamento, o entendimento generalizado tem sido nesse sentido (sendo certo que é sempre preferível a clarificação da lei nestas matérias).

O que nos parece particularmente significativo em matéria de exclusividade no âmbito de um contrato de trabalho celebrado com um profissional de espectáculos é que, mesmo não estando acordado ficar o trabalhador sujeito ao dever de exclusividade, pode em termos práticos ficar (sem que tenha qualquer compensação por isso), atendendo ao dever de lealdade e, mais concretamente, ao dever de não concorrência que decorre do art. 128.º, n.º 1, al. f) do CT e a que o artista está vinculado.

O problema coloca-se relativamente a todo o contrato de trabalho sujeito à Lei n.º 4/2008, mas com especial acuidade relativamente aos contratos de trabalho em que a actividade é prestada em regime de intermitência e em que o trabalhador está autorizado a exercer outras actividades nos períodos de inactividade. Neste caso, a questão é particularmente sensível, uma vez que o trabalhador não está a trabalhar, não está a receber a totalidade do salário e, mais ainda, está, em princípio, a receber uma compensação retributiva inferior àquela que receberia se não pudesse prestar outras actividades durante o período de inactividade, quando, porventura, em decorrência do dever de lealdade, se encontra na prática igualmente inibido de exercer a maioria delas (senão todas).

Assim, não só o dever de não concorrência, embora legal, já de si constitui uma limitação à liberdade de o trabalhador prestar actividade para outras pessoas ou entidades, como o mesmo tem, relativamente aos profissionais de espectáculos, uma amplitude e um impacto maior do que o que porventura tem relativamente a outros trabalhadores. É que no que respeita aos profissionais de espectáculos, as entidades para as quais esta classe de trabalhadores presta actividade são, quase sempre, concorrentes entre si, pertencentes ao mesmo sector, ao sector dos espectáculos. Acresce ainda que a publicidade que um espectáculo adquire, e que muitas vezes se estende para além do espaço geográfico onde o mesmo se realiza, bem como a notoriedade dos artistas, que são, não raras vezes, figuras de revistas, de televisão, de cartazes ou de rádio, faz com que a amplitude do dever de não concorrência seja mais alargada do que noutra actividade.

Por estas razões, não nos chocaria, no que concerne especificamente à prestação de trabalho em regime de intermitência, que, durante o período de inactividade, caso o trabalhador esteja autorizado a exercer outras actividades, se considerasse não ser aplicável o dever de não concorrência do art. 128.º, n.º 1, al. f) do CT. Esta é, no entanto, uma observação que para já carece de apoio legal. O que parece certo é que, de facto, um regime de exclusividade que à partida está sujeito a acordo escrito entre as partes pode, na prática, no sector dos espectáculos, decorrer, independentemente desse acordo, pelo estrito cumprimento dos deveres laborais.

Quanto à duração e à organização do tempo de trabalho, consagra a lei cinco artigos. De realçar: a previsão expressa de poderem ser os dias de descanso semanal obrigatório e complementar em dias que não o sábado e o domingo (art. 13.º, n.º 2)[219]; a fixação das horas consideradas como sendo de trabalho nocturno, estipulando o período entre as 0 e as 5 horas, não obstante poder ser definido outro período em instrumento de regulamentação colectiva de trabalho (art. 15.º)[220]; e a possibilidade de as actividades de espectáculos públicos e as actividades de preparação e realização dos referidos espectáculos serem prestadas em dia feriado, sem prejuízo do direito ao descanso compensatório ou ao acréscimo retributivo (art. 16.º)[221].

---

[219] O art. 232.º do CT prevê os casos em que o dia de descanso semanal obrigatório pode deixar de ser o domingo, ressalvando outros casos que possam estar previstos em legislação especial, que é o caso.

[220] Esta norma representa uma clara restrição ao regime geral previsto no art. 223.º do CT, que impõe que a duração do período de trabalho nocturno tenha uma duração mínima de sete horas e uma duração máxima de onze, mesmo que determinada por instrumento de regulamentação colectiva de trabalho.

[221] Norma semelhante à do n.º 2 do art. 269.º do CT, com a vantagem de conceder expressamente autorização à prestação das actividades de espectáculos e às inerentes à sua preparação ou realização em dias feriados e de prever o prazo para gozar o descanso compensatório.

O art. 12.º, por seu turno, esclarece ser considerado tempo de trabalho não só o período de prestação efectiva de trabalho perante o público ou equivalente, mas também todo o tempo que o artista esteja adstrito à realização da sua prestação, como seja a ensaiar, a pesquisar, a estudar, a realizar actividades promocionais e de divulgação ou quaisquer outros trabalhos preparatórios do espectáculo.

Esta será uma matéria em que se adivinha que se venham a colocar muitos problemas na prática, não só porque algumas tarefas, como a de pesquisar e a de estudar, muitas vezes, senão a maioria delas, não são realizadas perante o empregador, o que as torna difíceis de controlar, como porque o tempo que a entidade produtora ou organizadora considera suficiente para a sua realização pode não corresponder, ou diríamos mesmo, tenderá a não corresponder de todo ao tempo que o artista precisa ou pensa que precisa para essas tarefas (sendo certo que esse tempo também não será o mesmo relativamente a todos os artistas, dependendo das aptidões, do rigor, do empenho, da concentração, do preciosismo e da auto-confiança que o trabalhador tenha). No entanto, atentando no disposto no art. 17.º, que prevê que o trabalhador está adstrito à prestação da actividade no local onde se realizam os ensaios ou os espectáculos públicos, admitimos que apenas venha a ser considerado tempo de trabalho aquele que é despendido no local de trabalho, o que não corresponderá, necessariamente, à realidade.

De frisar ainda que todo o regime referente ao tempo de trabalho, previsto nos arts. 12.º a 16.º, juntamente com a norma referente ao local de trabalho, prevista no art. 17.º, se aplica ao pessoal técnico e auxiliar, por força do disposto no art. 1.º, n.º 5 da lei objecto de análise.

Inserindo-se numa política que visa privilegiar a manutenção do emprego, surge o art. 19.º, que prevê a reclassificação do trabalhador, permitindo que os artistas que tenham perdido a aptidão profissional possam, em alternativa à caducidade do contrato, ser incumbidos de funções compatíveis com as suas qualificações profissionais, continuando a trabalhar[222-223].

---

[222] Comentando uma sentença do Tribunal de Cassação francês, que considerou nula a cláusula de uma convenção colectiva que fixava uma idade limite para o pessoal dos corpos de bailado, Jean Savatier, "Quel âge limite pour le personnel d'un corps de

Prevê a disposição que caso o trabalhador perca a aptidão para realizar a actividade artística para que foi contratado, superveniente e definitivamente, por motivos decorrentes das características da actividade[224], deve o empregador, mediante prévio parecer de uma comissão constituída por um representante do empregador, um representante do trabalhador e um representante indicado por acordo das partes, atribuir--lhe outras funções compatíveis com as suas qualificações profissionais, sem perda de retribuição, podendo essas novas funções estar ou não incluídas no objecto do contrato de trabalho. Caso o trabalhador não aceite a reclassificação ou não existam funções compatíveis com as suas, o contrato caduca, tendo o trabalhador direito, excepto no caso em que recusa a reclassificação de forma injustificada, a receber uma compensação correspondente a um mês de retribuição base e diuturnidades por cada ano completo de antiguidade, mas nunca inferior ao correspondente a três meses (art. 19.º, n.os 3 e 4 da Lei n.º 4/2008 e art. 366.º do CT).

Esta norma tem algumas semelhanças com o art. 343.º, al. b) do CT, que se aplicaria, de resto, na sua falta[225]. No entanto, duas diferenças os distinguem.

---

ballet?", *Droit Social*, n.º 4, 1996, pág. 361, defende que o motivo justificativo do despedimento não pode fundar-se na idade legal do trabalhador, mas apenas na evolução das suas aptidões. Mas acrescenta: "s'il faut éviter toute discrimination privant une personne de son emploi par le seul effet de son âge, le réalisme oblige à constater que certains emplois ne conviennent qu'à des jeunes".

[223] Júlio Gomes, "Da fábrica...", pág. 278, questiona se a possibilidade de contratação a termo ao abrigo da Lei n.º 4/2008, com renovações sucessivas e por períodos muito curtos, não retirará sentido útil à norma, uma vez que se o trabalhador for perdendo gradualmente a aptidão, o empregador poderá sempre fazer funcionar um dos muitos termos do contrato antes de o trabalhador a perder inteira e definitivamente.

[224] Ainda que, previsivelmente, a maioria dos casos que se venham a integrar nesta norma estejam associados à idade do artista, a norma não se resume a essas situações. Pense-se no caso de um cantor de ópera, ainda novo, que em decorrência do número de actuações e ensaios vem a perder a voz.

[225] A referência do art. 343.º do CT para a caducidade do contrato de trabalho "nos termos gerais", remete para os arts. 790.º e ss. do CC. Criticando a redacção do art. 8.º do DL n.º 372-A/75, de 16 de Julho, que dizia que "o contrato de trabalho caduca nos casos previstos nos termos gerais de direito, nomeadamente", redacção que substancialmente não difere muito da que hoje encontramos no art. 343.º do CT, Jorge Leite e Coutinho de Almeida, *Colectânea de Leis do Trabalho,* Coimbra Editora, Coimbra, 1985,

Assim, resulta da comparação dos dois preceitos que o art. 343.º, al. b), 1.ª parte do CT tem um âmbito de aplicação muito mais lato que o do art. 19.º do regime jurídico do contrato de trabalho dos profissionais de espectáculos. Enquanto que este abrange apenas os casos de perda de aptidão profissional por motivo decorrente das características da própria actividade, aquele abrange qualquer caso de impossibilidade superveniente de o trabalhador prestar a sua actividade, decorra ou não das características inerentes à actividade contratada, o que permite abranger situações substancialmente diversas da do art. 19.º, como seja a morte do trabalhador ou a perda de carteira profissional. Por outro lado, contrariamente à 1.ª parte da al. b) do art. 343.º do CT, o art. 19.º não exige que a impossibilidade seja absoluta, o que leva a admitir que a mera dificuldade ou onerosidade da prestação do profissional de espectáculos pode justificar a caducidade do contrato[226].

A previsão de um regime específico para os artistas de espectáculos permite ainda dissipar uma dúvida que se coloca a propósito da aplicação da al. b) do art. 343.º do CT e que é a questão de saber se no caso de impossibilidade superveniente, absoluta e definitiva de o trabalhador prestar a sua actividade, tem o empregador obrigação de reclassificar o trabalhador num posto de trabalho disponível, incumbindo-o de tarefas que, ainda que não estejam incluídas no seu objecto de trabalho, são compatíveis com as suas qualificações e aptidões[227]. É uma questão que,

---

pág. 244, consideraram a redacção pouco feliz por não serem os factos previstos nas alíneas exemplos de "casos previstos nos termos gerais de direito", ou seja, nos referidos arts. 790.º e ss. do CC.

[226] Entende-se ser a impossibilidade superveniente quando surge depois da celebração do contrato de trabalho, opondo-se, desde modo, à impossibilidade originária; é definitiva por contraposição à impossibilidade temporária, que implicará antes a suspensão do contrato de trabalho, ainda que neste ponto haja quem considere dever considerar-se a impossibilidade definitiva quando se comprove que a impossibilidade durará por um tempo tal que é inexigível à empresa esperar pela cessação da mesma – veja-se Bernardo Lobo Xavier, *Iniciação...*, págs. 402 e 403; a impossibilidade é absoluta quando for total, não bastando para tal a onerosidade ou o esforço excepcional.

[227] Romano Martinez, *Direito...*, págs. 931 e 932, considera que quando a lei se refere à "impossibilidade superveniente, absoluta e definitiva, de o trabalhador prestar o seu trabalho" está a englobar apenas a actividade para que o trabalhador foi contratado "ou que desempenha ao abrigo da designada «categoria real»", reportando-se, como tal, a impossibilidade absoluta à impossibilidade de prestar as actividades contratualmente

no âmbito do art. 343.º do CT, não é doutrinária nem jurisprudencialmente pacífica, mas que o art. 19.º da Lei n.º 4/2008 resolve. Ao artista que perdeu a aptidão para desempenhar as funções para as quais foi contratado devem ser atribuídas outras funções que sejam compatíveis com as suas qualificações profissionais, "mesmo que não incluídas no objecto do contrato de trabalho".

No entanto, se a inclusão do art. 19.º no regime jurídico do contrato de trabalho dos artistas de espectáculos permite evitar que as situações em que a perda de aptidão se deve ao desgaste da profissão caiam na incerteza da previsão do art. 343.º, al. b) do CT, não foi o legislador suficientemente preciso, subsistindo muitas dúvidas. Não se percebe, em concreto, se a função da comissão é tão só a de dar parecer sobre as novas funções a atribuir ao artista ou se é também a de avaliar a perda superveniente e definitiva de aptidão do artista e, em qualquer das situações, se o parecer é ou não vinculativo, ainda que, pela forma como o artigo está redigido, nos pareça que sim; não são estabelecidas quaisquer regras quanto ao funcionamento da comissão, excepção feita ao número de elementos, nem quanto aos prazos a observar; não esclarece a norma em que é que consiste a recusa injustificada por parte do trabalhador à reclassificação e quem é que faz essa avaliação; nada se diz também quanto à forma como deve ser feita a formação profissional, nomeadamente se segue as normas do CT ou não.

Por fim, o n.º 5 do art. 19.º da Lei n.º 4/2008 refere que a caducidade do contrato nos termos previstos no artigo não prejudica a aplicação de regimes especiais de segurança social, pretendendo abranger não só o já existente regime especial aplicável aos profissionais do bailado clássico ou contemporâneo, previsto no DL n.º 482/99, de 9 de Novembro, mas também outros regimes que possam eventualmente surgir.

---

devidas. Considerando também não ter o empregador obrigação de atribuir ao trabalhador outras funções que não as contratadas, por tal representar uma alteração do contrato, Rosário Palma Ramalho, *Direito...*, *Parte II*, pág. 796, acórdão do STJ, de 19/12/2007, acórdão do TRL, de 23/11/2005 e acórdão do TRP, de 19/01/2004, todos em *www.dgsi.pt*. Em sentido diverso, considerando justificar a boa fé no contrato de trabalho e o dever de respeito pelo trabalhador a sua reclassificação, tendo o empregador possibilidade disso e sendo o trabalhador capaz, ver Júlio Gomes, *Direito...*, págs. 921 e 922, acórdão do TC, n.º 117/2001, de 14/03/2001, *in www.tribunalconstitucional.pt* e acórdão do STJ, de 28/06/95, *in www.dgsi.pt*.

Para além de uma norma referente aos direitos de propriedade intelectual, em que o legislador prevê que os direitos de propriedade intelectual da actividade artística dos trabalhadores de espectáculos públicos se regem pelo Código do Direito de Autor e dos Direitos Conexos, não obstante poderem ser exercidos individualmente quando for essa a vontade expressa dos respectivos titulares (art. 18.º), deixa o legislador no art. 21.º a promessa de legislar em diploma próprio o regime de segurança social aplicável aos trabalhadores artistas.

PARTE III
O REGIME JURÍDICO DA PARTICIPAÇÃO DE MENOR EM ESPECTÁCULOS E OUTRAS ACTIVIDADES

I. A TUTELA DO MENOR NO PLANO INTERNACIONAL

Já atrás tivemos oportunidade de ver alguns instrumentos internacionais que prevêem a protecção dos menores em matéria de trabalho. Vejamos agora algumas normas que se debruçam em especial sobre a participação de menores em actividades ligadas ao espectáculo.

No que concerne à OIT, entre as várias convenções e recomendações com normas referentes aos menores, encontramos desde logo a convenção n.º 33[228], de 1932, prevendo que apenas os menores com catorze anos e com a escolaridade obrigatória cumprida podiam trabalhar, salvo quando se tratasse de trabalhos leves em que a idade mínima seria os doze anos. Permitia no art. 4.º que a legislação dos Estados previsse que por autorização individual fosse permitida a actuação de menores em espectáculos públicos e a sua participação como actores ou figurantes em filmes cinematográficos, quando fosse em benefício da arte, da ciência ou do ensino. Por seu lado a recomendação n.º 41, de 1932, previa que o emprego dos menores de doze anos em espectáculos públicos e produção de filmes de cinema como actores ou figurantes deveria ser, em princípio, proibido. Apenas se deviam admitir excepções se a natureza ou o nível do emprego o justificassem, quando fosse evidente que

---

[228] Para consulta das convenções e recomendações, veja-se *www.ilo.org/ilolex/spanish/subjlst.htm.*

o menor tinha a aptidão física requerida para o referido emprego e mediante prévio consentimento dos pais ou tutor. Relativamente aos menores que fossem utilizados em filmes cinematográficos deviam ser tomadas medidas especiais para que estivessem sob a vigilância de oftalmologistas. Por outro lado, devia estar assegurado que o menor fosse bem tratado e continuasse os seus estudos. Cada autorização devia especificar o número de horas que o menor poderia estar empregado, tendo em especial atenção o trabalho nocturno e o trabalho aos domingos e feriados. A autorização seria concedida apenas para um espectáculo determinado ou para um período limitado, podendo ser renovada.

Em 1937 a convenção n.º 33 foi revista pela convenção n.º 60, que mudou as idades mínimas de admissão, mas manteve a redacção do art. 4.º. A convenção, não ratificada pelo Estado português, à semelhança da convenção n.º 33, previa a possibilidade de os países determinarem excepções à idade mínima de admissão ao trabalho quando estivesse em causa "a actuação de crianças em espectáculos públicos e a sua participação como actores ou figurantes em filmes".

Em 1946, a convenção n.º 78[229] estabeleceu a necessidade de as crianças e adolescentes estarem sujeitos a um exame médico de aptidão para o emprego em trabalhos não industriais, regulando a recomendação n.º 79 que a referida convenção devia aplicar-se, entre outros, ao trabalho realizado, nomeadamente, em teatros ou outros lugares públicos de diversão.

A convenção n.º 79, de 1946, referente ao trabalho nocturno de menores, estipulou que a legislação nacional poderia atribuir poderes a uma autoridade para conceder autorizações individuais, para que os menores, em idade a fixar em legislação interna, pudessem figurar como artistas em espectáculos públicos em período nocturno ou participar à noite, na qualidade de actores, na produção de filmes cinematográficos. Acrescentava que não poderia ser concedida nenhuma autorização quando, em razão da natureza do espectáculo ou do filme cinematográfico ou das condições em que se realizava a participação no espectáculo ou a produção do filme, a participação fosse perigosa para a vida, saúde ou

---

[229] Aprovada para ratificação pelo Decreto n.º 111/82, de 7 de Outubro, foi publicada no DR Série I, n.º 232, de 7 de Outubro de 1982.

moralidade do menor. De todo o modo, nunca poderia o menor trabalhar para além da meia-noite, tendo direito a descansar, no mínimo, catorze horas consecutivas. A recomendação n.º 80, também de 1946, acrescentou que as autorizações para os menores de catorze anos apenas deveriam ser concedidas em casos excepcionais, em que a necessidade de formação profissional do menor ou o seu talento precoce o justificassem, sendo que, em regra, essas autorizações só deveriam ser concedidas a menores que estudassem numa instituição de ensino de arte teatral ou musical. O trabalho nocturno deveria limitar-se, sempre que possível, a três noites por semana ou a uma média de três noites por semana, calculado sobre um período mais extenso. A convenção nunca foi ratificada por Portugal.

A convenção n.º 138, de 1973, que estabeleceu a regra de que a idade mínima de admissão fixada pelos Estados não deve ser inferior à idade em que cessa a escolaridade obrigatória e nunca inferior a quinze anos, previu no art. 8.º que a autoridade competente poderá conceder autorização, excepcionalmente, para a participação de menores que não tenham a idade mínima de admissão em actividades tais como espectáculos artísticos. A participação dos menores em espectáculos artísticos deve ser autorizada individualmente e as autorizações devem limitar as horas de trabalho, estipulando as condições da sua prestação.

Por fim, a convenção n.º 182[230] e a recomendação n.º 190, de 1999, relativas à interdição das piores formas de trabalho das crianças e à acção imediata com vista à sua eliminação, embora não se referindo directamente ao trabalho dos menores em espectáculos, abrangem-no de certa forma quando o art. 3.º da convenção prevê como estando incluídos na expressão "piores formas de trabalho infantil" os casos de utilização, recrutamento ou oferta de menores para a produção de material pornográfico ou para actuações pornográficas (al. b) ou quando faz menção ao trabalho que pela sua natureza ou pelas condições em que seja levado a cabo, possa causar danos para a saúde, a segurança ou a integridade moral dos menores, devendo, para tal, ter-se em conta os trabalhos que

---

[230] Ratificada pelo Decreto do Presidente da República n.º 28/2000, de 1 de Junho, entrou em vigor na ordem jurídica portuguesa a 15 de Junho de 2001.

sejam exercidos em condições particularmente difíceis, com horários prolongados ou nocturnos ou trabalhos que retêm injustificadamente o menor nas instalações do empregador (art. 3.º, al. d) da convenção e als. a) e e) do ponto 3 da recomendação). Determina a convenção que os Estados membros devem adoptar medidas imediatas eficazes de forma a proibir e a eliminar urgentemente as piores formas de trabalho infantil (art. 1.º).

A nível comunitário, um instrumento muito importante e já antes referido, é a Directiva n.º 94/33/CE, do Conselho, relativa à protecção dos jovens no trabalho, que concretiza vários aspectos da Carta Comunitária dos Direitos Fundamentais dos Trabalhadores[231]. A Directiva, depois de estipular o dever dos Estados-membros de tomarem as medidas necessárias para proibir o trabalho infantil, assegurando que a idade mínima de admissão ao emprego ou ao trabalho não seja inferior à idade em que cessa a escolaridade obrigatória e, em caso algum, a quinze anos (arts. 1.º, n.º 1 e 4.º, n.º 1), permite que a proibição do trabalho infantil não se aplique às crianças que exerçam actividades de natureza cultural, artística, desportiva ou publicitária (art. 4.º, n.º 2, al. a))[232-233].

Assim, no art. 5.º, que regula a participação de crianças em actividades de natureza cultural, artística, desportiva ou publicitária, prevê-se

---

[231] A Directiva só foi totalmente transposta com a entrada em vigor da RCT2004 e do regime jurídico da participação dos menores em espectáculos e outras actividades de natureza cultural, artística ou publicitária, contrariamente ao referido no art. 2.º, al. f) da lei preambular do CT2003.

[232] Segundo o art. 3.º, als. a), b) e c) da Directiva, para efeitos da sua aplicação, jovem é "qualquer pessoa menor de 18 anos", criança é o jovem que "ainda não tenha atingido a idade de 15 anos ou que ainda se encontre submetido à obrigação escolar a tempo inteiro" e adolescente é "qualquer jovem que tenha no mínimo 15 anos e menos de 18 anos e que já não se encontre submetido à obrigação escolar a tempo inteiro".

[233] Do teor literal do art. 4.º, n.º 2, al. c), parece depreender-se considerar o legislador comunitário serem trabalhos leves as actividades de natureza cultural, artística e publicitária permitidas pela Directiva como podendo ser desempenhadas pelo menor, ou pelo menos pelo menor com mais de treze anos – diz a referida norma que a proibição de trabalho leve não se aplica "às crianças de, pelo menos 14 anos de idade que prestem trabalhos leves que não sejam **os decorrentes do artigo 5.º**; todavia, poderão ser prestados, por crianças a partir da idade de 13 anos, trabalhos leves que não sejam **os que decorrem do artigo 5.º**".

a sujeição dessa participação à obtenção de uma prévia autorização emitida pela autoridade competente, para cada caso individual, nas condições e nos termos a definir em legislação nacional. Para que a autorização seja concedida não podem essas actividades ser susceptíveis de causar prejuízo à segurança, saúde ou ao desenvolvimento das crianças, nem prejudicar "a sua assiduidade escolar, a sua participação em programas de orientação ou de formação profissional aprovados pela autoridade competente ou a sua capacidade para beneficiar da instrução ministrada" (n.ᵒˢ 1 e 2).

No n.º 3 do mesmo artigo, o legislador comunitário permitiu que, relativamente às crianças com mais de treze anos, possam os Estados--membros autorizar, nas condições por si determinadas, a sua participação em actividades de natureza cultural, artística, desportiva ou publicitária, sem que seja necessária a obtenção de uma autorização prévia emitida pela autoridade competente.

Numa primeira abordagem, é com receio que encaramos esta permissividade da Directiva. O facto de não ter obrigatoriamente de haver uma autorização da autoridade competente para a participação do menor com pelo menos treze anos e não estar a situação do menor obrigatoriamente sujeita a uma avaliação por parte de uma entidade imparcial, poderá conduzir a resultados opostos aos queridos pela própria Directiva. Colocar os pais, os empregadores ou os menores a avaliar da adequação da sua participação com os objectivos da salvaguarda da educação, formação, desenvolvimento físico, psíquico e moral dos menores pode ser uma via perigosa, tanto mais quanto sabemos serem muitas vezes os pais ou os empregadores os primeiros a fechar os olhos à verificação dessas condições.

Não obstante, também nos parece que não podemos perder de vista a natureza das directivas. A directiva comunitária é, nos termos do art. 288.º do TFUE, um acto que tem como destinatários os Estados-membros, obrigando os Estados no resultado que visa alcançar, mas deixando às instâncias nacionais a liberdade de escolha quanto à forma e aos meios de alcançar esse resultado. A directiva, fixando um resultado a alcançar por todos os Estados-membros destinatários, permite a aproximação das legislações nacionais, mas de forma a que cada Estado possa adequar os resultados a atingir com o seu direito interno, com a realidade do país e com os seus próprios interesses. Motivos de ordem social, económica e cultural, justificam que não se possa impor rigidamente a adopção de determinadas medidas, antes permitindo que as medidas internas tomadas de forma a dar cumprimento ao conteúdo da directiva, seja feita de forma pacífica, sem pôr em causa a própria harmonia jurídica nacional. Por outro lado, há que ter em conta o princípio da subsidiariedade, princípio fundamental da União Europeia, segundo o qual, em matéria de repartição de competências entre os Estados-membros e as instituições da União Europeia e no que concretamente diz respeito às atribuições concorrentes, cabe preferencialmente aos Estados a prossecução dessas atribuições, devendo a União só intervir quando a actuação estadual for insuficiente e quando a intervenção da União se revelar mais eficaz (art. 5.º, n.º 3 do TFUE)[234]. Face ao exposto, parece-nos que não será criticável esta abertura ou permissividade da Directiva. A Directiva fixou um conjunto de exigências mínimas, cabendo posteriormente aos Estados, na transposição da Directiva, adaptá-la o melhor possível à sua realidade e às suas necessidades.

Além do art. 5.º, a Directiva prevê ainda outro artigo que regula especificamente a participação dos menores no espectáculo – o art. 9.º, n.º 1, al. b), que dispõe que os Estados podem autorizar os menores que tenham pelo menos quinze anos e a escolaridade obrigatória completa a participar durante a noite em actividades de natureza cultural, artística, desportiva ou publicitária, qualquer que seja a hora, sempre que tal se justifique "por razões objectivas e na condição de ser concedido aos adolescentes um descanso compensatório adequado", ideia que foi seguida no art. 76.º, n.º 3, al. b) do CT.

Relativamente às restantes normas da Directiva, muitas delas são também aplicáveis aos menores que participem em espectáculos, não por o preverem expressamente, mas por se aplicarem a estes as normas gerais que regulam o trabalho dos menores[235].

---

[234] Fausto de Quadros, *Direito da União Europeia*, 3.ª Reimpressão, Almedina, Coimbra, 2009, págs. 197, 358 a 365 e 436 a 439; João Mota de Campos e João Luiz Mota de Campos, *Manual de Direito Comunitário*, 5.ª Edição, Coimbra Editora, Coimbra, 2007, págs. 273 e 274, 323 a 329 e 376 a 384.

[235] Embora não deixemos de estranhar e não compreender a razão pela qual o legislador comunitário em várias disposições faz referência à aplicação das mesmas às situações referidas no art. 4.º, n.º 2, als. b) e c), omitindo que as mesmas disposições se aplicam também às situações mencionadas no art. 4.º, n.º 2, al. a) e, portanto, às actividades de natureza cultural, artística, desportiva e publicitária; o legislador comuni-

II. A PARTICIPAÇÃO DE MENOR EM ESPECTÁCULO OU OUTRA ACTIVIDADE DE NATUREZA CULTURAL, ARTÍSTICA OU PUBLICITÁRIA

1. Breve referência histórica à legislação nacional em matéria de participação de menores em actividades ligadas ao espectáculo

Resume-se a poucos artigos a referência histórica à evolução da matéria da participação de menores em actividades ligadas ao sector do espectáculo.

O Decreto n.º 13 564, de 6 de Maio de 1927, estabelecia nos arts. 112.º e 127.º regras sobre a participação de menores em espectáculos. Previa o art. 112.º que o menor de dezasseis anos estava proibido de participar em espectáculos públicos, salvo autorização da Inspecção Geral dos Teatros. Por outro lado, todos os contratos celebrados com os menores tinham de ser previamente aprovados pela Inspecção (ainda que a lei não definisse com base em que critérios), acompanhados da autorização do pai, tutor ou responsável pela educação do menor (art. 127.º).

Com o Decreto n.º 43 190 a idade mínima para participar em espectáculos públicos foi fixada nos 18 anos. No entanto, permitia o art. 5.º do diploma que em casos excepcionais, devidamente comprovados, ouvido o sindicato respectivo e junta uma declaração de concordância dos responsáveis pela educação do menor, o Instituto Nacional do Trabalho e Previdência pudesse autorizar a intervenção dos menores de dezoito anos em espectáculos e divertimentos públicos. O diploma não explicava o que é que entendia por "casos excepcionais", exemplificando Bentes de Oliveira com "necessidades peremptórias para efeito do espectáculo ou atento o talento extraordinário do jovem artista"[236]. Certo é que se exigia uma fundamentação para a concessão da autorização para o menor trabalhar.

Ainda no mesmo diploma, previa o art. 21, § único, que os menores de dezoito anos não podiam intervir directamente nos contratos em que fossem partes, cabendo aos seus representantes legais substitui-los na sua celebração.

---

tário dá a entender que estas actividades não são abrangidas pelas referidas normas, embora, numa análise cuidada, se perceba que são.

[236] "Trabalho...", pág. 206.

Também o art. 23.º, n.º 6 definia que o Instituto Nacional do Trabalho e Previdência não podia aprovar contratos em que fossem partes menores de dezoito anos que não estivessem devidamente autorizados (pelo próprio Instituto) para trabalhar.

Não havia ao longo do diploma quaisquer normas que revelassem uma preocupação, pelo menos de forma expressa, com a formação e com o nível de aproveitamento escolar do menor.

Com o DL n.º 38/87 foram expressamente revogados os arts. 21.º e 23.º, n.º 6 do Decreto n.º 43 190, mantendo-se intacto apenas o art. 5.º.

Só em 1991, com a alteração da LCT pelo DL n.º 396/91, ressurgiu a preocupação em regular a participação de menores em espectáculos, passando o art. 124.º, n.º 5 da LCT a prever que a regulação da participação de menores em espectáculos e actividades artísticas seria feita em diploma específico[237], previsão que se manteve até à publicação da Lei n.º 58/99, a qual, tendo alterado o regime do trabalho dos menores, omitiu essa referência[238].

Só com o CT2003 é que voltou a constar a menção de que a participação de menor em espectáculos e outras actividades de natureza cultural, artística ou publicitária seria objecto de regulamentação em legislação especial (art. 70.º do CT2003), menção prevista hoje no art. 81.º do CT, estando a matéria regulamentada nos arts. 2.º a 11.º da RCT.

---

[237] Conforme medida aprovada pelo Conselho Permanente de Concertação Social no Acordo Económico e Social, de 19 de Setembro de 1990 (medida A, n.º 9, do Anexo 7).

[238] No entender de Bentes de Oliveira, "Trabalho...", págs. 207 e 208, o n.º 5 foi derrogado pela Lei n.º 58/99. Segundo o autor, várias normas permitem concluir não ter querido o legislador criar um regime específico para a actividade dos menores no espectáculo e em actividades artísticas, omitindo assim a referência do anterior n.º 5 do art. 124.º à participação dos menores. Um dos exemplos que dá, a nosso ver o mais significativo, é a alteração efectuada pelo art. 3.º da Lei n.º 58/99 ao art. 33.º do DL n.º 409/71, que acrescentou, entre outros, o n.º 4, que passou a dispor: "os menores com pelo menos dezasseis anos de idade podem prestar trabalho nocturno, incluindo o período compreendido entre as 0 e as 5 horas, sempre que tal se justifique por razões objectivas, em actividades de natureza cultural, artística, desportiva ou publicitária, desde que lhes seja concedido um descanso compensatório com igual número de horas, a gozar no dia seguinte ou no mais próximo possível". Ora, a omissão do n.º 5 do art. 124.º da LCT, operada em simultâneo com a alteração do art. 33.º do DL n.º 409/71, levam-nos a concordar com Bentes de Oliveira quando disse parecer ter-se bastado o legislador (da altura) "com uma aplicação adaptada do regime geral do trabalho dos menores".

2. Âmbito de aplicação

A regulamentação da participação de menores em espectáculos e outras actividades de natureza cultural, artística ou publicitária apenas apareceu com a RCT2004, embora tivesse sido já, como vimos, um objectivo do legislador.

Apareceu com oito anos de atraso relativamente ao que era exigido a nível comunitário, pela Directiva 94/33/CE, que no art. 17.º, n.º 1, al. a) impôs como prazo limite para transposição da Directiva ou para garantir que os parceiros sociais instituíssem, por acordo, as disposições necessárias, o dia 22 de Junho de 1996[239], razão pela qual o legislador encarou a adopção da legislação como uma resposta a uma "urgente carência social"[240].

O regime jurídico previsto nos arts. 139.º a 146.º da RCT2004 foi o que, até à entrada em vigor da Lei n.º 105/2009, recebeu em Portugal, em matéria de participação de menor em espectáculo ou actividade de natureza cultural, artística ou publicitária, um tratamento mais profundo.

De facto, como tivemos oportunidade de ver, até ao aparecimento da RCT2004 o legislador tinha tido apenas a preocupação de definir qual a idade mínima de admissão do menor a este tipo de actividades, qual a forma dos contratos por ele celebrados e o procedimento necessário para obter a autorização para a celebração dos referidos contratos.

Com a RCT2004 o legislador foi um pouco mais longe, não tão longe nem de forma tão clara como seria desejável, mas mais longe. Passou a prever matérias como os limites máximos dos períodos normais de trabalho diário e semanal, a articulação entre a prestação da actividade artística e o cumprimento da escolaridade obrigatória, nomeadamente a

---

[239] Referimo-nos apenas à matéria da participação dos menores em actividades de natureza cultural, artística ou publicitária, constante do art. 5.º da Directiva, tendo em conta que as restantes matérias previstas na Directiva foram sendo transpostas para a ordem jurídica portuguesa. Mesmo relativamente à participação de menores em actividades de natureza cultural, artística ou publicitária o legislador já tinha transposto uma pequena parte ao prever o trabalho nocturno dos jovens no espectáculo (art. 33.º, n.º 4 do DL n.º 409/71, com a redacção dada pela Lei n.º 58/99).

[240] Exposição de motivos da proposta de lei n.º 109/IX, in www.parlamento.pt.

nível de horários e de aproveitamento escolar, e o dia de descanso semanal obrigatório.

Quatro anos volvidos, em 15 de Setembro de 2009, entrou em vigor o novo diploma a regular a matéria da participação de menor em espectáculo ou outra actividade de natureza cultural, artística ou publicitária, a Lei n.º 105/2009 (RCT), revogando os arts. 139.º a 146.º da RCT2004, conforme já estava previsto no art. 12.º, n.º 1, al. b) e n.º 6, al. g) da LPCT.

Não se limitou a RCT, mais concretamente os arts. 2.º a 11.º, a reproduzir o texto constante da RCT2004, tendo introduzido alterações importantes e mais adaptadas às necessidades do sector e à protecção do menor. Alterações como a previsão da audição do menor pela CPCJ quando possível, o aumento, para determinadas idades, do limite máximo de horas de participação do menor, a obrigação de a entidade promotora transferir a responsabilidade por acidentes de trabalho para uma entidade autorizada por lei a realizar o seguro, a dispensa de autorização, mas com a obrigação de comunicação, para a participação de menor com pelo menos treze anos que decorra num período de vinte e quatro horas ou a diminuição do prazo concedido ao sindicato e à associação de empregadores para emitirem parecer sobre a compatibilidade entre a participação e a idade do menor foram algumas das novidades, que, ainda assim, não foram suficientes, a nosso ver.

Comecemos por analisar o campo de aplicação do regime da participação do menor em espectáculo ou outra actividade de natureza cultural, artística ou publicitária.

O art. 81.º do CT, à semelhança do que fazia o art. 70.º do CT2003, estabelece que o regime da participação de menor em espectáculo ou outra actividade de natureza cultural, artística ou publicitária é regulado em legislação específica. Esta legislação específica começou por ser a RCT2004 (arts. 139.º a 146.º), sendo agora a RCT.

Optou o legislador português por seguir o exemplo de outras legislações europeias, usando uma expressão muito semelhante à utilizada pela Directiva 94/33/CE, que refere a participação de crianças "em actividades de natureza cultural, artística, desportiva ou publicitária". Não cuidou o legislador português em definir o que considera ser a participação em espectáculo, a participação em outra actividade de natureza cultural, em outra actividade de natureza artística ou em outras actividade de natureza publicitária[241]. Limitou-se a elencar, de forma exemplificativa, de que forma é que essa participação se pode verificar: como actor, cantor, dançarino, figurante, músico, modelo ou manequim.

O âmbito de aplicação dos arts. 2.º a 11.º da RCT é mais abrangente do que o do regime do contrato de trabalho dos profissionais de espectáculos: não só por regular qualquer tipo de participação, independentemente do carácter regular ou ocasional da mesma, como por não se cingir à área dos espectáculos, abrangendo também a participação em outras actividades, que não espectáculos, de natureza cultural, artística ou publicitária.

A utilização da expressão "espectáculo ou outra actividade de natureza cultural, artística ou publicitária" não é fácil de delimitar. De facto, dizer com precisão que actividade é considerada de espectáculo, qual tem natureza cultural, natureza artística ou natureza publicitária não é tarefa fácil, tanto mais que muitas vezes são usadas no senso comum indiscriminadamente e o legislador, tanto o nacional como o comunitário, entendeu não delimitar as expressões. Mas parece-nos também que a preocupação do legislador não foi demarcar a actividade de natureza cultural da actividade de natureza artística ou distinguir a actividade de espectáculo de outra actividade cultural ou artística. O que quis o legislador foi delimitar as actividades às quais se aplica o regime da RCT, daquelas às quais o mesmo não se aplica. E este ponto é essencial. Mais do que saber que tipo de actividade em concreto é que está em causa, importa saber se ela é abrangida pelas limitações dos arts. 2.º a 11.º da RCT ou não. Acresce ainda que foi certamente do interesse do legislador nacional e do legislador comunitário deixar espaço para actividades que existam de difícil delimitação e para novas actividades que possam surgir e que justifiquem a mesma protecção.

---

[241] De notar que o legislador ora utiliza a expressão "participação de menor em espectáculo ou outra actividade de natureza cultural, artística ou publicitária" (art. 81.º do CT e art. 2.º, n.º 1 da RCT), como a expressão "participação de menor em actividade de natureza cultural, artística ou publicitária" (art. 1.º, n.º 1, al. a) e epígrafe do capítulo II da RCT). Parece-nos tratar-se apenas de um lapso, embora na prática as expressões coincidam, uma vez que a participação em actividade cultural ou artística já abrange a participação em espectáculo.

Procuremos fazer, ainda assim, uma delimitação de cada um dos conceitos desta expressão do art. 81.º do CT e do art. 2.º, n.º 1 da RCT. Como vimos, uma actividade artística para ser de espectáculo tem necessariamente de se manifestar perante o público, seja quando o público a frui directamente, seja quando a actividade lhe é manifestada por meios áudio-visuais ou radiofónicos, só assim se podendo falar em espectáculo. Será assim participação em espectáculo, a participação do menor como actor, cantor, dançarino, figurante, músico, toureiro, em locais como o teatro, o cinema, a televisão, os meios de radiodifusão, as praças de touro, o circo, bem como outros locais em que o menor manifeste a sua arte perante o público. Mas se a maior parte das situações, pelo menos as mais visíveis à opinião pública e que deram azo à publicação do regime que ora se analisa, se circunscrevem a estas, outras há que suscitam os mesmos problemas e as mesmas preocupações que aquelas. São o caso, por um lado, das actividades que, apesar de se considerarem artísticas, não se consideram espectáculo, seja porque são desempenhadas em privado, seja porque aquilo que é exposto ao público já não é a manifestação da arte, mas apenas o seu produto final (caso da pintura), e, por outro lado, das actividades de natureza publicitária e algumas de natureza cultural, que usualmente nem sequer são consideradas artísticas (o caso da moda).

Previu assim o legislador que a protecção concedida ao menor participante em espectáculo público fosse estendida também à sua participação em outras actividades, que, ainda que não possam ser qualificadas de espectáculo, tenham natureza cultural, artística ou publicitária.

São assim consideradas artísticas as actividades que sejam executadas com vista à produção de coisas belas, que afectam não só a percepção sensorial de quem as contempla, mas também a sua inteligência e imaginação; serão aquelas que têm por finalidade essencial a expressão de beleza – são as chamadas belas-artes, que englobam a arquitectura, a cinematografia, a dança, a escultura, a literatura, a música e a pintura[242].

---

[242] Cunha Gonçalves, *Tratado...*, Vol. VII, pág. 656, em anotação ao art. 1409.º do Código de Seabra, considerava serem as artes, "todas aquelas que exprimem a Beleza, a Arte sob as suas diversas formas, a saber, a pintura, a escultura, a arquitectura, a gravura, a fotografia, a cromo-litografia artística, a música, o canto, a dança ou coreografia, o

Já as actividades de natureza cultural serão aquelas que digam respeito à cultura, sendo esta "o aspecto da vida social que se relaciona com a produção do saber, arte, folclore, mitologia, costumes, etc"[243]. É um conceito de conteúdo algo indefinido e impreciso, que abrange muitas das actividades artísticas, mas que é mais lato.

Tanto as actividades artísticas como as culturais podem ser entendidas, em determinadas circunstâncias, como sendo espectáculo. Um menor que dá um concerto de música, acessível a quem quer que compre o bilhete, está não só a desempenhar uma actividade cultural, como a executar uma actividade artística, bem como a participar num espectáculo. Já não será de espectáculo, no entanto, se a actividade do menor não se desempenhar perante o público. Se o referido menor tiver sido contratado para dar o concerto num casamento ou numa festa de anos, não se pode dizer que esteja a participar num espectáculo, mas não há dúvidas de que a sua actividade é simultaneamente artística e cultural.

Quanto à actividade publicitária, ela é definida como sendo "o conjunto organizado e harmonizado de processos de comunicação"[244]; são as acções empreendidas com o fim último de "mover a vontade de outrem em determinada direcção"[245]. Por sua vez, o art. 3.º do CP define a publicidade, numa definição que poderá relevar para este efeito, como sendo "a forma de comunicação feita por entidades de natureza pública ou privada, no âmbito de uma actividade comercial, industrial, artesanal ou liberal, com o objectivo directo ou indirecto de promover, com vista à sua comercialização ou alienação, quaisquer bens ou serviços; promover ideias, princípios, iniciativas ou instituições", estendendo o conceito de publicidade à comunicação feita pela Administração Pública com o objectivo de promover o fornecimento de bens ou serviços e excluindo do conceito, para efeitos de aplicação do diploma, a propaganda política. O mesmo diploma considera actividade publicitária "o

---

teatro". Estas artes, chamadas belas-artes, distinguem-se das artes decorativas ou menores – ourivesaria, esmalte, cerâmica ou gravação – que "têm como principal fito o objecto decorativo" – *Grande Dicionário Enciclopédico*, Vol. II, pág. 557.

[243] http://pt.wikipedia.org/wiki/Cultura.
[244] Ferreira de Almeida, "Conceito de Publicidade", in *Boletim do Ministério da Justiça*, n.º 349, Lisboa, 1985, pág. 118.
[245] *Grande Dicionário Enciclopédico*, Vol. XII, pág. 5103.

conjunto de operações relacionadas com a difusão de uma mensagem publicitária junto dos seus destinatários" (art. 4.º)[246].

No entanto, relativamente à actividade de natureza publicitária, não nos podemos bastar com os conceitos atrás definidos, nem tão pouco com o conceito do art. 3.º do CP. Para a correcta aplicação dos arts. 2.º a 11.º da RCT torna-se necessário articular o regime neles previsto com a disposição do CP referente à intervenção dos menores em mensagens publicitárias, para saber em que medida é que essa participação é permitida e com que amplitude.

Prevê o art. 14.º, n.º 2 do CP que "os menores só podem ser intervenientes principais nas mensagens publicitárias em que se verifique existir uma relação directa entre eles e o produto ou serviço veiculado". Decorre deste artigo que o mesmo só se aplica à intervenção de menores em mensagens publicitárias. Decorre também que relativamente a estas é necessário desde logo aferir que tipo de relação existe entre os menores, enquanto menores, e o produto ou serviço veiculado através da mensagem: se se considerar existir uma relação indirecta, o menor apenas poderá intervir na mensagem a título secundário ou como figurante; se existir uma relação directa, o menor pode intervir não só a título secundário, mas também como protagonista ou interveniente principal.

A este propósito, é importante ter-se em conta a recomendação emitida pelo Conselho de Publicidade, a 26 de Julho de 1988[247], com o objectivo de esclarecer o significado do disposto no art. 23.º, n.º 4 do diploma regulador da actividade publicitária então em vigor – DL n.º 303/ /83, de 28 de Junho, revogado posteriormente pelo DL n.º 330/90, de 23 de Outubro, actual CP – que dispunha que "as crianças ou adolescentes só podem ser intervenientes principais nas mensagens publicitárias em que se verifique existir um nexo elementar entre eles e o produto ou serviço veiculado, não podendo, em caso algum, ser os seus prescritores". Entendeu a recomendação ser "interdita a utilização da ideia de

---

[246] A Enciclopédia Luso-Brasileira da Cultura, 15.º, Editorial Verbo, Lisboa, pág. 1378, define publicidade como sendo "um conjunto de técnicas de efeito comunitário utilizadas por empresas ou grupos de empresas com o objectivo de adquirir, desenvolver ou manter uma clientela".

[247] In O novo direito da publicidade, de Pedro Simão José, Vislis, Lisboa, 1999, pág. 709.

«criança-alibi» ou de «criança-objecto» em todas as promoções de bens ou serviços que não lhe digam directamente respeito", devendo ser proibida a utilização da criança enquanto actor principal, quando se tratasse de publicidade a produto ou serviço que pela sua natureza, qualidade ou utilização não devesse ser posto à disposição de crianças ou adolescentes. Esclareceu ainda que as crianças e adolescentes não deviam em situação alguma apelar à aquisição de bens ou serviços e que a utilização de crianças só deveria ser feita "dentro dos parâmetros de naturalidade, de adequação e de bom senso relativamente às situações em que as crianças podem ser intervenientes como elemento secundário ou em que os bens e serviços anunciados lhes digam directamente respeito". Parece poder concluir-se da recomendação que a relação directa não significa que o produto ou serviço veiculado tenha necessariamente de ser exclusivamente utilizado por crianças; basta que estas também tenham interesse na sua fruição, que sejam possíveis destinatários da mensagem publicitária[248].

Perante a redacção da lei, tanto no DL n.º 303/83, como no DL n.º 330/90, e face à recomendação do Conselho de Publicidade, resulta claro que não foi o esforço, o cansaço e o tempo gasto pelo menor na participação em actividades publicitárias que preocupou o legislador quando regulou a publicidade, mas a exposição a que o menor é submetido através dela. Só assim se entende que o menor não possa ser interveniente principal numa publicidade de um produto ou serviço que não esteja directamente relacionado com a sua condição de menor, mas que já possa ser interveniente secundário, quando o desgaste pelo número de horas de trabalho pode ser exactamente o mesmo. Como refere o acórdão do TRL, de 21/02/2002, a proibição da intervenção da criança a título principal em mensagens publicitárias de produtos ou serviços que não estejam directamente relacionados com o menor, "tem em vista rejeitar a utilização da "criança objecto" que pelas suas características atractivas,

---

[248] A mesma conclusão se tira da decisão da CACMP, *in* Rui Moreira Chaves, *Código da Publicidade anotado*, 2.ª Edição, Almedina, Coimbra, 2005, pág. 68, referente à intervenção de quatro bebés, a nadar, em vários suportes entre os quais a televisão, para publicitar a exposição universal realizada em Lisboa, subordinada ao tema "Os oceanos". A CACMP não condenou as denunciadas por considerar que a exposição, pelas dimensões que tinha, não se circunscrevia aos interesses dos adultos, mas também das crianças.

próprias dos seres pequenos desperta, de imediato, no consumidor uma reacção que potencialmente poderá levar à compra exercendo assim, através da criança, o incitamento ao consumo e persuasão. É o aproveitamento das crianças, enquanto crianças, do seu encanto e graciosidade que se pretende evitar com disposições desse tipo"[249].

Em face do que foi dito, podemos concluir que o art. 14.º, n.º 2 do CP e os arts. 2.º e ss. da RCT não se excluem, antes se completam. Cada um dos diplomas tem um âmbito de aplicação específico e um fundamento próprio. Enquanto que no CP a preocupação do legislador foi a de proteger a criança do uso que possa ser feito da sua imagem e acautelar as consequências que o mesmo possa ter em outras crianças, com a RCT visou-se salvaguardar a saúde, a segurança, a formação e o desenvolvimento do menor, pelo tempo e esforço que uma actividade publicitária pode representar.

A articulação entre os dois regimes também não levanta dúvidas. Em primeira linha terá de se atender ao art. 14.º, n.º 2 do CP, que define concretamente em que situações podem os menores participar numa actividade de natureza publicitária. Só relativamente às participações admitidas é que se justifica então a aplicação da RCT.

De notar também que caberá à CPCJ um papel importante na delimitação das participações que são admitidas no âmbito da publicidade. Não que a intervenção da CPCJ nessa matéria seja formalmente obrigatória, não o é. Será à CACMP que caberá intervir *a posteriori*, se entender que há desconformidade com a lei. De todo o modo, sempre a CPCJ, no momento em que avalia o tipo de actividade e de participação do menor com vista a formar a sua decisão, deve valorar se a participação em causa respeita o estipulado no art. 14.º, n.º 2 do CP. Não queremos com isto dizer, no entanto, que da falta de averiguação da conformidade da participação concreta com a lei ou de uma valoração incorrecta possa decorrer responsabilidade para a CPCJ, assim não entendemos. A legitimidade formal não cabe à CPCJ, pelo que essa responsabilidade não lhe pode ser assacada; o que pensamos é que, ainda assim, é crucial, sob o ponto de vista procedimental, uma tal avaliação para se chegar a uma correcta decisão do processo de autorização.

---

[249] *In* www.dgsi.pt.

Ainda no que concerne ao âmbito de aplicação dos arts. 2.º e ss. da RCT, e distinguindo-se da solução tomada pelo legislador na Lei n.º 4/ 2008, não se exige para a aplicação daquele diploma que o menor exerça a actividade com carácter de normalidade, a título de profissão.

Basta a mera participação do menor em qualquer espectáculo ou actividade de natureza cultural, artística ou publicitária, mesmo que seja por escassos dias e de forma pontual, para que se lhe aplique o regime previsto na RCT. E as razões que fundamentaram a consagração de um regime legal laboral de protecção dos menores participantes em espectáculos justificam que assim seja. Independentemente do carácter rotineiro ou ocasional e independentemente de o contrato ser mais ou menos longo, as necessidades de protecção da saúde, da segurança, do desenvolvimento e da formação do menor fazem-se sentir. Daí que se justifique a extensão da protecção a todo o tipo de participação.

Importa referir ainda uma outra nota com relevo para a definição do âmbito de aplicação do regime da participação dos menores que é o carácter remunerado da actividade.

Não faz a lei qualquer menção a essa questão. Não refere se para a aplicação dos arts. 2.º a 11.º da RCT se impõe ser a participação do menor retribuída ou não. Quanto a nós, parece-nos ser de exigir o carácter remunerado, seja em dinheiro ou em espécie, ainda que a questão nos levante dúvidas.

Se tivermos apenas em conta o fundamento da criação do regime da participação dos menores em espectáculos e outras actividades de natureza cultural, artística ou publicitária, não é de forma alguma insensato defender que o regime se aplica a todo o tipo de participação, seja ela remunerada ou não. As necessidades de salvaguarda do bem-estar físico e psíquico do menor, do seu desenvolvimento e da sua formação, pessoal e profissional, justificam os mesmos cuidados numa situação ou noutra. Se um menor aceita entrar nas gravações de um filme como figurante, gravações que exigem horas e horas e dias e dias de filmagens, seja essa actividade remunerada ou não, os cuidados na salvaguarda da saúde, do desenvolvimento e da formação do menor são os mesmos. O número de horas que o menor grava é o mesmo, o número de horas que as filmagens tiram ao estudo é o mesmo, o número de horas que o menor deixa de descansar ou de brincar é o mesmo.

Acontece, porém, que argumentos de natureza sistemática, literal e de ordem prática levam-nos a crer que serão apenas as participações remuneradas que serão abrangidas pelo regime da RCT.

Os arts. 2.º e ss. da RCT vêm regular o regime da participação do menor em espectáculo ou outra actividade de natureza cultural, artística ou publicitária, por estipulação expressa do art. 81.º do CT. O CT e os diplomas que regulamentam as matérias nele constantes, à excepção dos contratos equiparados e da relação jurídica de emprego público, regulam apenas contratos de trabalho, que são, como sabemos, necessariamente remunerados. Ora, a inclusão da matéria da participação dos menores no CT e na RCT levam a crer que o que se quis regular foi, desde logo, os contratos de trabalho dos menores que participam em espectáculos e outras actividades similares, exigindo-se, consequentemente, para a aplicação do regime, uma participação remunerada.

Acontece, porém, que a possibilidade de o menor participante em espectáculo celebrar contratos de trabalho é uma questão que levanta sérias dúvidas, tendo em conta a sua idade e os termos em que a celebração está prevista no art. 9.º da RCT, como adiante se verá. Mas mesmo que se admita que o contrato celebrado é apenas um contrato de prestação de serviços, sempre terá este de ser remunerado. São o art. 3.º, n.º 4 da LPCT e o art. 1.º, n.º 1, al. a) da RCT que prevêm a aplicação do regime previsto nos arts. 2.º e 11.º deste diploma ao trabalho prestado pelo menor com autonomia. Ainda que o n.º 4 do art. 3.º nada refira quanto à natureza remunerada do trabalho prestado com autonomia, resulta claro que a actividade nele referida e à qual se aplicam as limitações estabelecidas para o contrato de trabalho celebrado com menores é a mesma da mencionada no n.º 1 do mesmo artigo, que refere expressamente "actividade remunerada prestada com autonomia". Portanto, mesmo que a participação de menor em espectáculo ou outra actividade de natureza cultural, artística ou publicitária se faça com autonomia, sempre a lei exige o carácter remunerado da participação, para efeitos de aplicação dos arts. 2.º e ss. da RCT.

Por outro lado, o art. 9.º, n.º 1 da RCT, quando dispõe acerca dos elementos que devem constar do contrato celebrado entre os representantes legais e o menor, refere-se à retribuição como sendo um dos elementos que necessariamente tem de constar do contrato.

Desta forma, argumentos de ordem sistemática e literal levam-nos a excluir do regime protector da RCT a actividade prestada pelo menor de forma gratuita.

Mas a estes acresce ainda um argumento de ordem prática: é que é incomportável pretender abranger com o regime da participação dos menores todas as actividades em que o mesmo participe, independentemente de serem retribuídas ou não. A partir do momento em que se passa esta fronteira entre as actividades retribuídas e as não retribuídas, tendo em conta que o diploma abrange todas as actividades de natureza cultural, artística ou publicitária, deixa de haver um critério objectivo que permita justificar por que é que a participação de uma criança no rancho folclórico da terra ou numa peça de teatro ensaiada na associação de tempos livres não é abrangida pela RCT.

Assim, ainda que situações haja em que a participação do menor numa actividade de natureza cultural, artística, publicitária ou de espectáculo, mesmo sem ser retribuída, justificaria a tutela do legislador, parece-nos que a falta de um critério válido e objectivo que impeça o legislador de se intrometer de forma injustificada na esfera privada do menor e das suas famílias não nos permite ir mais além[250].

Por último, no que se refere à idade, o capítulo II da RCT diz respeito à participação de menor com idade inferior a dezasseis anos em espectáculo ou outra actividade de natureza cultural, artística ou publicitária[251].

---

[250] A conclusão que retirámos coloca-nos, no entanto, dúvidas quando pensamos na actividade circense. É inquestionável que quis o legislador abranger esta actividade no regime legal previsto nos arts. 2.º e ss. da RCT. Embora a RCT tenha deixado de lhe fazer referência expressa, contrariamente ao que sucedia com o art. 139.º, n.º 2 da RCT2004, a mesma integra-se nas designações de espectáculo, actividade cultural e actividade artística. O que acontece, no entanto, nesta actividade, que não acontecerá porventura com a mesma dimensão em nenhuma outra, é que a maioria dos menores participantes nos espectáculos são familiares dos organizadores, não auferindo, na maior parte dos casos, qualquer remuneração. Ora, sendo os espectáculos circenses uma actividade na qual participam muitos menores e relativamente à qual se torna particularmente urgente a regulamentação e a fiscalização da participação desses menores, não deixa de ser estranho que se exija o carácter remuneratório da participação para que a mesma esteja abrangida pelo regime da RCT; no entanto, como dissemos, não encontramos outro critério objectivo e que tenha o mínimo de apoio legal, sob pena de se tornar discricionário, para ir mais além.

[251] A redacção do art. 138.º da RCT2004, agora revogado, não era muito clara quanto a esse aspecto. Tal qual estava redigido, parecia que o regime da RCT2004 se

Apenas para os menores de dezasseis anos a lei prevê um tratamento específico em matérias como a celebração do contrato, o período normal de trabalho diário e semanal, a articulação entre a actividade do menor e a frequência das aulas, o descanso semanal obrigatório e a autorização ou a comunicação para participação em espectáculos.

Quanto à participação do menor com dezasseis e dezassete anos em espectáculo ou outra actividade de natureza cultural, artística ou publicitária, não estando abrangida pelo regime especial dos arts. 2.º e ss. da RCT, a mesma está sujeita apenas às limitações dos arts. 66.º e ss. do CT, dependendo o regime de protecção aplicável do nível de escolaridade e da qualificação profissional do menor. Relativamente à aplicação da Lei n.º 4/2008, a mesma dependerá do carácter profissional ou não com que os menores trabalham, sendo abrangidos pela lei apenas aqueles que exerçam as actividades artísticas como profissão.

De frisar ainda que no caso de aplicação da Lei n.º 4/2008 apenas será tida em conta a situação dos menores que celebrem com a entidade promotora um contrato de trabalho, uma vez que o diploma se aplica apenas aos profissionais de espectáculos que tenham celebrado um contrato de trabalho; situação diferente se passa quanto à aplicação dos arts. 66.º e ss. do CT, que, tendo em conta o art. 3.º da LPCT, e mais especificamente o seu n.º 4, se aplicam de igual modo ao trabalho prestado de forma autónoma.

Como pudemos observar, o âmbito de aplicação dos arts. 2.º a 11.º da RCT é significativamente mais abrangente do que o do regime previsto na Lei n.º 4/2008. E compreende-se que assim seja.

---

aplicava à participação dos menores em espectáculos, como previsto no então art. 70.º do CT2003, qualquer que fosse a idade, e ainda aos menores que trabalhassem autonomamente e que tivessem menos de dezasseis anos. Ou seja, parecia que a expressão "relativamente a menor com idade inferior a 16 anos" estava apenas relacionada com a extensão que decorre do agora n.º 4 do art. 3.º da LPCT. No entanto, se dúvidas houvesse, o certo é que analisando o regime da RCT2004 as mesmas se dissipavam, uma vez que apenas os menores de dezasseis anos eram e são focados (veja-se, por exemplo, a disposição referente ao número de horas de participação).

Se, relativamente aos adultos, a preocupação do legislador ao construir um regime jurídico especial tem a ver com a protecção dos artistas enquanto profissionais, pela especificidade com que os mesmos desenvolvem o seu trabalho, pelo seu carácter precário, intermitente, sujeito às vontades do público, que não lhes permite ter a mesma estabilidade que os restantes trabalhadores por conta de outrem, a razão pela qual o legislador cria um regime jurídico para os menores deve-se, em primeira linha, a razões de salvaguarda da saúde, da formação, da educação e do desenvolvimento físico, psíquico e moral do menor. Não que o legislador não tenha em conta as especificidades do sector, evidentemente que tem, razão pela qual não se bastou com a existência do regime laboral geral aplicável aos menores. Mas o facto de o sujeito contratual ser um menor, com a natural fragilidade que lhe é inerente, exige cautelas e preocupações acrescidas e uma maior limitação à autonomia contratual.

3. Contrato de trabalho ou contrato de prestação de serviços

Já vimos que o art. 81.º do CT prevê a regulamentação em legislação específica do regime da participação de menor em espectáculo ou outra actividade de natureza cultural, artística ou publicitária. Vimos também que essa regulamentação se encontra nos arts. 2.º a 11.º da RCT.

Ora, a dúvida que surge é a de saber se o regime legalmente previsto no art. 81.º do CT e na RCT pressupõe a celebração de um contrato de trabalho entre o menor e a entidade promotora do espectáculo ou antes a celebração de um contrato de prestação de serviços (seja ele um contrato de cedência de imagem, um contrato para edição de disco ou qualquer outro) ou se se aplica, eventualmente, a ambos os casos.

Até à entrada em vigor do CT, previa o art. 138.º da RCT2004 que o capítulo em questão regulava o art. 70.º do CT2003 (que, recorde-se, previa, à semelhança do actual art. 81.º, que a participação de menores em espectáculos e outras actividades de natureza cultural, artística ou publicitária era objecto de regulamentação especial), "com a extensão decorrente do n.º 5 do artigo 16.º da Lei n.º 99/2003, de 27 de Agosto, relativamente a menor com idade inferior a 16 anos". Ora esta norma, aparentemente clara, permitiu interpretações distintas com consequências directas ao nível da própria qualificação do contrato que liga o menor à entidade promotora do espectáculo.

Dizia o referido n.º 5 do art. 16.º da lei preambular do CT2003, actual art. 3.º, n.º 4 da LPCT, que "ao menor que realiza actividades com autonomia aplicam-se as limitações estabelecidas para o contrato de trabalho celebrado com menores". Ou seja, ainda que o menor não tivesse celebrado com o beneficiário da prestação um contrato de trabalho, ficaria na mesma abrangido pelas limitações do CT previstas para os contratos de trabalho celebrados por menores, sejam as normas específicas do sector do espectáculo, sejam as normas aplicáveis aos contratos de trabalho em geral celebrados com menores (sobre a idade mínima de admissão ao trabalho, a necessidade de formação profissional em determinadas situações, a submissão a exames médicos aquando da celebração e durante a execução do contrato, o limite máximo do número de horas de trabalho por dia e por semana, a limitação à actividade prestada durante a noite, etc.).

O fundamento desta equiparação de regime é facilmente apreensível: as necessidades que o legislador considerou existirem e que justificaram a construção de um regime legal próprio para os contratos de trabalho celebrados por menores continuam a existir quando, ao invés de celebrar um contrato de trabalho, o menor celebra um contrato de prestação de serviços. A saúde, a segurança, o desenvolvimento físico, psíquico e moral, a educação e a formação do menor são valores que o legislador considerou necessários proteger qualquer que seja a qualificação dada ao contrato por ele celebrado.

Contudo, lendo o art. 138.º da RCT2004, não se entendia se o legislador o que quis foi regular o regime jurídico do contrato de trabalho celebrado com o menor participante em espectáculos e actividades de natureza cultural, artística ou publicitária, permitindo com a expressão "com a extensão decorrente do n.º 5 do artigo 16.º da Lei n.º 99/2003, de 27 de Agosto" aplicar simultaneamente o mesmo regime aos casos em que, ao invés de celebrarem contratos de trabalho, os menores prestassem trabalho autónomo, ou se o legislador o que quis foi apenas regular a prestação de actividade de carácter autónomo pelo menor, constituindo a expressão supra referida a justificação para a integração desta matéria na RCT2004.

Analisando as restantes normas que compunham esse capítulo, também não encontrávamos qualquer alusão à pressuposição da existência de um contrato de trabalho para a aplicação do regime que nos permitisse tirar alguma conclusão. Ficava, no entanto, a ideia de que a omissão do legislador no que concerne à qualificação do contrato não tinha sido ingénua[252].

Com a entrada em vigor da RCT, alterou-se a redacção da norma que substituiu o art. 138.º da RCT2004. Agora, refere o art. 1.º, n.º 1, al. a) da RCT que a mesma se aplica à "participação de menor em actividade de natureza cultural, artística ou publicitária, a que se refere o art. 81.º do Código do Trabalho, com a extensão a trabalho autónomo de menor com idade inferior a 16 anos decorrente do n.º 4 do artigo 3.º da Lei n.º 7/2009, de Fevereiro". Embora continuando o restante regime a omitir a qualificação do contrato que liga o menor à entidade promotora, a redacção do art. 1.º, n.º 1, al. a) parece significar terem sido os arts. 2.º a 11.º da RCT, tal como o art. 81.º do CT, pensados, em primeira linha, para regular uma relação laboral, estendendo-se, no entanto, também ao trabalho autónomo de menor de dezasseis anos. Ora, é precisamente esta ideia de o regime poder estar pensado no pressuposto de a relação menor-entidade promotora poder ser uma relação laboral, que nos deixa apreensivos.

Acreditamos que no momento presente esta discussão possa ser ainda algo teórica e académica e pareça até insignificante. A inobservância da lei pelas entidades promotoras de espectáculos, seja não celebrando qualquer tipo de contrato, "fazendo de conta" que a contratação nunca existiu, seja celebrando contratos aos quais dão os mais variados nomes, iludem quanto ao número de situações existentes e ao tipo de contratação que tem sido estabelecida.

A questão não deixa, porém, de ter a maior relevância prática, porque da resposta encontrada depende todo o tratamento jurídico dado aos referidos contratos, definindo-se, desde logo, da aplicação ou não da lei geral do trabalho.

---

[252] Não obstante, consultando as intervenções de alguns deputados na Assembleia da República aquando da discussão da RCT2004 na generalidade, verifica-se ser feita referência ao facto de este regime plasmado na RCT2004 vir dar resposta legal ao problema das relações laborais do menor nestes sectores, in www.parlamento.pt.

Incumbe-nos, desta forma, e antes mesmo de tecer quaisquer outras considerações acerca do regime jurídico plasmado na RCT, aferir que tipo de contrato estará na origem da aplicação deste regime. E mais do que isso. Mais do que tentar perceber que tipo de contrato teve o legislador em mente aquando da criação do regime da participação dos menores em espectáculos, importa averiguar a susceptibilidade de o contrato celebrado entre o menor e a entidade promotora ser qualificado como contrato de trabalho.

No entendimento de Rosário Palma Ramalho, a participação do menor em espectáculos e outras actividades de natureza cultural, artística ou publicitária não deve ser qualificada como sendo trabalho subordinado, por faltarem os elementos essenciais do contrato de trabalho, nomeadamente a sujeição do menor aos poderes laborais. Considerou a autora, na vigência da RCT2004, que a inclusão da matéria da participação do menor naquela regulamentação justificava-se pelo art. 16.º, n.º 5 da lei preambular do CT2003, que estendia "as regras de protecção e as limitações ao contrato de trabalho celebrado com menores aos menores que realizem actividades autónomas"[253].

Também Andrade Mesquita entende que o exercício de trabalho subordinado implica da parte do trabalhador o discernimento para se conformar com as ordens do empregador, o que se afigura impossível relativamente a crianças de pouca idade. Como refere o autor, "nestes casos, todo o regime laboral entraria em crise, uma vez que não sendo o menor passível do juízo de censura que a culpa traduz, não pode haver justa causa de despedimento". Assim, o autor avança com a conclusão de que, relativamente a estes menores que não têm capacidade para se conformar com as ordens do empregador, apenas se concebe a celebração de outro tipo de contratos, como seja a cedência de direitos de imagem[254].

Por seu turno, Alonso Olea, ainda que sem fazer referência em concreto à participação dos menores em espectáculos, refere que o que torna particular o contrato de trabalho é o "exigir-se, sempre, e em qualquer caso, a vontade do trabalhador, pelo que se torna inutilizável o processo normal de representação legal, em que a vontade do representante substitui a do representado"; sendo o objecto do contrato de traba-

---

[253] *Direito...*, *Parte II...*, pág. 340.
[254] *Direito...*, págs. 426 e 427.

lho a actividade pessoal de quem, na qualidade de trabalhador, o celebra, afirma o autor ser o contrato de trabalho "estritamente pessoalíssimo". E acrescenta: "tema conexo é o de saber se em razão da idade pode existir uma incapacidade essencial e absoluta, de modo algum suprível, para celebrar o contrato de trabalho. Não creio que haja outra resposta: é da natureza das coisas exigir-se, forçosamente, o uso da razão, com tudo o que de aleatório há nesta expressão"[255].

Aprofundemos estas ideias.

De facto, como vimos supra, para que se possa falar na existência de um contrato de trabalho, têm num primeiro momento de se verificar os requisitos essenciais dos negócios jurídicos em geral: existência de capacidade negocial das partes, vontade bem formada e concordante com o sentido da declaração e idoneidade do objecto.

No que se refere especificamente à capacidade para celebrar negócios jurídicos, tem a parte de ter discernimento e capacidade natural para entender e querer o sentido da sua declaração. O trabalhador, no momento em que celebra o contrato de trabalho, tem de ter capacidade para conhecer realmente os termos e as condições em que o celebra, os direitos e garantias que adquire com a celebração do mesmo, as obrigações e os deveres a que fica adstrito e as consequências que se verificarão com a sua não observância.

Como referimos, em termos gerais, entendeu a lei que, como regra, essa capacidade plena só é adquirida quando o menor completa os dezoito anos. Previu igualmente alguns casos em que o menor possui capacidade para praticar determinados actos jurídicos com apenas catorze anos, como é o caso da celebração de contratos de trabalho, nas condições já analisadas. Quanto à celebração de contratos de trabalhos por menores com idade inferior a catorze anos, não prevê a lei qualquer situação em que o próprio menor possa celebrá-los pessoalmente, ainda que com autorização ou sem oposição de terceiros, pelo que, a ser possível, tal celebração teria de ser realizada mediante a intervenção do representante legal.

---

[255] *Introdução...*, págs. 211 e 212.

Sem abordar a matéria dos menores no espectáculo, mas questionando se relativamente aos contratos de trabalho dos menores, nos casos previstos nos arts. 66.º e ss. do CT, é concebível o instituto da representação, Júlio Gomes considera ser o contrato de trabalho um contrato de execução eminentemente pessoal, que não se compadece com a representação própria do direito civil, devendo negar-se que os representantes legais possam celebrar o contrato em vez do menor e possam impor-lhe a realização de uma actividade laboral[256].

Também Jorge Leite afasta a figura da representação legal no que concerne aos contratos de trabalho celebrados com menores que tenham completado a idade mínima de admissão. Segundo o autor, a lei considera a realização do contrato um "acto próprio do menor"; "a vontade que actua o negócio jurídico é a vontade do menor". O afastamento do instituto da representação legal explica-se pelo carácter pessoal da obrigação principal que emerge do contrato e, relativamente aos menores com pelo menos dezasseis anos de idade, pela salvaguarda do princípio da liberdade do trabalho e do princípio gradualista. "Mesmo quando não seja suficiente, a vontade do menor é, não apenas *necessária*, mas também *primária*, no sentido de que a vontade negocial é sua e não a da pessoa a quem a lei comete o correspondente dever de tutela"[257].

Vítor Ferraz, referindo-se ao trabalho de menores entre os catorze e os dezassete anos, diz que embora o menor não tenha capacidade plena para celebrar o contrato de trabalho (uma vez que necessita ou da autorização ou da não oposição dos pais), os representantes legais também não podem celebrar o contrato sem ou contra a sua vontade. "Um tal contrato careceria de qualquer eficácia já que este não poderia substituir o seu representado no cumprimento da principal obrigação daqui resultante – a obrigação de prestação de trabalho. Esta tem um carácter pessoal e infungível e, por isso, exige um compromisso do próprio menor na celebração do contrato"[258].

---

[256] *Direito*, págs. 455 e 456. No mesmo sentido, Maria José Costa Pinto, "A protecção...", pág. 105.

[257] "Alguns aspectos...", pág. 14.

[258] "O Regime...", pág. 285. Refere ainda o autor que relativamente à prestação de trabalho, o menor adquire a capacidade de gozo e a capacidade de exercício no mesmo momento, com dezasseis anos, excepto no caso em que os menores podem prestar actividade com catorze anos.

Suarez Gonzalez abordando a hipótese de um contrato de trabalho ser celebrado pelo representante legal sem consentimento do menor, escreve "lo que se hace necesario es asegurarse la adhesión de la voluntad del menor en cuanto al hecho del trabajo, es decir, a la prestación de sus energías, productoras físicas de su trabajo". A celebração pelo pai de um contrato de trabalho contra a vontade do filho representa um excesso de poder exercido pelo pai, que provoca a anulação do contrato no caso de o menor não concordar em trabalhar[259].

Romano Martinez, ainda que sem aprofundar muito a questão, diz que, atento o disposto no art. 58.º do CT2003 (actual art. 70.º), é de concluir ficar o papel do representante legal circunscrito à autorização ou à oposição para a celebração do contrato de trabalho[260].

Já Pierre-Yves Verkindt, problematizando sobre a possibilidade de os menores de dezasseis anos celebrarem eles próprios o contrato de trabalho e aludindo ao regime legal francês, considera ser o contrato de trabalho um acto não usual, submetido ao regime da representação, não sendo sequer necessário o consentimento do menor para a validade do contrato. E conclui: "la solution est critiquable car si elle peut se concevoir évidemment pour le bebé exerçant une activité de «mannequin», elle est plus discutable pour le mineur capable de discernement"[261].

Desta forma, importa ver se o instituto da representação legal se concilia com a celebração de um contrato de trabalho, por um lado, e se o contrato de trabalho, com os elementos que o integram, não fica descaracterizado quando de um dos lados da relação temos um sujeito que é menor e que, muitas das vezes, está desprovido de capacidade natural

---

[259] "Contrato..." pág. 40.
[260] *Direito...*, pág. 380. No mesmo sentido que os autores supra citados, Sala Franco e outros, *Relaciones Laborales 2008*, Tirant lo Blanch, Valência, 2008, pág. 239, considera que, dado o carácter pessoalíssimo do contrato, não é possível a substituição da vontade do menor, sendo o contrato celebrado sem ela nulo.
[261] "Le droit...", pág. 75. De resto, o autor justifica a celebração do contrato de trabalho por menores com pelo menos dezasseis anos sem necessidade de representação legal, não pelo carácter pessoal da relação laboral, mas pela maturidade e discernimento do menor. Também Dolz-Lago, "La relacion...", pág. 144, parece não questionar a possibilidade de o menor ser substituído pelos representantes legais na celebração do contrato de trabalho.

para entender e querer o sentido das declarações prestadas, das obrigações assumidas, dos direitos adquiridos.

A representação, legal ou voluntária[262], consiste na prática de um acto jurídico em nome de outrem, por forma a que os efeitos jurídicos desse acto se verifiquem na esfera jurídica desse outrem. O acto que o representante pratica em nome do representado produz efeitos na esfera jurídica deste, desde que praticado dentro dos limites do poder daquele (art. 258.º do CC); para efeitos legais é como se o acto praticado pelo representante tivesse sido praticado pelo representado.

No que se refere em concreto à representação legal, seja a representação do menor seja do interdito, o que move o representante há-de ser o interesse do representado. Como refere Pedro Pais de Vasconcelos, "o interesse que rege o exercício representativo resulta da interpretação e concretização da relação subjacente", pelo que, "na representação de menores e interditos, é na relação de filiação ou na de tutela ou curatela que se deverá procurar quais os interesses regentes e que devem orientar o agir representativo"[263]; ou seja, há que ter em conta os fins tidos em vista na construção do quadro legal das responsabilidades parentais e da tutela para saber como deve o representante actuar.

No que aos menores diz respeito, o direito de representação insere-se no âmbito das responsabilidades parentais, cujo conteúdo é definido no art. 1878.º do CC. Aos pais compete velar pela segurança e saúde dos filhos, prover ao seu sustento, dirigir a sua educação, administrar os seus bens e representá-los, tendo sempre como fim último a defesa dos interesses dos filhos. Nas palavras de Rosa Martins, as responsabilidades parentais consistem "no complexo de "direitos e deveres" que a ordem jurídica concede ou impõe a ambos os pais para que estes, no seu exercício, cuidem de todos os aspectos relacionados com a pessoa e os bens

---

[262] A representação diz-se legal quando resulta da lei, como sucede no caso dos menores e dos interditos, e voluntária quando resulta da vontade de alguém, que atribui poderes a outrem através de procuração. Muitas vezes distinguem-se estes dois tipos de representação de um terceiro tipo, a representação orgânica, que se trata da representação da pessoa colectiva pelos seus órgãos.

[263] *Teoria Geral do Direito Civil*, 4.ª Edição, Almedina, Coimbra, 2007, págs. 325 e ss.

dos filhos menores no interesse destes últimos". Mas, acrescenta a autora, "a finalidade protectiva não é o único objectivo visado pelo instituto do *poder parental*. O reconhecimento de que a criança e o adolescente, enquanto sujeitos menores de idade, se encontram em permanente processo de evolução e crescimento impôs ao *poder parental* uma outra finalidade, a do apoio a esse mesmo crescimento através da promoção da autonomia e da independência dos filhos"[264]. Ora, é precisamente este objectivo das responsabilidades parentais que tem de ser tido em conta no tratamento do seu âmbito e dos seus limites. Para além de ter de se descortinar se a representação do menor na celebração de um contrato de trabalho está dentro dos limites do poder de representação, tem de se saber se, ainda assim, o interesse do filho e o respeito pela sua autonomia justificam essa substituição.

O art. 1881.º do CC dispõe sobre o poder de representação dos pais relativamente aos filhos, estipulando compreender o poder de representação o exercício de todos os direitos e o cumprimento de todas as obrigações do filho, distinguindo, em seguida, os três tipos de actos cuja prática configura uma excepção ao poder de representação dos pais: os actos puramente pessoais, os actos que o menor tem o direito de praticar pessoal e livremente e os actos respeitantes a bens cuja administração não pertença aos pais[265].

Analisando as excepções, são actos puramente pessoais os actos que estejam eminentemente ligados à vontade de um indivíduo, apenas por ele podendo ser praticados, como é o caso da perfilhação, do casamento ou da disposição testamentária. Ora, o contrato de trabalho, sendo certo que se trata de um contrato com carácter pessoal, é simultaneamente um

---

[264] *Menoridade...*, págs. 176 e 183. Também Castro Mendes, *Direito da Família*, Associação Académica da Faculdade de Direito de Lisboa, Lisboa, 1990/1991, pág. 340, diz não serem as responsabilidades parentais "um conjunto de faculdades de conteúdo egoísta e de exercício livre, mas de faculdades de carácter altruísta, que devem ser exercidas primariamente no interesse do menor (e não dos pais). Jorge Miranda, "Sobre o poder paternal", *Revista de Direito e de Estudos Sociais*, Ano XXXII, n.ºs 1-2-3-4, Almedina, Coimbra, 1990, pág. 34, refere ser o titular das responsabilidades parentais obrigado a exercê-las e a exercê-las "de certo modo, do modo que for exigido pela função".

[265] Referem Pires de Lima e Antunes Varela, *Código...*, Vol. V, pág. 340, ter o texto legal mencionado as excepções "por categorias criteriosamente escalonadas", identificando as que são típicas ou características das responsabilidades parentais.

negócio de natureza patrimonial, pelo que, quanto a nós, não se integra no conceito de acto puramente pessoal. Já os actos respeitantes a bens cuja administração não pertença aos pais são aqueles praticados sobre os bens mencionados no art. 1888.º, n.º 1 do CC, pelo que não se confundem com a celebração do contrato de trabalho. Situação que poderia levantar algumas dúvidas é o segundo tipo de actos mencionado no art. 1881.º, os actos que o menor tem direito a praticar pessoal e livremente. No entanto, a doutrina tende a considerar que os actos a que a norma se refere são aqueles que a própria lei reservou e previu que fossem praticados pelo menor, desde logo os actos previstos no art. 127.º do CC[266].

Assim sendo, não nos parece integrar a celebração do contrato de trabalho um dos casos previstos no art. 1881.º e que afastam o instituto da representação legal. Acresce ainda que a articulação do art. 1935.º, n.º 1 com o art. 1937.º, al. c), ambos do CC, indiciam estar nos limites de actuação das responsabilidades parentais a representação do filho menor na celebração do contrato de trabalho. De facto, prevendo o art. 1935.º, n.º 1 que o tutor tem os mesmos direitos e obrigações que os pais, com as modificações e restrições previstas nos artigos seguintes, e prevendo o art. 1937.º vários actos que estão vedados ao tutor, entre os quais a celebração em nome do menor de "contratos que o obriguem pessoalmente a praticar certos actos", conclui-se que o art. 1937.º introduz uma modificação no regime do tutor relativamente ao regime aplicável aos pais. E assim sendo, e se nos cingirmos só ao elemento literal, é de aceitar que possam os pais celebrar contratos, em nome do menor, que o obriguem pessoalmente a praticar certos actos, o mesmo é dizer, que possam os pais celebrar um contrato de trabalho em nome do filho, obrigando o menor a dispor da sua força de trabalho.

Centrando a análise apenas no instituto do direito de representação, parece-nos, pois, haver à partida abertura legal para admitir a representação dos filhos pelos pais na celebração de contratos de trabalho.

Centremo-nos agora no contrato de trabalho.

Não é pacífico ser o contrato de trabalho um negócio *intuitu personae*. Se para alguns autores as características e qualidades das partes –

---

[266] Pires de Lima e Antunes Varela, *Código...*, Vol. V, pág. 340 e Castro Mendes, *Direito...*, pág. 348.

e mais concretamente do trabalhador – são sempre elementos essenciais para a decisão de contratar e para a própria execução do contrato de trabalho, para outros não é forçoso que essas características e qualidades sejam tidas em conta em todos os contratos, sobretudo quando esteja em causa a contratação de trabalhador para o exercício de funções que exijam poucas qualificações[267].

Mas ainda que não se considere ser o carácter *intuitu personae* uma característica da generalidade dos contratos de trabalho, certo é que em muitos casos a mesma verifica-se. Na grande maioria dos casos as qualidades pessoais do trabalhador, a sua formação ou a sua aptidão profissional são elementos essenciais à contratação e à subsistência do contrato de trabalho. Alonso Olea diz mesmo: "mesmo nos casos de trabalhos não qualificados, comuns, muito definidos pelo costume ou outras normas, há diferenças no cumprimento das obrigações contratuais dos trabalhadores e tanto mais quando a execução do trabalho impõe a obediência a ordens, a submissão a uma disciplina, uma certa atitude e uma certa conduta, e nunca este conjunto de factores é idêntico em duas pessoas, como nunca são idênticas as mesmas pessoas"[268].

No que se refere em especial à relação estabelecida entre a entidade promotora de um espectáculo e o artista, são particularmente relevantes as características do artista em todos os momentos da relação laboral. As qualidades técnicas, o profissionalismo, a imagem ou as qualidades pessoais do artista serão, consoante a actividade em causa, decisivos para a decisão de contratar e para os termos de execução do contrato. Como nota Bernardo Lobo Xavier, "a autonomia da prestação naquilo em que esta tem de criativo e no que supõe de adesão espontânea do artista aos valores da sua arte, e a subordinação, no que tem de rigorosa obediência a uma disciplina de equipe, confluem para qualificar como de extrema pessoalidade os vínculos de trabalho em causa" [269].

São assim as características próprias do contrato de trabalho, como sejam o carácter eminentemente pessoal e a inseparabilidade da pessoa

---

[267] Veja-se a este propósito a nota de rodapé n.º 71.
[268] *Introdução...*, pág. 239.
[269] "Contratos...", pág. 124.

do trabalhador da prestação laboral que permitem compreender por que razão são diferentes as consequências da celebração de um negócio jurídico de carácter exclusivamente patrimonial de um negócio jurídico com características pessoais (ainda que não exclusivamente). Enquanto que naquele a regra será a de qualquer das partes poder à partida ser substituída sem que isso acarrete prejuízos para a outra parte, neste, a prestação realizada por cada uma das partes pessoalmente, ou pelo menos por uma delas – o trabalhador –, é, a grande maioria das vezes, essencial para o correcto cumprimento do negócio.

É a característica da pessoalidade e a verificação, em determinados casos, de uma relação de fidúcia, que permitem explicar a existência de algumas regras do regime laboral, como o período experimental, a intransmissibilidade da posição contratual do trabalhador sem que haja autorização do empregador ou a possibilidade de o empregador se opor, em algumas situações, à reintegração do trabalhador ilicitamente despedido.

No contrato de trabalho, contrariamente às obrigações exclusivamente patrimoniais, falamos de obrigações que vinculam o trabalhador a prestar a sua força de trabalho, a envolver-se pessoalmente, numa actividade em que à partida não pode ser substituído. Ao contrário dos demais contratos, no contrato de trabalho o trabalhador envolve-se na relação laboral de uma forma mais intensa. "O trabalhador subordinado está mais envolvido na prestação porque o *quid* a prestar é a sua própria actividade, mas também porque o desenvolvimento dessa actividade depende, em cada momento, das orientações do credor-empregador, dada a indefinição relativa do conteúdo da prestação, e porque a eficácia dessas orientações é assegurada, de forma directa e imediata, pela possibilidade de actuação do poder disciplinar"[270].

Por ser o contrato de trabalho um contrato com um carácter pessoalíssimo, muitos aspectos do seu regime jurídico e que constituem a pedra angular de todo o regime, sem a verificação dos quais o contrato não é concebível, exigem da parte do trabalhador capacidade de entendimento e uma vontade livre e absoluta.

O carácter pessoalíssimo do contrato de trabalho tem a ver essencialmente com a posição do trabalhador. Sem dúvida que as qualidades

---

[270] Rosário Palma Ramalho, *Da autonomia...*, págs. 490 e 491.

do empregador, seja pessoa singular ou colectiva, são importantes na relação de trabalho, mas ninguém contesta que no que respeita às duas principais prestações do contrato, apenas a do trabalhador tem esse carácter; quanto à do empregador, a obrigação pecuniária nada tem de pessoal. A prestação é igualmente bem cumprida, na óptica do trabalhador, seja o empregador a pagar, seja um terceiro.

Ora, é a importância que tem na relação laboral a pessoa do trabalhador, com as suas qualidades, as suas aptidões e as suas qualificações e o envolvimento pessoal que sempre exige a disponibilização da força de trabalho ao serviço do empregador, que se concilia mal com o direito de representação. Um contrato em que as características pessoais dos seus sujeitos são essenciais para a correcta concretização e para o cumprimento do mesmo, e em que uma das partes, o trabalhador, se envolve pessoalmente na prestação a que se obriga, exige da parte dos sujeitos uma vontade inteiramente livre e totalmente esclarecida para o poderem celebrar.

Os sujeitos do contrato de trabalho, aquando da celebração, têm de estar cientes dos elementos do contrato, das obrigações e dos deveres a que se vinculam e das consequências do seu não cumprimento. E essa consciência, esse conhecimento perfeito e livre dos termos do contrato, não podem ser assegurados por terceiros que posteriormente não possam cumprir as prestações a que as partes se obrigam. De nada adianta que os representantes legais estejam conscientes dos direitos e deveres que decorrem da celebração de um contrato de trabalho em nome do filho, se o filho não pode garantir que está em condições de cumprir essas obrigações e esses deveres. De que serve os pais celebrarem um contrato de trabalho, em nome do seu filho de dois anos, com uma produtora de uma novela, se o menor não tem maturidade suficiente que lhe permita compreender as obrigações a que se vinculou e as consequências que sobre si impendem em caso de incumprimento? Ou de que serve que os representantes legais celebrem em nome de um menor de treze anos um contrato de trabalho com a dita produtora, se o menor não está interessado em cumprir o contrato e se recusa a filmar ou desempenha propositadamente mal o seu papel? Se os representantes legais não podem substituir-se ao menor no cumprimento da prestação, nem a aplicação de qualquer sanção os afecta, o contrato está à partida condenado ao fracasso e perante a impossibilidade fáctica de o contrato poder ser cumprido pelos pais ou de as consequências normais de incumprimento dos deveres laborais poderem ser concretizadas, temos no limite uma relação laboral subvertida, em que o empregador passa a ser a parte mais fraca da relação.

É preciso distinguir, no entanto, as situações consoante o menor substituído tenha ou não capacidade natural para entender e querer os termos em que foi celebrado o contrato.

Foquemos primeiro o caso dos menores desprovidos de capacidade natural, debruçando-nos sobre três aspectos do regime do contrato de trabalho, quanto a nós essenciais, dependentes uns dos outros, e cuja concretização não se afigura possível quando do lado do trabalhador encontramos como sujeito um menor de idade, desprovido de capacidade natural. Referir-nos-emos ao poder directivo, aos deveres do trabalhador e ao poder disciplinar.

Quanto ao poder de direcção, sendo este o poder de o empregador conformar a prestação laboral do trabalhador (definindo o seu conteúdo e o seu modo de execução no que se refere às tarefas concretas a realizar, ao momento, ao lugar e ao modo de as exercer) e o poder de fiscalizar a actividade por ele prestada, sempre sob a eminência do exercício do poder disciplinar, para que ele possa ser eficazmente exercido necessário se torna que da parte do trabalhador haja uma capacidade natural para entender as ordens e instruções que lhe são dirigidas[271].

Só se pode falar em poder de direcção se o trabalhador entender o que lhe está a ser exigido e puder, em abstracto, cumprir essas exigências. Tanto mais quanto é certo que o poder de direcção não se esgota com a celebração do contrato, antes se desenvolve ao longo da relação laboral. A relação laboral é por natureza indeterminada, tanto no momento da celebração do contrato de trabalho como durante a sua execução[272].

---

[271] Como fundamento para justificar o poder de direcção que o empregador exerce sobre o trabalhador tem sido apontado pela doutrina, para além da propriedade dos meios de produção, o facto de os resultados da prestação de trabalho produzirem-se na esfera jurídica do empregador. Sendo o empregador o cessionário dos frutos do trabalho do trabalhador, a ele cabe decidir que resultados concretos pretende e como quer gerir a mão de obra que tem à sua disposição e as tarefas que quer incumbir a cada trabalhador para atingir esses mesmos resultados. Ver nesta matéria Alonso Olea, *Introdução...*, pág. 245.

[272] Rosário Palma Ramalho, *Da autonomia...*, pág. 754.

Ainda que aquando da celebração do contrato seja estipulado o objecto da prestação, o empregador pode, na concretização do seu poder directivo, conformar a forma de execução dessa prestação, bem como, dentro dos limites da lei, encarregar o trabalhador de tarefas afins ou mesmo diferentes das previstas no contrato. Ora, esta necessidade de conformação constante do objecto da relação laboral pressupõe entendimento e capacidade de se conformar do lado do trabalhador.

No que se refere aos deveres do trabalhador, também o seu cumprimento depende da existência de vontade da parte daquele, sendo impensável, nos moldes da figura do contrato de trabalho, sujeitar o cumprimento dos mesmos à intervenção de um terceiro, sendo certo que esse cumprimento por terceiros torna-se mesmo inviável relativamente a alguns deles, pela estreita conexão com o carácter pessoal da prestação que apresentam. Apenas a título de exemplo, pensemos no dever de o trabalhador comparecer ao serviço com assiduidade e pontualidade (art. 128.º, n.º 1, al. b) do CT), no dever de realizar o trabalho com zelo e diligência (art. 128.º, n.º 1, al. c) do CT) ou ainda no dever de obediência às ordens e instruções dadas pelo empregador ou superior hierárquico e que digam respeito à execução e à disciplina no trabalho (art. 128.º, n.º 1, al. e) e n.º 2 do CT).

Como pode um menor de três anos estar vinculado ao dever de assiduidade ou de pontualidade, quando a sua presença no local onde deve exercer a prestação depende necessariamente de terceiros? E como justificar que o atraso do menor ao seu local de trabalho possa ter consequências sobre si, nomeadamente em matéria de faltas e de poder disciplinar, quando o mesmo não contribuiu nem influiu em tal violação?

E relativamente ao dever de exercer a actividade com zelo e diligência – como se pode pretender que a conduta de um menor de cinco anos que durante um ensaio de uma peça de teatro teve um momento de distracção, obrigando a repetir a cena, constitua uma violação do dever de exercer a actividade com zelo e diligência? Ninguém nega que provavelmente o menor se estivesse concentrado no seu trabalho não teria obrigado à repetição da cena; mas também ninguém nega que a maturidade de um menor não é, em regra, comparável à de um adulto, levando--o a ter atitudes e comportamentos explicáveis apenas em razão da tenra idade e do grau ainda reduzido de desenvolvimento da razão. Em face disto, será admissível que uma tal conduta seja censurável e repreensível?

Quanto ao dever de obediência, também relativamente a este não podemos pensar de outra forma que não seja entender que só pode obedecer quem compreende os deveres que sobre si impendem. E, mais do que isso, não é só compreender esses deveres, é ter a capacidade e o discernimento necessários para entender a necessidade de cumprimento dos deveres e as consequências possíveis para o seu incumprimento. Só o conhecimento de todas estas coordenadas permitirá ao trabalhador cumprir os seus deveres e sujeitar-se às consequências da sua violação.

Um terceiro aspecto crucial do regime do contrato de trabalho e que, quanto a nós, não se coaduna com a ideia de ter como sujeito trabalhador um menor de idade desprovido de capacidade natural para entender e querer a celebração do contrato e os termos em que foi feito, é o poder disciplinar. O poder disciplinar, integrado no poder directivo do empregador, tem sido considerado imprescindível e decisivo na delimitação do contrato de trabalho dos restantes negócios jurídicos privados[273-274].

---

[273] Segundo Rosário Palma Ramalho, "Os limites do poder disciplinar laboral", *Estudos de Direito do Trabalho*, Almedina, Coimbra, 2003, pág. 183, o poder disciplinar é um poder dominial, que é, "mais do que o próprio poder directivo, a manifestação por excelência do desnível das posições jurídicas das partes na relação de trabalho". Quanto ao fundamento e função do poder disciplinar e sua relação com o poder de direcção do empregador, veja-se Garcia Pereira, *O Poder Disciplinar da Entidade Patronal, Seu Fundamento*, Editora Danúbio, Lisboa, 1983, Júlio Gomes, *Direito...*, págs. 879 e ss., Rosário Palma Ramalho, *Do fundamento do poder disciplinar laboral*, Almedina, Coimbra, 1993 e "Os limites...", págs. 183 e ss. e *Costa* Martins, "Sobre o poder disciplinar da entidade patronal", *I Congresso Nacional de Direito do Trabalho – Memórias*, Almedina, Coimbra, 1998, págs. 233 e ss.

[274] Alonso Olea, *Introdução...*, págs. 251 e 252, justifica o poder disciplinar com o facto de, se na relação laboral regessem apenas as regras do direito civil, o incumprimento de algum dever a que o trabalhador está adstrito em decorrência da posição de subordinação jurídica que ocupa na relação contratual podia dar ao empregador a possibilidade de resolução do contrato, por incumprimento. É em prol da conservação dos contratos, da consciência da variedade de tipos e gravidade do incumprimento e sabendo o carácter essencial que o contrato de trabalho representa na vida do trabalhador, que o poder disciplinar permite ser uma forma de conservar a existência do contrato, não provocando, ao mínimo incumprimento, a sua cessação. Também Júlio Gomes, *Direito...*, págs. 884 e 885, aponta como vantagens do poder disciplinar poder o empregador reagir,

E a importância de poderem os menores ser sujeitos de poder disciplinar tem ainda um carácter mais decisivo se se adoptar a perspectiva de ser o poder disciplinar o verdadeiro critério delimitador do contrato de trabalho. Segundo Rosário Palma Ramalho, não é tanto o poder directivo que faz da relação empregador-trabalhador uma relação de domínio, mas o poder disciplinar. "A imprescindibilidade do poder disciplinar laboral verifica-se, de facto, mas não decorre da inevitabilidade do poder directivo, porque este poder directivo não é, ele próprio, de efectividade necessária no contrato"[275]. Por outro lado, aponta a autora como argumento a favor da singularidade do poder disciplinar, a existência de manifestações de poder de direcção noutros negócios jurídicos privados, nomeadamente em alguns contratos afins do contrato de trabalho (como sejam o mandato, o depósito, a empreitada), o mesmo não sucedendo com o poder disciplinar laboral[276].

---

de forma rápida, eficaz e em tempo oportuno, contra leves incumprimentos ou cumprimentos defeituosos do trabalhador, poder o empregador corrigir pequenos incumprimentos do trabalhador que, pela "culpa levíssima", não dariam lugar, nos termos do direito civil, à aplicação das regras da responsabilidade, e manter o poder disciplinar a paz da empresa.

[275] *Do fundamento...*, pág. 268. A autora apresenta vários argumentos a favor da sua afirmação: as situações de desdobramento dos poderes laborais que se verificam em alguns contratos de trabalho especiais (de que são exemplo o trabalho temporário e o trabalho portuário), em que o poder disciplinar continua na titularidade do empregador mas em que o trabalhador passa a estar sujeito ao poder directivo do utilizador durante o período de ocupação temporária; a situação de suspensão do contrato de trabalho que implica a suspensão do poder de direcção, por ausência do objecto da direcção, continuando, no entanto, a subsistir o poder disciplinar; a existência de situações contratuais de "enfraquecimento" do poder directivo, como sejam as dos quadros dirigentes ou dos trabalhadores detentores de uma grande autonomia técnica, em que as manifestações e o peso do poder directivo são tão pouco significativos que é o poder disciplinar que permite delimitar o contrato de trabalho; por fim, enquanto que é suficiente para caracterizar a posição subordinada do trabalhador a possibilidade da sua sujeição aos poderes directivos do empregador, sem que os referidos poderes tenham de ser efectivamente exercidos, no que concerne ao poder disciplinar, este não se mantém numa situação de potencialidade até que a sanção seja aplicada, "porque a simples ameaça da sanção, na medida em que se configura como um poderoso estímulo ao cumprimento das suas obrigações pelo trabalhador, constitui, *de per si*, um poder efectivo do empregador".

[276] Embora não se referindo ao poder disciplinar nestes termos, Júlio Gomes, *Direito...*, pág. 893, considera ser o poder disciplinar "co-natural ao contrato de trabalho",

Mas independentemente de se considerar ser o poder disciplinar o verdadeiro critério distintivo entre o contrato de trabalho e o contrato autónomo, ele é entendido como um elemento inerente ao contrato de trabalho. É o poder disciplinar que assegura ao empregador um meio rápido e eficaz de reagir e, mais do que isso, de prevenir o incumprimento pelo trabalhador dos seus deveres, compensando-o, desta forma, dos encargos e riscos assumidos[277].

Ora o poder disciplinar configura-se como um verdadeiro poder de punir, como um poder de aplicar sanções (art. 328.º do CT)[278], que se exerce necessariamente na pessoa do trabalhador. A infracção disciplinar liga-se forçosamente à ideia de um comportamento ilícito e culposo do trabalhador, que viola os seus deveres contratuais, independentemente de ocorrerem ou não danos. Cabe ao empregador, no âmbito do seu poder disciplinar, decidir, caso a caso, se pretende sancionar uma determinada infracção e qual a sanção que pretende aplicar, ainda que com respeito pelo princípio da proporcionalidade, que lhe impõe que a aplicação da sanção deve ser proporcional à gravidade da infracção e à culpabilidade do trabalhador (art. 330, n.º 1 do CT)[279] e sem ser de forma arbitrária.

---

não podendo as partes exclui-lo do contrato sem o desfigurar. Andrade Mesquita, *Direito...*, págs. 332 e 333, refere-se ainda ao poder disciplinar como meio de prova da subordinação.

[277] Rosário Palma Ramalho, "Os limites...", pág. 185. Acrescenta a autora que o trabalhador quando celebra o contrato sabe que está a prescindir da gestão do seu tempo e da forma de aplicação da capacidade laborativa, "em troca da não assunção do risco de não serem atingidos os resultados, de uma relativa estabilidade financeira e profissional e de uma protecção acrescida em termos de férias, reforma ou riscos sociais".

[278] Como refere Pedro de Sousa Macedo, *Poder disciplinar patronal*, Almedina, Coimbra, 1990, pág. 19, é o conteúdo punitivo do poder disciplinar que permite a comparação, ainda que limitada, com outras disciplinas igualmente punitivas e, desde logo, com o direito penal, mais concretamente, com o direito processual penal.

[279] Com uma concepção diferente do poder disciplinar, Brito Correia, *Direito do Trabalho*, Vol. 1, Universidade Católica Portuguesa, Lisboa, 1981, pág. 156, considera o poder disciplinar não como uma faculdade da entidade empregadora, mas como um verdadeiro poder-dever; à entidade empregadora cabe "o dever de aplicar sanções disciplinares aos trabalhadores que não cumpram as suas obrigações profissionais". No mesmo sentido, Motta Veiga, *Lições...*, págs. 341 e 342. Considerando estabelecer a conduta do empregador "a sua própria autovinculação", devendo o empregador agir de forma coerente e razoável no exercício do poder disciplinar, Júlio Gomes, *Direito...*, pág. 890.

Não há na nossa lei laboral uma noção legal de infracção disciplinar[280]. Jorge Leite define-a como sendo "o comportamento (acção ou omissão) imputável ao trabalhador a título de culpa que se traduz na violação dos deveres, ou na negação dos valores, inscritos no círculo dos deveres ou dos valores da ordem jurídico-laboral estabelecidos no interesse do empregador"[281]. Também Motta Veiga define a infracção disciplinar como "toda a acção ou omissão intencional ou apenas negligente do trabalhador que viole os seus deveres profissionais"[282].

Assim, para que haja infracção disciplinar tem de haver, desde logo, ilicitude, ou seja, a inobservância de deveres laborais; mas não basta, é necessário que essa inobservância, por acção ou omissão, seja censurável, sendo necessária a existência de culpa, a título de dolo ou negligência[283], seja esta grave ou leve[284]. A culpa e a sua gravidade devem ser

---

[280] Contrariamente ao que sucede com o estatuto disciplinar dos trabalhadores que exercem funções públicas – Lei n.º 58/2008, de 9 de Setembro – que no art. 3.º, n.º 1 define a infracção disciplinar como "o comportamento do trabalhador, por acção ou omissão, ainda que meramente culposo, que viole deveres gerais ou especiais inerentes às funções que exerce", definição que pode ser tida em conta, com as devidas adaptações, para o poder disciplinar laboral.

[281] *Direito...*, Vol. II, pág. 104.

[282] *Lições...*, pág. 343. Rosário Palma Ramalho, *Da autonomia...*, pág. 763, nota de rodapé n.º 152, considera que, articulando o enunciado dos deveres constantes no art. 128.º do CT com a noção de justa causa para despedimento estabelecida no art. 351.º, n.º 1 do CT e a enumeração das situações de justa causa do n.º 2 do mesmo artigo, pode concluir--se "que a infracção disciplinar tem a ver com um comportamento culposo do trabalhador violador de algum dos seus deveres contratuais ou legais". Por seu turno, Pedro de Sousa Macedo, *Poder...*, pág. 33, identifica quatro elementos essenciais no conceito de infracção disciplinar: uma acção ou omissão; culpa ou dolo; a violação de deveres gerais ou especiais, conforme decorram da qualidade de trabalhador ou da categoria profissional; e ofensa efectiva ou eventual de interesse relevante da empresa ou da economia nacional.

[283] Figueiredo Dias, *Questões fundamentais do direito penal revisitadas,* Editora Revista dos Tribunais, São Paulo, 1999, pág. 241, referindo-se aos conceitos de dolo e negligência no âmbito do direito penal, diz ser o dolo a "expressão de uma atitude pessoal de contrariedade ou indiferença e a negligência expressão de uma atitude pessoal de descuido ou leviandade perante o dever-ser jurídico-penal".

[284] Veja-se Menezes Cordeiro, *Manual...*, págs. 751 e 752. Como refere Joana Vasconcelos, "O conceito de justa causa de despedimento – evolução legislativa e situação actual", *Estudos do Instituto de Direito do Trabalho*, Vol. II, Almedina, Coimbra, 2001, pág. 30, o requisito da culpa tem desempenhado um papel fundamental na autonomização da figura do despedimento com justa causa subjectiva das formas de extinção do contrato do direito comum.

aferidas pelo critério do trabalhador médio, normal, com critérios de objectividade[285], mas tendo em conta critérios subjectivos ligados à pessoa do trabalhador, como seja a idade. Mas mais, tem a infracção de ser imputável ao trabalhador, só podendo ser imputável na medida em que o trabalhador entendeu a desconformidade da sua conduta com os deveres a que estava adstrito.

Ora, relativamente a um menor, idades há em que não é possível atribuir-lhe um juízo de culpa, porque o mesmo não tem consciência dos actos que comete ou, ainda que tenha, pode não ter maturidade suficiente para entender que os mesmos constituem uma violação a deveres anteriormente assumidos com a celebração do contrato de trabalho. E não havendo culpa, não pode ser exercido o poder disciplinar contra o menor, muito menos proceder ao despedimento por razões subjectivas ligadas ao trabalhador. Porque para todos os efeitos, ainda que se admita que o contrato de trabalho possa ser celebrado pelos representantes legais, a culpa a aferir terá de ser a do menor; quer isto dizer que mesmo nos casos em que o que motiva a cessação do contrato e o que torna a relação insusceptível de subsistir tenha sido causado por responsabilidade dos pais, não pode ser a culpa destes a ser aferida para efeitos de imputabilidade e de cumprimento dos pressupostos do despedimento com justa causa subjectiva, porque eles não são partes do contrato, não são o trabalhador.

Também relativamente à aferição da existência e do grau de culpa, a apreciação que é feita tendo em conta o critério do trabalhador médio não pode ser feita relativamente a boa parte dos menores, que mesmo que tenham já consciência dos seus actos, não terão certamente consciência da consequência dos mesmos, não se podendo esperar deles a mesma reacção e um comportamento idêntico ao de um adulto. Também a opção de baixar o grau de exigência na aferição da culpa não é solução adequada. Pode suceder que tendo a relação laboral sido abalada por um determinado comportamento do menor, que objectivamente põe em causa a sua subsistência, não possa o empregador reagir por não poder imputar

---

[285] Romano Martinez, "Incumprimento contratual e justa causa de despedimento", *Estudos do Instituto de Direito do Trabalho*, Vol. II, Almedina, Coimbra, 2001, pág. 114 e Costa Martins, "Sobre...", pág. 226.

ao menor o referido comportamento ou, podendo imputá-lo, ainda assim, pode o grau de culpa não ser suficientemente relevante para justificar o despedimento com justa causa. No entanto, permitir que se baixe o grau de exigência na aferição da culpa relativamente a alguns trabalhadores põe em causa o equilíbrio conseguido na relação de trabalho e que esteve na base da construção de todo o regime jurídico laboral.

Olhando agora para as finalidades do poder disciplinar, facilmente constatamos que as mesmas não são susceptíveis de ser atingidas quando o sujeito trabalhador é um menor. O poder disciplinar, para além de uma finalidade punitiva ou retributiva, visando a personalidade do trabalhador, tem também uma finalidade de prevenção especial, no sentido de que a aplicação de uma sanção disciplinar visa recolocar o trabalhador na situação de cumprimento do contrato de trabalho, prevenindo a violação de mais deveres[286], e uma finalidade de prevenção geral, como forma de garantir a paz social dentro da empresa e da organização empresarial[287].

Ora, a finalidade punitiva só é atingida na medida em que o trabalhador compreende que a sanção que lhe está a ser aplicada é consequência de uma conduta sua anterior que não foi conforme aos seus deveres enquanto trabalhador. Escusado será dizer que até provavelmente aos dois, três anos, o menor não tem discernimento suficiente para entender que lhe está a ser aplicada uma sanção. Mas ainda que entenda, necessário se torna que ele compreenda que a sanção aplicada é o resultado de uma conduta censurável que praticou. Só assim faz sentido o poder disciplinar e só assim é atingida a segunda finalidade enunciada do poder disciplinar, a da prevenção especial.

Só quando o trabalhador compreende o conteúdo dos seus deveres, a desconformidade dos seus comportamentos com esses deveres e a consequente aplicação de sanções em virtude dessa desconformidade é que a finalidade de prevenir futuros comportamentos violadores de deveres laborais por parte do trabalhador pode ser cumprida.

Quanto à finalidade da prevenção geral, enquanto garantia da paz social na estrutura organizativa da empresa, essa finalidade só pode ser

---

[286] Rosário Palma Ramalho, *Do fundamento...*, págs. 198 e 199.
[287] Júlio Gomes, *Direito...*, pág. 886.

fielmente cumprida se os restantes elementos da empresa considerarem o trabalhador a quem foi aplicada a sanção como um seu igual, por forma a que encarem o sancionamento da infracção como um aviso. Ora, não só essa finalidade pode não ser de todo atingida quanto a alguns destinatários menores, que não têm discernimento suficiente para compreender o intuito da punição, como mesmo relativamente a adultos ou a menores com idade mais elevada, a aplicação de uma sanção a um menor de pouca idade passará despercebida e será sempre entendida como uma situação especial com um desenvolvimento diferente daquele que se verificaria na sua situação concreta.

Atentemos agora no processo disciplinar e num princípio estruturante do processo que é o princípio do contraditório (cuja violação levará necessariamente à violação do princípio da igualdade). Estejamos perante o processo disciplinar com vista ao despedimento ou o processo disciplinar com vista à aplicação de outra sanção, sempre tem de existir uma fase de audição do trabalhador.

Quando conducente a despedimento, tem o processo necessariamente de ser reduzido a escrito, podendo o trabalhador responder por escrito aos factos de que é acusado, juntando documentos e/ou requerendo a realização de diligências com vista ao apuramento da verdade dos factos (art. 355.º do CT); quando o processo disciplinar seja instaurado com vista à aplicação de outra sanção que não a de despedimento, ainda que o processo possa ser formalizado e reduzido a escrito, a lei apenas impõe a obrigatoriedade de o trabalhador ser ouvido antes de lhe ser aplicada a sanção (art. 329.º, n.º 6 do CT).

Não se põe em causa que parte do princípio da defesa ou do contraditório possa ser exercido por um representante do menor, nomeadamente na escolha das testemunhas, dos documentos a juntar, de outras diligências a realizar, das questões de direito a discutir; no entanto, ainda assim, é absolutamente fulcral a figura do trabalhador com o seu ponto de vista sobre os factos. Este é mesmo o elemento essencial. Sem a versão do trabalhador dos factos, na grande maioria dos casos, a defesa cai por terra. E quando falamos de um menor na posição de trabalhador, podemos estar a falar de um sujeito sem autonomia, com falta de discernimento e vontade suficientes para construir uma defesa que impeça o empregador de aplicar sanções tão graves que poderão levar à própria cessação do contrato de trabalho. No que se refere aos menores, não é sequer obrigatória a presença de um adulto no exercício da actividade (e que não represente a entidade empregadora), que, em última instância, pudesse ser testemunha credível para a defesa do menor trabalhador. Ainda assim, quanto a nós, a presença de um adulto não seria suficiente para assegurar uma defesa justa. Quantas vezes as condutas do trabalhador são justificadas por motivações intrínsecas, que só ele conseguirá exprimir e identificar? A versão dos factos feita por um terceiro será sempre a interpretação que esse terceiro faz dos factos, com o que de subjectivo isso pode ter.

Concluindo, relativamente ao menor desprovido de capacidade natural, entendemos não ser possível conciliar a existência de um contrato de trabalho celebrado pelos representantes legais em nome do menor com aspectos quanto a nós essenciais para a caracterização do contrato.

Ponhamos agora a hipótese de estar do lado do trabalhador um menor com idade suficiente para compreender os direitos e deveres que decorrem de uma relação laboral. Ainda assim, problemas semelhantes aos acima expostos podem decorrer.

É certo que na grande maioria das situações os representantes legais quando celebram um contrato de trabalho para o filho participar num espectáculo ou em alguma actividade de natureza cultural, artística ou publicitária, fazem-no com o conhecimento e com o apoio do filho. E sendo assim, sendo o contrato celebrado nessas condições, torna-se mais fácil o seu cumprimento e um desenvolvimento da relação semelhante ao de qualquer outra relação laboral celebrada com um trabalhador adulto. Pode até acontecer que nem todo o regime laboral possa ser aplicado na sua totalidade à relação com o menor, mas daí não decorrerá, em princípio, a descaracterização do contrato como contrato de trabalho. Pensamos, por exemplo, na aplicação das sanções disciplinares, cuja eficácia pode estar mais limitada quando do lado do trabalhador temos um sujeito menor. A sanção da perda de dias de férias para um contrato de curta duração, como são na maior parte dos casos estes contratos, em que as férias não são gozadas no decorrer do contrato e que, quanto muito, pode apenas representar para o menor o recebimento de um montante a título de retribuição de férias inferior ao que receberia não fosse a sanção, pode não ter o efeito retributivo e persuasivo que se pretendia. De facto, se por um lado a necessidade das férias nesse caso não se fará sentir como no caso de um contrato de trabalho cujo cumprimento se prolongue no tempo, também o recebimento de uma quantia inferior à inicialmente devida para alguém que não necessita do dinheiro para a sua subsistência pode ter pouco impacto. Por esta mesma razão, a aplicação da sanção pecuniária a um menor pode não se revelar suficientemente eficaz. Mas se por um lado a ineficácia ou a menor eficácia dessas sanções não perturba o cumprimento do contrato, por outro, o problema não é exclusivo deste tipo de contrato. Basta pensar nos contratos de trabalho celebrados por trabalhadores com um nível de vida médio ou alto e para quem a perda de remuneração não representará um grande prejuízo.

Mas a lei não pode estar pensada apenas para o que é usual. Pondo a hipótese de o menor não querer participar na actividade para a qual os representantes legais celebraram o contrato de trabalho, todo o contrato de trabalho tende a fracassar. Como convencer um menor a cumprir o contrato de trabalho, executando diligentemente as tarefas que lhe são pedidas, tratando com urbanidade o empregador ou sendo assíduo, se lhe é absolutamente irrelevante a consequência que advier da violação desses deveres?

Por outro lado, parece-nos que ao contrato de trabalho celebrado pelos representantes legais de um menor que não concordou com a celebração falta uma característica essencial, que é a liberdade. O trabalho, enquanto objecto do direito do trabalho, tem de ser livre, o trabalhador tem que ter consentido na sua celebração, sem qualquer imposição externa. A possibilidade de os pais dos menores celebrarem contratos de trabalho em sua substituição, sem que seja necessário e decisivo o seu consentimento, coarcta essa mesma liberdade. Sem referir que a celebração de contratos de trabalho pelos representantes legais sem o consentimento dos menores, pelo menos quando estes já tenham discernimento natural e quando a celebração não se justifica por motivos formativos e educativos, constitui um abuso do exercício das responsabilidades parentais.

Aqui chegados, façamos o ponto da situação das conclusões que fomos tirando, distinguindo a situação dos menores sem capacidade natural da dos menores com capacidade natural.

Relativamente aos menores desprovidos de capacidade natural, não nos parece defensável a qualificação do contrato celebrado pelos representantes legais em nome do menor como sendo um contrato de trabalho, tendo em conta que a falta de discernimento do menor inviabiliza o funcionamento de muitos mecanismos e regras do contrato de trabalho, descaracterizando-o. Pelo que três soluções se afiguram teoricamente possíveis: não considerar de todo o contrato celebrado como um contrato de trabalho, aplicando-se apenas o regime previsto nos arts. 2.º a 11.º da RCT e os arts. 66.º a 83.º do CT e já não o regime geral do CT e demais legslação laboral; não considerar o contrato como um contrato de trabalho, mas ainda assim, para além de aplicar os artigos ora referidos, aplicar também o regime geral do CT e demais legislação laboral; considerar que, apesar de faltarem ao contrato celebrado pelos representantes legais alguns dos elementos do contrato de trabalho, como sejam, embora dependendo dos casos, a subordinação jurídica e o poder disciplinar, ainda assim subsiste um contrato de trabalho, devendo aplicar-se, como tal, não apenas as normas referentes ao trabalho dos menores, mas todo o regime geral laboral, ainda que com adaptações[288].

No que diz respeito aos menores com discernimento suficiente para gozar os direitos e assumir as obrigações e as consequências decorrentes da celebração de um contrato de trabalho, ainda que o problema da incompatibilidade da falta de capacidade natural com o fiel cumprimento do contrato de trabalho não se coloque, uma vez que quanto a eles a falta de capacidade natural não se verifica, não deixa, contudo, de se nos afigurar difícil a compatibilização da representação legal com o carácter pessoalíssimo do contrato de trabalho.

O legislador, no regime da participação de menor em espectáculo ou outra actividade de natureza cultural, artística ou publicitária, previu que sejam os representantes legais a celebrar os contratos em nome dos menores, sem nunca, ao longo de todo o processo, desde a apresentação do pedido de autorização à CPCJ até à celebração do contrato, exigir a

---

[288] Sala Franco, *Derecho...*, pág. 782, ainda que sem debater propriamente o problema, parece não pôr em causa o carácter laboral da relação estabelecida entre o menor e o empresário do espectáculo, quando afirma que caberá ao representante legal do menor o exercício das "actiones derivadas del contrato de trabajo".

necessidade de existir consentimento da parte do menor (prevê-se a possibilidade de a CPCJ ouvir o menor, quando possível, o que não se confunde, no entanto, com o consentimento de que falamos). O que, de facto, coloca as dúvidas atrás mencionadas por alguns autores relativamente à substituição do menor pelos representantes legais.

Numa relação de trabalho de cunho marcadamente pessoal, em que o trabalhador obriga-se a si próprio, disponibilizando-se pessoalmente perante o empregador, concebe-se que o trabalhador não tenha sequer de concordar ou discordar? A circunstância de a representação fazer com que, para todos os efeitos, o contrato seja celebrado pelo menor e o facto de ser exercida ou dever ser exercida sempre de acordo com os interesses do menor parecem não bastar. O contrato de trabalho, pela sua natureza, exige um compromisso livremente assumido pelas próprias partes da relação (o que já se concilia com a figura da representação voluntária, por exemplo).

E a relutância que temos em qualificar o contrato celebrado pelos representantes legais do menor com capacidade natural para a participação em espectáculos e outras actividades como contrato de trabalho acentua-se quando analisados os arts. 66.º e ss. do CT e a previsão expressa da possibilidade de o menor com idade igual ou superior a catorze anos celebrar um contrato de trabalho pessoalmente.

Ainda que não seja claro o momento em que o menor adquire capacidade natural, nem o legislador tenha dado uma resposta directa a essa questão (sendo que, tendo em conta a especificidade do contrato de trabalho, a idade para celebrar o contrato não tem necessariamente de coincidir com a idade em que o menor adquire capacidade natural), não restam dúvidas de que o menor com idade igual ou superior a catorze anos tem capacidade natural para celebrar um contrato de trabalho. Assim mesmo considerou o legislador quando no art. 70.º, n.º 2 previu que o próprio pudesse celebrar por si só o contrato de trabalho. É certo que a celebração está dependente de prévia autorização dos representantes legais, mas o facto de ser o menor a celebrar o contrato exige que haja da sua parte a liberdade para o celebrar, é ele que responsavelmente assume os termos e as condições do contrato de trabalho. De resto, quanto a nós, a exigência de autorização prévia dos representantes legais não se explica apenas pela debilidade da capacidade de discernimento do menor, mas sobretudo por razões de salvaguarda da saúde, do desenvolvimento físico, psíquico e moral do menor, da sua educação e formação. A intervenção dos pais neste processo, a necessidade de consentirem o desempenho de uma actividade laboral pelo menor insere-se no âmbito das responsabilidades parentais e do dever de cuidado e de vigilância que sobre eles impende.

Queremos com isto dizer que não são razões que se prendam com a maturidade ou com a liberdade e o esclarecimento da vontade que justificam que não se possa qualificar como contrato de trabalho o contrato celebrado pelos representantes legais do menor com capacidade natural, com vista à sua participação em espectáculos e outras actividades. As nossas dúvidas residem somente na estrita necessidade de serem os representantes legais a assinar o contrato (art. 9.º, n.º 1 da RCT).

Do exposto, e pelas conclusões que fomos tirando, não podemos deixar de criticar a opção do legislador nesta matéria.

Uma primeira crítica que é independente das conclusões tiradas quanto à qualificação do contrato previsto no art. 9.º da RCT, assenta no facto de o legislador ter tomado posições tão diferentes no art. 70.º do CT e no art. 9.º da regulamentação. Não vemos que haja razões que justifiquem que o menor de catorze ou quinze anos possa celebrar, pessoalmente, um contrato de trabalho nos termos dos arts. 66.º e ss. do CT e o menor com a mesma idade que pretenda participar em espectáculos já tenha de estar, obrigatoriamente, representado pelos pais.

Pensamos, neste ponto, que a dualidade de tratamento se deve a um lapso do legislador. Não nos parece que a diferença das duas soluções se prenda com o tipo de actividade em causa num e noutro caso, nem com o facto de o trabalho considerado nos arts. 66.º e ss. do CT para os menores com catorze e quinze anos ser necessariamente um trabalho leve. Para acautelar se o tipo de trabalho em causa é indicado para o menor, se a contratação não lhe acarretará prejuízos ou perturbações para a sua saúde, desenvolvimento, formação e educação é que se exige a autorização dos pais e a possibilidade de, a qualquer momento, a revogarem (art. 70.º, n.º 4 do CT).

Deste modo, não encontrando nós uma justificação plausível para a existência de duas soluções legais diferentes, entendemos estar a ser posto em causa o princípio da igualdade de tratamento.

Uma segunda crítica, que se funde na primeira, tem a ver com a opção legislativa de exigir, sem que haja qualquer abertura da lei para proceder de outra forma, a representação do menor pelos pais. Foi o legislador neste ponto insensível ao já falado princípio gradualista e aos princípios do livre desenvolvimento e da autonomia contratual do menor. Contrariamente ao que tem sido entendido pela doutrina civilística, o legislador tratou os menores com idade inferior a dezasseis anos sem cuidar do seu grau de autonomia, desenvolvimento e maturidade, representando a opção do art. 9.º da RCT um retrocesso. Nos termos do disposto neste artigo, não há diferença entre contratar um bebé de seis meses ou um menor de quinze anos.

Esta opção da lei fez suscitar um problema de qualificação que à partida poderia estar resolvido. Como vimos supra, os problemas que se colocam na qualificação do contrato previsto no art. 9.º como contrato de trabalho são essencialmente dois: falta de capacidade natural e representação legal. Se relativamente aos menores que não tenham capacidade natural a qualificação não se nos afigura defensável porque inconciliável com a figura do contrato de trabalho, relativamente aos menores com capacidade natural o único obstáculo é a obrigatoriedade de o contrato ser celebrado pelos representantes legais. Tivesse o legislador optado pela mesma solução que tomou no art. 70.º do CT e não teríamos dificuldade em aceitar o contrato celebrado por menores com catorze e quinze anos como sendo um contrato de trabalho.

Quanto à hipótese de se permitir a celebração do contrato por menores com idade inferior a catorze anos, ainda que esta seja uma questão que extravasa o campo do direito, não nos chocaria que o legislador mantivesse quanto a estes menores a mesma solução que agora existe: a da obrigatoriedade de o contrato ser celebrado com os representantes legais (ainda que, em nosso entender, se devesse a partir do momento em que se considerasse ter o menor capacidade natural, exigir o seu consentimento).

É certo que a lei, nas mais diversas áreas, tem considerado que o menor com idade inferior a catorze anos já tem discernimento suficiente para intervir em determinados actos, com carácter mais ou menos vinculativo. A obrigatoriedade do consentimento do adoptando maior de doze anos para a adopção (art. 1981.º, n.º 1, al. a) do CC), a obrigatoriedade de audição do filho do adoptante maior de doze anos na adopção (art. 1984.º, al. a) do CC), a presunção da falta de imputabilidade apenas para os menores de sete anos para efeitos de responsabilidade civil (art.

488.º, n.º 2 do CC), são apenas alguns exemplos em que a lei fixou idades inferiores a catorze anos para a intervenção do menor.

No entanto, pela mesma razão que justifica que as idades fixadas para cada acto vão variando, consoante o grau, a importância e a consequência da intervenção em causa, a reflexão e o estudo que têm de ser feitos terão de incidir na questão de saber se para a celebração de um contrato de trabalho e para se ser sujeito-trabalhador pode ser fixada uma idade inferior a catorze anos ou não. Tendo em conta as características do contrato de trabalho, os interesses em jogo, a responsabilidade em causa e a afectação da disponibilidade pessoal ao empregador pode ser difícil defender a redução da idade da contratação. Se o contrato de trabalho vigorar na sua plenitude, o trabalhador tem de saber que deveres tem de cumprir e tem de assumir a necessidade de cumprimento desses deveres, tem de ter consciência das consequências que podem causar a violação desses deveres, conseguindo estabelecer o nexo de causalidade entre a violação dos deveres e as sanções disciplinares aplicáveis e tem de saber de que garantias goza, porque é o gozo pleno de todos os poderes de parte a parte que permite a igualdade entre os contratantes na relação laboral.

Concluindo, perante o art. 9.º da RCT, consideramos não ser defensável a existência de um contrato de trabalho entre o menor participante em espectáculo ou outra actividade de natureza cultural, artística ou publicitária e a entidade promotora desse espectáculo ou actividade, pelas razões acima apontadas. Mas independentemente da qualificação que se faça, sempre se mantém a crítica quanto à exigência do art. 9.º, n.º 1 da RCT de serem sempre os representantes legais do menor, qualquer que seja a idade deste, a celebrar o contrato. Razões que se prendem com a necessidade de paridade de tratamento e de respeito pela autonomia e desenvolvimento do menor exigem uma solução diferente.

Chegados aqui, impõe-se questionar que regime aplicar aos contratos celebrados com os menores (através dos representantes legais) para participação em espectáculos e outras actividades de natureza cultural, artística ou publicitária.

Ficamos com duas sensações quando analisamos o texto da lei, a exposição de motivos da RCT2004, as discussões na Assembleia da República, os pareceres dos parceiros sociais e todo o regime do trabalho dos menores no espectáculo. A primeira é de que o legislador não quis propositadamente qualificar o contrato; a segunda é de que, apesar de não querer qualificá-lo para não se comprometer, quis que se aplicasse o regime laboral como se de um contrato de trabalho se tratasse.

A primeira conclusão tiramo-la pela forma como o legislador fez questão de em nenhum momento fazer qualquer alusão ao carácter autónomo ou subordinado da relação criada com a celebração do contrato com os representantes legais.

A segunda pela análise dos documentos supra indicados, mas essencialmente pela leitura do art. 1.º, n.º 1, al. a) da RCT e do art. 2.º, n.º 2 da Lei n.º 4/2008.

Depreendemos da redacção do art. 1.º, n.º 1, al. a) da RCT que o legislador ao acrescentar "com a extensão a trabalho autónomo de menor com idade inferior a 16 anos", partiu do princípio aplicar-se o regime da lei, em primeira linha, ao contrato de trabalho celebrado pelo menor, admitindo, no entanto, a sua extensão ao trabalho autónomo. O que nos confunde é que essa conclusão articula-se mal com o espírito e com os elementos do contrato de trabalho[289-290].

Já o art. 2.º, n.º 2 da Lei n.º 4/2008, alude expressamente à existência de um contrato de trabalho com menores. Dispõe o artigo que ao contrato de trabalho regulado na lei se aplicam, especialmente, as normas sobre a participação de menores em espectáculos e outras actividades previstas na RCT2004 (agora revogada pela RCT). Deixando de lado as críticas e as dúvidas que levantámos à qualificação do contrato celebrado

---

[289] Antes mesmo de a Lei n.º 7/2009 (CT) proceder à revogação do art. 138.º da RCT2004, a sua leitura levava-nos à mesma conclusão. Embora não tão clara, a expressão "com a extensão decorrente do n.º 5 do artigo 16.º da Lei n.º 99/2003, de 27 de Agosto" quanto a nós já significava que os arts. 138.º e ss. da RCT2004, para além de se aplicarem à participação dos menores prevista no anterior art. 70.º do CT, se estendiam ainda aos casos de trabalho autónomo, por via do anterior n.º 5 do art. 16.º da lei preambular do CT2003.

[290] Veja-se como a qualificação do contrato como contrato de trabalho é um dado adquirido pela UGT, no parecer elaborado sobre a RCT2004, a 27 de Fevereiro de 2004, in www.ugt.pt/pareceres.htm., consultado em inícios de 2008, conclusão que resulta também da análise da discussão da RCT2004 na generalidade na Assembleia da República, nas poucas vezes que se referiram ao capítulo da participação dos menores em espectáculos.

com os menores, que subsistem, parece ter querido o legislador tratar o contrato celebrado nos termos do art. 9.º da RCT como podendo ser um contrato de trabalho, mandando aplicar as referidas normas aos contratos de trabalho celebrados nos termos da Lei n.º 4/2008. Dito de outro modo e de forma mais prática, pelas razões que adiante exporemos, as normas da Lei n.º 4/2008, nos termos da lei, apenas se aplicam aos contratos celebrados com menores que participem em espectáculos ou outras actividades de natureza cultural, artística ou publicitária que se qualifiquem como contratos de trabalho.

Outro argumento possível sobre a intenção do legislador em submeter o regime da participação de menores em espectáculos à lei laboral geral será a redacção do n.º 1 do art. 3.º da LPCT, quando prescreve não poder o menor com idade inferior a dezasseis anos ser contratado para realizar uma actividade remunerada prestada com autonomia. Ou seja, prevendo o legislador que o menor com idade inferior a dezasseis anos pode ser contratado para participar em espectáculo ou outra actividade de natureza cultural, artística ou publicitária, mas que não pode ser contratado para prestar actividade com autonomia, pode significar que quis o legislador que os contratos celebrados com esses menores sejam considerados como contratos de trabalho e não como contratos autónomos. Mas fica a dúvida. Pode o legislador ter-se limitado a criar uma norma com fortes semelhanças com a norma do art. 68.º do CT, sem cuidar de pensar nos casos da participação de menores em espectáculos, não se podendo, como tal, tirar quaisquer conclusões da redacção do art. 3.º, n.º 1 da LPCT, como pode sustentar-se ter o legislador feito a redacção do art. 16.º, n.º 1 da lei preambular do CT2003 (actual art. 3.º, n.º 1 da LPCT) de forma consciente, tanto mais que o anterior art. 70.º do CT2003 (actual art. 81.º) já previa a regulamentação desse tipo de participação e já estaria a ser preparada a RCT2004.

Seja como for, e se a intenção foi tratar os contratos celebrados nos termos do art. 9.º da RCT como contratos de trabalho, as dúvidas e as relutâncias atrás enunciadas persistem.

Faremos de seguida uma análise aos traços que caracterizam o regime jurídico aplicável aos menores que participem em espectáculos ou outras actividades de natureza cultural, artística ou publicitária. Limitar-nos-emos a analisar o regime da participação dos menores previsto no capítulo II da RCT e nos arts. 66.º a 80.º do CT, tecendo também algumas considerações sobre o regime previsto na Lei n.º 4/2008.

Não temos pretensões de esgotar o estudo do regime da participação dos menores em espectáculos, uma vez que ele é demasiado vasto, desde logo pelas suas especificidades e pelas adaptações que caso a caso devem ser feitas ao regime geral, quando possíveis.

4. O regime jurídico da participação de menor em espectáculo ou outra actividade consagrado no Código do Trabalho e na sua regulamentação

a) Âmbito de aplicação

Recorde-se que o CT, no que concerne aos menores, só permite a celebração de contratos de trabalho, em regra, desde que os menores tenham dezasseis anos, a escolaridade obrigatória e capacidade física e psíquica adequada ao posto de trabalho. Sob determinadas condições já analisadas, permitiu o legislador que menores com pelo menos dezasseis anos e sem escolaridade obrigatória pudessem formar um vínculo laboral, assim como menores com catorze e quinze anos de idade e a escolaridade obrigatória concluida, mas, neste caso, apenas quando estejam em causa trabalhos leves.

Agora, com o art. 2.º da RCT, pretende o legislador estabelecer um regime específico para o caso da participação de menor em espectáculo ou outra actividade, que abrange os menores desde o nascimento até aos dezasseis anos de idade[291]. Ainda que sujeito a um processo de autorização próprio, e salvo a excepção prevista no n.º 3 do mesmo artigo, fica aberta a possibilidade de contratar um menor de qualquer idade, sem que essa contratação tenha necessariamente que ter um carácter excepcional[292].

---

[291] Naturalmente, face ao regime específico constante na RCT, não se aplicará, nem subsidiariamente, o regime previsto no art. 68.º do CT, nem mesmo o do n.º 5, que prevê a obrigatoriedade de comunicação da contratação de menores à ACT, uma vez que essa obrigatoriedade já está prevista, como veremos, no art. 9.º, n.º 3 da RCT.

[292] Vítor Ferraz, "O Regime...", pág. 284, explica a razão da permissão da participação destes menores neste tipo de actividades pelo facto de elas não exigirem a prestação de trabalho de forma permanente e regular, pelo que, desde que adequadamente reguladas, são compatíveis com o desenvolvimento e formação dos menores.

Adoptou nesta matéria o legislador uma postura diferente da que tinha adoptado o legislador de 1927 e o legislador de 1960 e da que adoptaram outros ordenamentos jurídicos[293]. A regra agora é a de que "o menor pode ter participação em espectáculo ou outra actividade de natureza cultural, artística ou publicitária".

No entanto, previu a lei duas limitações para a participação de menores em espectáculos que envolvam animais (art. 2.º, n.º 3). Uma que se prende com a idade, e que impede a participação neste tipo de espectáculos de menores com menos de doze anos, e outra que tem a ver com a necessidade destes menores autorizados a participar em espectáculos que envolvam contacto com animal apenas poderem participar sob a vigilância de um dos progenitores, representante legal ou irmão maior, mesmo durante os ensaios. A RCT alterou a redacção do preceito, que anteriormente proibia a participação de menores de doze anos em espectáculos circenses, permitindo agora que menores de qualquer idade possam participar em actividades circenses que não envolvam animais. Duas notas se impõem a este propósito. Embora a lei não diga, parece dever aplicar-se este número apenas à actividade circense. Aplicar às demais, e uma vez que a lei não exige neste ponto que o animal seja perigoso ou que ponha em causa a segurança e a saúde do menor, seria dar uma amplitude ao preceito absolutamente injustificável (o menor, qualquer que

---

[293] O Decreto n.º 13:564 estabelecia a proibição da participação dos menores de dezasseis anos em espectáculos públicos, "salvo mediante autorização especial da Inspecção Geral dos Teatros" (art. 112.º); também o Decreto n.º 43 190 previa que a participação de menores de dezoito anos em espectáculos e divertimentos públicos apenas poderia ser autorizada em "casos excepcionais devidamente comprovados" (art. 5.º). Lá fora, consagra a lei espanhola que *"La autoridad laboral podrá autorizar excepcionalmente la participación de menores de dieciséis años en espectáculos públicos, siempre que dicha participación no suponga peligro para su salud física ni para su formación profesional y humana"* – art. 2.1 do RD 1435/1985 –; por seu turno, a lei brasileira admite a participação dos menores apenas em condições restritas, prevendo que o Juiz de Menores poderá autorizar ao menor o trabalho "prestado de qualquer modo, em teatros de revista, cinemas, boates, casinos, cabarés, "dancings" e estabelecimentos análogos" e "em empresas circenses, em funções de acrobata, saltimbanco, ginasta e outras semelhantes", desde que a representação tenha fim educativo ou a peça em que participe não possa ser prejudicial à formação moral do menor ou desde que a ocupação do menor seja indispensável à própria subsistência ou à dos seus pais, avós ou irmãos e daí não venha qualquer prejuízo para a sua formação moral – arts. 405 § 3 e 406 da CLT.

fosse a actividade, deixaria de poder nela participar se na mesma estivesse envolvido um animal, qualquer que ele fosse). Por outro lado, a proibição do n.º 3 parece querer abranger toda e qualquer actividade circense em que participem animais, independentemente do contacto que o menor tenha com ele e independentemente de o mesmo ser ou não perigoso. Só com base nestes pressupostos se compreende em toda a sua extensão o n.º 3 do art. 2.º da RCT face ao n.º 2[294].

De facto, o n.º 2 do art. 2.º vem agora estipular que a participação do menor em espectáculo ou em outra actividade de natureza cultural, artística ou publicitária não pode envolver contacto com animal, substância ou actividade perigosa que possa constituir risco para a segurança ou saúde do menor. Ainda que em termos mais abrangentes esta limitação já derivasse do art. 66.º, n.º 1 do CT, que prevê a obrigação de o empregador "proporcionar ao menor condições de trabalho adequadas à idade e ao desenvolvimento do mesmo e que protejam a segurança, a saúde, o desenvolvimento físico, psíquico e moral, a educação e a formação, prevenindo em especial qualquer risco resultante da sua falta de experiência ou da inconsciência dos riscos existentes ou potenciais", quis, no entanto, o legislador concretizar essa limitação e alargar a proibição que constava do anterior art. 139.º, n.º 3 da RCT2004 que não permitia que a participação envolvesse qualquer contacto com animais ferozes. Faz sentido, a nosso ver, este alargamento, uma vez que não só era duvidoso que não houvesse animais que apesar de não serem ferozes eram efectivamente perigosos para o menor, como a não colocação de qualquer adjectivo a seguir ao substantivo "animal", dizendo-se apenas que o animal não pode constituir risco para a segurança ou a saúde do menor, permite que essa avaliação da influência que o animal tem na segurança ou na saúde do menor seja feita caso a caso, sendo certo que um animal pode representar perigo para um menor de dois anos e já não para um menor de onze. Pela mesma razão, podia e devia ter o legislador evitado usar o adjectivo "perigosa" para qualificar a actividade.

---

[294] A lei francesa foi neste ponto mais protectora que a nossa, prevendo a proibição de empregar menores de dezasseis anos para fazerem números de acrobacia, de saltimbanco, de domador de animais ou de circo ou feiras, baixando a idade para os doze anos no caso de os pais exercerem essas actividades e utilizarem os filhos para as suas actuações (art. L7124-16 do *Code du Travail*).

A proibição de menor de doze anos de participar em espectáculos que envolvam animais afigura-se-nos louvável, não deixando, no entanto, de suscitar dois comentários, que denotam duas preocupações.

Lamenta-se, por um lado, que o legislador só tenha previsto a necessidade de acompanhamento de um adulto, mais concretamente de um dos pais, representante legal ou irmão (acrescentaríamos nós, de um familiar ou de uma pessoa escolhida pelos representantes legais) no caso da participação de menor naqueles espectáculos que, como dissemos, se circunscreverão à actividade circense. Decerto que os espectáculos que envolvem animais apresentam muitos riscos e riscos imediatos, sobretudo para a saúde física do menor, e parece-nos terem sido esses que o legislador quis acautelar, por serem os mais flagrantes. Não se pode negar, contudo, terem as outras actividades e os outros tipos de espectáculos os seus riscos, que a médio ou longo prazo poderão ser tão perigosos e preocupantes quanto os riscos decorrentes da actividade que envolva animais.

Um menor que grava uma novela ou um filme e que está sujeito a uma tensão constante, ao stress da actividade, a horas e horas seguidas de gravação sem descansar convenientemente, pode vir a ter doenças físicas ou do foro psíquico inultrapassáveis. Consequências que não são visíveis senão a longo prazo muitas vezes, mas que se a actividade fosse acompanhada por um adulto responsável pelo menor poderiam ser prevenidas. Ou o caso de uma jovem que é manequim ou modelo fotográfico e que, para além do stress das passagens de modelo ou das sessões fotográficas, é alvo de críticas ou pressões por parte da agência por estar a adquirir uma forma física que já não lhe permite ser modelo ou manequim ou é muito condicionada na sua alimentação pelo receio que lhe é incutido de deixar de cumprir os padrões estéticos que lhe são exigidos. Se esta modelo ou manequim não estiver acompanhada pelos pais, irmão ou um adulto que se responsabilize por ela, mas que não tenha a ver com a entidade que a contratou, é bem possível que os traumas, a fadiga, os problemas psíquicos e doenças como a bulimia ou a anorexia nervosa, venham a desenvolver-se na menor e, se calhar, sem que os pais dêem conta ou quando dêem já seja muito difícil inverter a situação[295]. Cientes

---

[295] Em França, um dos aspectos que a Comissão tem em conta para autorizar a participação do menor em espectáculos é precisamente se a família do menor ou as pessoas que o tenham a seu cargo estão em condições de fazer uma vigilância eficaz, nomeadamente nas horas de repouso e das deslocações (art. R7124-5, 6.º do *Code du Travail*).

de que o grau de maturidade de alguns jovens de doze, treze anos já é bastante e que a disponibilidade dos adultos não é a que seria desejável, parece-nos que teria sido mais prudente exigir a presença de um representante legal, irmão maior, outro familiar ou pessoa de confiança dos pais para a participação de menores de doze anos em qualquer actividade, deixando à apreciação da CPCJ a necessidade ou não da presença de um adulto para a participação de menores com pelo menos doze anos[296].

Por outro lado, este cuidado que a lei teve de prever o acompanhamento do menor em espectáculos que envolvam animais e que decorrerão à partida no circo pode revelar-se menos eficaz do que aparenta. Um estudo empreendido pelo SIETI revela que a actividade circense se circunscreve aos que nasceram no meio, iniciando-se o menor na actividade por intermédio de familiares, sendo que em 60% dos casos a iniciativa de entrar para o circo foi de um dos pais. Dos inquiridos, todos os pais e mães dos menores que já tinham participado ou que participavam em actividades circenses já tinham exercido ou exerciam, a título principal ou complementar, uma actividade ligada ao espectáculo (que se adivinha ser o circo, na grande maioria dos casos). Também em 88,8% dos casos, o menor tem um irmão que participa igualmente em actividades de espectáculo[297]. Quer isto dizer que a vigilância feita pelas pessoas mencionadas no n.º 3 do art. 2.º da RCT, porque principais interessados na actividade do menor, pode revelar-se inútil; por outro lado, o facto de a actividade circense se desenvolver a maior parte das vezes no seio familiar levanta mais dificuldades à sua fiscalização[298], razões pelas quais pode a previsão legal daquela norma não ter o sucesso pretendido.

---

[296] Como veremos, o legislador apenas previu a obrigatoriedade de a participação do menor decorrer sob a vigilância de um dos representantes legais ou de pessoa maior indicada por estes no caso de a CPCJ assim o entender – art. 7.º, n.º 3 da RCT.

[297] Inês Pereira, *Caracterização das actividades dos menores em espectáculo, moda e publicidade*, Ministério da Segurança Social e do Trabalho, 2004, pág. 131. Este estudo foi elaborado por um grupo de trabalho nomeado pelo Ministro do Trabalho e da Solidariedade, por despacho n.º 8676/98, publicado no DR n.º 119, 2.ª Série, de 23 de Maio de 1998. Foram inquiridas 152 crianças que habitualmente participam ou que já participaram em actividades artísticas, de espectáculo, moda e publicidade, com idades compreendidas entre os seis e os quinze anos, tendo o trabalho de campo sido realizado durante os meses de Abril e Maio de 2003, centrando-se essencialmente na zona da grande Lisboa.

[298] O receio de as condições em que é prestada a actividade circense revelarem-se "como um entrave à actividade inspectiva" foi manifestado pela UGT no parecer elabo-

b) Pedido de autorização

A Directiva n.º 94/33/CE previu, como vimos, no seu art. 5.º, n.º 1, a necessidade de a "autoridade competente" autorizar previamente a contratação de crianças para participarem em actividades de natureza cultural, artística ou publicitária. Sendo certo que, para efeitos de aplicação da Directiva, criança é "qualquer jovem que ainda não tenha atingido a idade de 15 anos ou que ainda se encontre submetido à obrigação escolar a tempo inteiro imposta pela legislação nacional", permite a mesma que relativamente aos menores com pelo menos 13 anos possam os Estados-membros dispensar a referida autorização prévia.

A "autoridade competente" é, no caso português, a Comissão de Protecção de Crianças e Jovens (CPCJ)[299], pelo que toda a participação do menor em qualquer espectáculo ou em qualquer actividade de natureza cultural, artística ou publicitária, excepção feita ao caso previsto no art. 5.º, n.º 2, tem necessariamente de ter previamente o acordo da CPCJ, sob pena de não poder ser levada a cabo e de ser considerado nulo, por violar uma norma imperativa, o contrato celebrado sem a refe-

---

rado sobre a proposta de lei da RCT2004, *in www.ugt.pt/pareceres.htm*, consultado em inícios de 2008.

[299] As comissões de protecção de crianças e jovens surgiram com a Lei n.º 147/99, de 1 de Setembro (LPCJP), após a reorganização das comissões de protecção de menores (art. 3.º do preâmbulo da referida lei), criadas com o DL n.º 189/91, de 17 de Maio. Nos termos do art. 12.º, n.º 1 da LPCJP, "são instituições oficiais não judiciárias com autonomia funcional que visam promover os direitos da criança e do jovem e prevenir ou pôr termo a situações susceptíveis de afectar a sua segurança, saúde, formação, educação ou desenvolvimento integral". As CPCJ's exercem a sua competência na área do município onde têm sede, ainda que possam ser criadas mais de uma comissão nos municípios com maior número de habitantes. Quanto ao funcionamento das comissões, pode fazer-se em comissão alargada ou em comissão restrita. A comissão alargada é composta por um leque muito variado e amplo de representantes de várias entidades (do município, da Segurança Social, dos serviços do Ministério da Educação, de serviços de saúde, de IPSS, de associações de pais, das forças de segurança,...) e tem como competência geral o desenvolvimento de acções de promoção dos direitos e de prevenção das situações de perigo para a criança e jovem (arts. 17.º e 18.º da LPCJP). A comissão restrita, composta sempre por um número ímpar nunca inferior a cinco dos membros que integram a comissão alargada, escolhidos nos termos previstos no art. 20.º da LPCJP, tem como competência intervir em situações em que a criança ou jovem está em perigo (art. 21.º), funcionando permanentemente.

rida autorização[300]. A CPCJ competente é a da área do domicílio do menor, que funcionará em comissão restrita. Caso não haja na área do domicílio uma comissão, será competente aquela cuja sede estiver mais próxima da residência.

O pedido de autorização tem de ser apresentado pela entidade promotora do espectáculo ou da actividade, por escrito, contendo os seguintes elementos (art. 6.º, n.º 1 da RCT): identificação e data do nascimento do menor (al.a)); estabelecimento de ensino frequentado pelo menor, caso este esteja ainda obrigado à escolaridade obrigatória (al. b)); indicação da actividade em que o menor participará e local onde se realiza (al. c))[301]; tipo de participação do menor, referenciada através de sinopse detalhada

---

[300] Neste sentido também, Margarita Ramos Quintana, "El trabajo de los menores", *Revista española de derecho del trabajo – El estatuto de los Trabajadores, Veinte años después*, n.º 100, Civitas, Madrid, 2000, pág. 308. Curioso ver a opção francesa no que toca a esta matéria. Distinguiu o legislador os casos em que o menor é contratado por uma empresa de espectáculos, por uma empresa cinematográfica, radiofónica, de televisão ou de gravação de sons, dos casos em que o menor é contratado para desempenhar a actividade de manequim. Nos primeiros casos, a participação está sempre dependente de uma autorização individual concedida por uma autoridade administrativa, caso a caso; nos casos em que o menor é contratado para exercer a actividade de manequim, não é necessário requerer a autorização se o menor for contratado por uma agência de manequins titular de licença que tenha obtido autorização para contratar crianças. Esta solução legal está em consonância com a Directiva 94/33/CE, que permite que "os Estados-membros que disponham de um sistema de aprovação específica para as agências de manequins no respeitante às actividades das crianças" possam manter esse sistema (art. 5.º, n.º 4).

[301] Quanto à indicação do local, poderá não ser fácil cumprir esta exigência nos casos em que, aquando da celebração do contrato, ainda não é previsível o local ou locais onde a participação terá lugar (é o caso, por exemplo, de um contrato celebrado com um músico, em que fica estipulada a obrigação de este dar um determinado número de concertos, mas sem que os mesmos estejam ainda agendados; ou o caso de um contrato com um actor de teatro, para durar uma temporada, em que ainda não estão marcadas todas as actuações). Neste caso, parece-nos que o requerimento deverá ser apresentado sem a indicação concreta do local onde vai decorrer a participação, com uma nota explicativa do motivo dessa omissão, ficando, no entanto, a entidade promotora obrigada a dar conhecimento à CPCJ logo que tenha esse elemento, podendo esta Comissão pronunciar-se quanto à aceitação do mesmo. O local é um elemento com demasiada relevância, podendo pôr em causa a salvaguarda da saúde, da segurança e do desenvolvimento físico, psíquico e moral do menor, para que seja ignorado no momento da concessão da autorização ou mesmo no decorrer da participação, podendo levar, no nosso entender, no limite, à revogação da autorização ou à manutenção da autorização sob condição de alteração do local se a CPCJ considerar que aqueles valores estão postos em causa.

(al. d)); duração da participação do menor, que pode ser para uma ou várias actuações, por uma temporada ou outro prazo certo ou para o período em que o espectáculo permaneça em cartaz ou outro prazo incerto (al. e))[302]; número de horas diárias e semanais de actividade do menor em actuação e actos preparatórios (al. f)); pessoa disponível para, sendo caso disso, vigiar a participação do menor (al. g))[303].

Não colocando a lei quaisquer limitações à entrega do requerimento[304], parece ser de aceitar que qualquer pessoa possa apresentar o requerimento, independentemente de ser quem o assinou, desde que o requerimento esteja assinado por quem representa a empresa. Parece-nos também que nada dizendo a lei em contrário é de aceitar que o requerimento seja apresentado por uma empresa com sede de estrangeiro, solução aliás que se coaduna melhor com o sector e a realidade em análise.

Juntamente com o requerimento a solicitar a autorização, tem a entidade promotora do espectáculo de juntar uma ficha de aptidão que certifique que o menor tem capacidade física e psíquica adequadas à natureza e à intensidade da sua participação, certificado esse que deve ser

---

[302] A redacção anterior deste preceito correspondia textualmente a parte do art. 5.º do RD 1435/1985. A propósito deste artigo 5.º, Alzaga Ruiz, "Contratación...", págs. 69 e 70, analisou da seguinte forma cada uma das hipóteses: nos contratos celebrados para uma ou várias actuações, cada actuação constitui uma tarefa individualmente considerada; o contrato celebrado por um prazo certo é aquele em que as partes fixam antecipadamente a duração do contrato, decorrido o qual, ele se extingue; os contratos celebrados para uma temporada são aqueles cuja execução coincide com os meses ao longo dos quais dura a temporada (musical, teatral, taurina, circense, de dança, etc); os contratos celebrados pelo período em que o espectáculo permaneça em cartaz podem ser equiparados ao contrato para tarefa ou serviço determinado, na medida em que será a execução total da tarefa que determinará a extinção da relação contratual.

[303] A necessidade de referenciar o tipo de participação através de sinopse detalhada e de indicar pessoa disponível para, se for caso disso, vigiar a participação do menor são duas novidade da RCT que se justificam plenamente, a primeira por permitir à CPCJ ter uma noção mais exacta do papel que o menor vai ter no exercício da actividade, podendo, em consequência, avaliar melhor o cumprimento dos pressupostos para que a autorização seja concedida, a segunda por uma questão de celeridade, permitindo que, caso a CPCJ considere vantajoso a participação decorrer sob a vigilância de um adulto, possa decidir nesse sentido sem ter de convocar ninguém.

[304] Contrariamente ao que faz o legislador belga, que diz expressamente que o pedido para a obtenção de uma "dispensa individual" apenas pode ser apresentado por uma pessoa física que tenha residência na Bélgica e que seja a responsável pela organização da actividade que se pretende que o menor exerça – art. 7.6. da L.16.III.1971.

emitido pelo médico do trabalho da entidade promotora[305], depois de ouvido o médico assistente do menor (art. 6.º, n.º 2, al. a) da RCT)[306].

Não esclarece a lei se quando menciona que o médico assistente deve ser ouvido exige que o mesmo dê o seu parecer por escrito ou se basta dá-lo oralmente. Sendo a lei omissa quanto a esse aspecto, parece-nos ser de admitir as duas formas, devendo, no entanto, quanto a nós, fazer o certificado do médico do trabalho menção expressa à identificação e ao parecer favorável do médico assistente, para que exista prova do cumprimento do requisito legal.

Esta é uma solução legal que na teoria nos parece meritória, mas que poderá na prática complicar o processo de autorização. Concordamos que o ideal é de facto que estes dois médicos intervenham, o médico assistente por conhecer melhor o menor, o médico do trabalho porque especializado na área do trabalho. No entanto, se o processo em si já é muito longo, podendo demorar, como veremos, pelo menos um mês até a CPCJ dar uma resposta à entidade promotora, em termos práticos, a necessidade de estes dois médicos serem ouvidos pode atrasar ainda mais o processo.

Deve também ser junta ao requerimento autorização dos representantes legais do menor que mencione a actividade cuja participação se requer, o local onde se realiza, o tipo e a duração da participação do menor e o número de horas diárias e semanais de actividade do menor

---

[305] Nos termos do disposto no art. 103.º da Lei n.º 102/2009, de 10 de Setembro, que regula o regime jurídico da promoção da segurança e saúde no trabalho, é considerado médico do trabalho "o licenciado em medicina com especialidade de medicina do trabalho reconhecida pela Ordem dos Médicos", bem como "aquele a quem seja reconhecida idoneidade técnica para o exercício das respectivas funções, nos termos da lei", podendo ainda, na falta de médicos do trabalho qualificados, o organismo competente do ministério responsável pela área da saúde autorizar outros licenciados em medicina a exercer as funções de médico do trabalho, os quais ficam, no entanto, obrigados a obter a especialidade em medicina do trabalho no prazo de quatro anos a contar da mencionada autorização, sob pena de lhes ficar vedada a continuação do exercício das referidas funções.

[306] Fica assim afastada a aplicação do art. 72.º, n.º 1, al. a) do CT, bem como do n.º 2 do mesmo artigo: se o trabalho for prejudicial ao menor, o pedido de autorização não deverá sequer ser instruído (decorre do art. 6.º, n.º 2, al. a) da RCT).

em actuação e actos preparatórios, nos mesmos termos efectuados pela entidade promotora (art. 6.º, n.º 2, al. c) da RCT).

Embora repetindo a autorização dos representantes legais parte dos elementos já fornecidos no requerimento apresentado pela entidade promotora, não nos parece que tal exigência seja supérflua. Por razões de salvaguarda da segurança e da protecção do menor justifica-se que a CPCJ tenha de ter a certeza que os representantes legais quando autorizam o menor a participar em espectáculo ou outra actividade de natureza cultural, artística ou publicitária o fazem exactamente nos mesmos termos em que efectivamente a entidade promotora requereu a autorização.

Entendemos que, à semelhança do que se passa relativamente aos contratos de trabalho comuns celebrados por menores com idade inferior a dezasseis anos ou por menores com dezasseis anos mas sem escolaridade obrigatória, devem poder os representantes legais revogar em qualquer altura a autorização anteriormente concedida.

Consideramos, no entanto, que a revogação suscita problemas que, ou não existem, ou são menos evidentes no caso da revogação da autorização pelos representantes legais de contrato de trabalho celebrado pelo menor nos termos do art. 70.º do CT e que se prendem com duas situações.

A primeira é com o tipo de actividade em causa. As qualidades e as características técnicas e pessoais do menor contratado para a participação em espectáculos são particularmente importantes neste sector, no qual não é indiferente para a entidade promotora contratar um ou outro menor. Um realizador de uma série televisiva ou o encenador de uma peça de teatro quando contrata um menor já tem em mente o perfil da pessoa que quer contratar, em função do papel que quer preencher; também uma agência de publicidade que quer fotografar um menor para a promoção de uma marca de roupa tem critérios muito objectivos e definidos do padrão de beleza que quer encontrar no menor. Por outro lado, muitas das vezes a contratação do menor tem em vista a sua integração num grupo, cuja boa coordenação é o segredo para o sucesso da actividade.

Ora, nestes casos, a revogação da autorização pelos representantes legais pode acarretar prejuízos avultados, podendo a ausência do menor pôr em causa o normal funcionamento da actividade empreendida pela entidade promotora. Pense-se na revogação da autorização da participação de um menor, actor principal de uma peça de teatro que levou meses a ensaiar. A ausência do menor poderá acarretar para a entidade promotora prejuízos elevados, que poderão ser desproporcionais em face das vantagens que advirão para o menor da cessação do contrato, tendo em conta que com a revogação poderá a apresentação da peça ficar sem efeito, na falta do actor principal e de pessoa que o substitua, ou poderá a peça ter de ser adiada pela necessidade de contratação de um novo actor, que poderá exigir a realização de um novo *casting* e que implica novos ensaios.

A segunda situação que coloca dúvidas à possibilidade de revogação pelos representantes legais da autorização para a participação de menor em espectáculo tem a ver com o facto de nestes contratos serem os representantes legais quem os celebram. Pode entender-se que tendo estes celebrado o contrato, assinando-o, assumiram a responsabilidade de o fazer cumprir, podendo representar a revogação da autorização uma violação do dever de boa-fé contratual ou um *venire contra factum proprium*.

Não cremos, no entanto, que este segundo aspecto seja decisivo. Também nos contratos de trabalho comuns celebrados pelos menores há uma intervenção dos representantes legais. É certo que não são os próprios a assinar, mas ou têm de dar autorização ou têm a possibilidade de se oporem, pelo que o nível de responsabilização não difere muito para o dos menores participantes em espectáculos. Por outro lado, as razões que justificam a possibilidade de revogação da autorização ao abrigo do art. 70.º, n.º 4 do CT e que se prendem essencialmente com a protecção da saúde e do desenvolvimento do menor e com a sua educação e formação verificam-se também no caso da participação dos menores em espectáculos, diríamos até de forma mais acentuada, tendo em conta as idades dos menores em causa.

Apesar dos inconvenientes, consideramos que o interesse do menor pode justificar a revogação da autorização pelos representantes legais também relativamente à participação em espectáculos e outras actividades de natureza cultural, artística ou publicitária, sem prejuízo de poder a entidade promotora, se tiver comprovadamente sofrido prejuízos avultados, poder vir pedir indemnização, ao abrigo da responsabilidade contratual.

A revogação da autorização pelos representantes legais produz efeitos decorridos trinta dias desde o momento em que chega ao poder ou é do conhecimento da entidade promotora, salvo se o representante legal demonstrar na declaração de revogação que a mesma se deve à necessidade de frequência de estabelecimento de ensino (ou ao melhoramento do aproveitamento escolar), caso em que o prazo pode ser reduzido até metade[307]. Este prazo, que funciona como um aviso prévio dado à entidade empregadora, pode amenizar o primeiro problema que colocámos com a possibilidade de revogação da autorização. Os trinta dias que medeiam entre a revogação da autorização e a cessação do contrato poderão permitir, em muitos casos, seja terminar o trabalho que se está a realizar com o menor, seja arranjar-lhe substituto, o que não significa, no entanto, que não tenha na mesma a entidade promotora prejuízos, desde logo pelo tempo que "perdeu" na preparação e formação do menor para a actividade a participar e que se vem a demonstrar infrutífero. Por outro lado, será eventualmente de se ser mais rigoroso nos pressupostos exigidos para a redução do aviso prévio em função da necessidade de frequência de estabelecimento de ensino ou de acção de formação profissional. Parece legítimo defender-se que quanto maiores os prejuízos que a entidade promotora possa ter com a revogação da autorização, maior o rigor com que devem ser analisados os pressupostos legais no sentido de se permitir ou não a redução do prazo de aviso prévio.

Com o certificado do médico e com a autorização dos representantes legais deve ainda a entidade requerente juntar ao requerimento uma declaração do horário escolar e informação sobre o aproveitamento escolar do menor, caso este esteja sujeito à escolaridade obrigatória, emitida pelo estabelecimento de ensino (art. 6.º, n.º 2, al. b) da RCT).

Surge a dúvida de saber a quem incumbe a responsabilidade de apresentar o horário escolar no caso de o mesmo não existir no momento da apresentação do requerimento, desde logo por se estar em período de férias escolares: se à entidade requerente, se ao próprio estabelecimento de ensino, se aos representantes legais. Quanto a nós, o mais adequado

---

[307] Parece-nos que num primeiro momento a ponderação dos motivos para a redução do prazo e a decisão quanto ao número de dias de redução caberá ao representante legal. Não concordando a entidade promotora com a redução do prazo para produção dos efeitos da revogação, terá de reagir judicialmente, sendo certo que, não obtendo, uma solução judicial em tempo útil, restar-lhe-á a indemnização a que tiver direito.

seria que a obrigação recaísse sobre todos, dependendo do momento em que os horários são atribuídos. De facto, embora a entidade promotora, não existindo horário escolar, não o tenha de entregar no momento do pedido de autorização, ela terá sempre, nos termos do disposto no art. 6.º, n.º 1, al. b) da RCT, de identificar o estabelecimento de ensino frequentado pelo menor[308]. E, a lei não diz, mas parece-nos o mais sensato, deve juntar a declaração do horário escolar logo que o mesmo seja atribuído, qualquer que seja a fase em que está o processo. Por outro lado, tendo a entidade promotora juntado ao pedido de autorização a identificação do estabelecimento de ensino frequentado pelo menor obrigado à escolaridade obrigatória, e tendo o estabelecimento, no final do processo, tido conhecimento da autorização da participação através da CPCJ, nos termos do disposto no art. 7.º, n.º 8 da RCT, deveria passar a existir, também relativamente ao estabelecimento de ensino, uma obrigação de informar a CPCJ, nos mesmo termos em que existe aquando da alteração do horário escolar (art. 10.º, n.º 1 da RCT). Quanto aos representantes legais, também eles devem ser responsáveis pela entrega do horário escolar, qualquer que seja a fase do processo, por serem aqueles que estão em situação privilegiada para o fazer. Curiosamente, o legislador parece fazer recair essa obrigação apenas sobre estes últimos, quando, para uma situação semelhante como seja a de o período de validade da autorização abranger mais de um ano escolar, prevê que sejam os representantes legais quem tem a obrigação de enviar à entidade promotora e à CPCJ, no início do novo ano, uma declaração de horário escolar emitida pelo estabelecimento de ensino (art. 10.º, n.º 2 da RCT).

Não refere a lei expressamente se existe alguma obrigação de o estabelecimento de ensino informar periodicamente a CPCJ sobre o aproveitamento escolar do menor. Pelo contrário, parece ter exigido a lei, da parte do estabelecimento de ensino, apenas a obrigação de comunicar à CPCJ "qualquer relevante diminuição do aproveitamento escolar ou relevante afectação do comportamento do menor durante o prazo de validade da autorização" (art. 10.º, n.º 4 da RCT). Não será despropositado, no

---

[308] E, caso o mesmo ainda não seja conhecido no momento da apresentação do pedido de autorização, por o menor não estar ainda inscrito em nenhuma escola, a entidade promotora deve juntar ao processo a sua identificação, logo que possível.

entanto, que a CPCJ incumba a instituição de ensino de prestar essa informação, seja ocasionalmente, solicitando a CPCJ a informação quando entender necessária, seja de forma periódica, comunicando a CPCJ essa obrigatoriedade à instituição de ensino no momento da comunicação da decisão de autorização ou posteriormente.

Por último devem ainda ser juntos ao pedido de autorização os pareceres do sindicato e da associação de empregadores envolvidos sobre a compatibilidade entre a participação do menor no espectáculo ou actividade e a idade do menor e, ainda, caso o sindicato ou a associação de empregadores tenha dado um parecer desfavorável, a apreciação do parecer feita pela entidade promotora (art. 6.º, n.º 2, als. d) e e) da RCT).

Relativamente à necessidade de apresentar o parecer de sindicato e de associação de empregadores, estabelece o n.º 3 do art. 6.º critérios para saber qual o sindicato e a associação de empregadores competente.

Assim, relativamente ao sindicato, deve dar parecer qualquer sindicato representativo da actividade que o menor exercerá e que tenha celebrado uma convenção colectiva que abranja a actividade promovida pela entidade requerente da autorização[309].

Quanto à associação de empregadores, é competente qualquer uma em que a entidade promotora esteja inscrita ou que tenha celebrado uma convenção colectiva que abranja a actividade promovida pela entidade promotora.

Esteve bem o legislador ao deixar de exigir que a convenção celebrada pelo sindicato ou pela associação de empregadores competente para emitir o parecer tenha de ter sido objecto de portaria de extensão, como sucedia ao abrigo da RCT2004 (art. 142.º, n.º 3, als. a) e b)). Simplifica-se assim o processo, permitindo que haja mais sindicatos e associações de empregadores a poder dar o parecer.

---

[309] Esta atribuição de competência ao sindicato para emitir parecer sobre as condições de trabalho de alguém que não é seu sócio vem ao encontro do pensamento de Bernardo Lobo Xavier, *Iniciação...*, pág. 73, quando diz que "a vocação do sindicato não é, no aspecto representativo, apenas associativa: o sindicato não se destina apenas aos sócios ou filiados, mas antes representa um grupo ou uma categoria socioeconómica de pessoas, estejam ou não nele inscritos".

O parecer do sindicato e da associação de empregadores tem de ser sempre solicitado com uma antecedência de cinco dias úteis relativamente à apresentação do requerimento, para que, caso estas entidades não respondam, possa a entidade promotora apresentar prova de que o parecer foi solicitado com aquela antecedência (art. 6.º, n.º 2, al. d) da RCT)[310].

Questionamos se fará sentido atribuir esta competência a estas entidades (sindicatos e associações de empregadores) ou mesmo se se sentirão estas entidades capazes para a tarefa que ora lhes é atribuída. É certo que os sindicatos e as associações de empregadores competentes em cada caso serão entidades conhecedoras da realidade do sector em questão; no entanto, questionamos até que ponto é que as mesmas conhecem as empresas em concreto, para saber a forma e as condições em que o trabalho será prestado.

Eventualmente por considerar despropositado estar a pedir ao sindicato ou à associação de empregadores informações que implicam o conhecimento do menor, nomeadamente o seu nível escolar, a sua saúde, o seu desenvolvimento, deixou a lei de prever que o parecer se debruce sobre a compatibilidade entre a participação do menor na actividade ou no espectáculo e a sua educação, saúde, segurança e desenvolvimento físico, psíquico e moral. Agora exige a lei apenas que o parecer verse sobre a compatibilidade entre a participação e a idade do menor. Não obstante ser uma informação mais objectiva e que não implica o conhecimento do menor, não deixará de ser uma informação necessariamente superficial e pouco esclarecedora, e que questionamos se acrescentará algo à avaliação que a CPCJ sempre tem de fazer sobre a participação do menor[311].

---

[310] Não existindo sindicato que represente a actividade a exercer pelo menor e que tenha celebrado uma convenção colectiva e/ou não existindo uma associação de empregadores na qual a entidade empregadora esteja inscrita ou que tenha celebrado uma convenção colectiva que abranja a actividade promovida pela entidade promotora, fica sem efeito a exigência legal do art. 6.º, n.º 2, al. d) da RCT. De notar, no que a esta exigência diz respeito, a dificuldade prática que têm em geral os particulares em saber da existência de convenções colectivas aplicáveis em concreto a uma determinada actividade ou a determinados sujeitos.

[311] De todo o modo, claramente é mais adequada a nova redacção da lei. De resto, ainda ao abrigo da RCT2004, quando a lei previa que o parecer versasse sobre a compatibilidade entre a participação e a educação, saúde, segurança e desenvolvimento físico,

Na vigência da RCT2004, espantava-nos que o legislador nacional não tivesse, em caso algum, exigido para a apresentação do requerimento dirigido à CPCJ o consentimento ou, pelo menos, a audição obrigatória do menor cuja participação se pretendia ver autorizada.

Era absolutamente indiferente para o legislador a vontade do menor, solução que poderia ser uma opção legislativa perniciosa e com efeitos contrários aos pretendidos pelo legislador na construção do regime da participação do menor em espectáculo ou outra actividade, na medida em que contribuía para agravar as situações em que os menores se inserem no mercado de trabalho artístico não tanto por opção pessoal, mas para satisfazer a vontade dos pais em ver os seus filhos brilharem no mundo do cinema, da moda, do teatro, da música, comprometendo, por vezes inconsequentemente, o futuro dos menores[312].

Nada impedia, no entanto, que na vigência da RCT2004, as CPCJ's pudessem, quando entendessem necessário, convocar o menor e/ou os pais para aferir da conveniência da participação. Essa liberdade por parte das CPCJ's justificava-se pelo superior interesse do menor e pela necessidade de salvaguarda da sua saúde, educação e do seu desenvolvimento físico, psíquico e moral[313]. Mas não passava de uma livre opção a tomar

---

psíquico e moral do menor, segundo informações fornecidas pela CNPCJP no início do ano de 2008, dos poucos pedidos de autorização que tinham dado entrada nas CPCJ's, raros foram aqueles que se fizeram acompanhar de parecer do sindicato ou da associação de empregadores, sendo que, nos casos em que o parecer foi junto ao requerimento, ele limitou-se a referir que considerava o menor apto a participar na actividade em questão, sem fundamentar. Esteve bem também o legislador ao reduzir de dez para cinco dias úteis o prazo que o sindicato e a associação de empregadores têm para dar parecer.

[312] Não deixa de ser significativo que no estudo empreendido pelo SIETI, 49,3% dos inquiridos tenham atribuído a iniciativa de entrar no mundo do espectáculo aos pais.

[313] No contacto informal tido com a CNPCJP, foi interessante constatar que, ainda na vigência da RCT2004, nos poucos processos de pedidos de autorização que foram conduzidos nas várias CPCJ's, foi frequente as comissões restritas notificarem os pais do menor para este ser ouvido. Num primeiro momento, a justificação para essa audição prendeu-se com o facto de as CPCJ's não saberem como lidar com esta nova competência que lhes foi atribuída, pelo que limitaram-se a seguir a tramitação normal de um processo para aplicação de medida de promoção e protecção de crianças, que exige a audição da criança com idade igual ou superior a doze anos e com idade inferior se se considerar ter capacidade para compreender o sentido da intervenção. Num segundo momento, foi por opção das próprias CPCJ's e da CNPCJR, que consideraram elementar saber qual a vontade do menor no momento relativamente à participação no espectáculo ou actividade

pelas Comissões caso a caso, que não poderia, por falta de apoio legal, assumir um carácter de obrigatoriedade.

Agora, com a RCT, estipulou-se que a CPCJ deve, antes de deliberar sobre o pedido de autorização, ouvir o menor cuja participação se requer, sempre que tal seja possível.

No entanto, quanto a nós, esta alteração não basta. Não basta determinar que o menor deve ser ouvido sempre que possível, sem sequer se perceber em que casos pensou o legislador quando previu que não seria possível ouvir o menor em determinadas situações. Estará a referir-se aos menores que não sabem exprimir-se? Ou aos menores que ainda não têm vontade própria e capacidade natural para entender o que lhes está a ser perguntado? Ou estará o legislador a referir-se a outras causas, como uma mera dificuldade em o menor se apresentar na CPCJ? E qual a consequência para a falta de audição do menor quando devesse existir?

Por outro lado, o legislador continua a não prever a obrigatoriedade de o menor consentir na participação quando tenha uma determinada idade, tratando todos os menores como se o grau de incapacidade fosse o mesmo. Na óptica do legislador, pelo menos é o que transparece do regime, o tratamento a dar à contratação de um menor de dois anos para entrar num espectáculo é exactamente o mesmo a dar a um menor de quinze. É que não é suficiente prever a audição do menor (cujo resultado, nos termos em que a lei a admite, não vincula a CPCJ), é essencial que, em determinadas idades, a opinião dele seja decisiva para a concessão de autorização, dando-lhe a autonomia necessária ao desenvolvimento da sua personalidade.

Assim, a omissão por parte do legislador da necessidade de o menor consentir a participação em espectáculo ou outra actividade quando tenha atingido uma determinada idade, não só viola o princípio gradualista de que fala Jorge Leite e o direito ao livre desenvolvimento do menor, como concilia-se mal com disposições de instrumentos internacionais assinados por Portugal, como é o caso da Carta de Direitos Fundamentais da União

---

similar. O facto de as CPCJ's não terem anteriormente funções semelhantes às que lhes foram incumbidas pela RCT2004, fez com que encarassem esta atribuição da nova competência com alguma desconfiança, não ajudando as numerosas dúvidas práticas que são frequentemente colocadas por quem lá trabalha, bem como por todos os intervenientes deste processo.

Europeia, que prevê o direito de as crianças exprimirem livremente a sua opinião, devendo esta ser tomada em consideração nos assuntos que lhe digam respeito, em função da sua idade e maturidade (art. 24.º), e da Convenção sobre os Direitos da Criança, que prevê o dever de os Estados garantirem às crianças com discernimento o direito de exprimirem livremente a sua opinião "sobre as questões que lhe respeitem, sendo devidamente tomadas em consideração as opiniões da criança, de acordo com a sua idade e maturidade" (art. 12.º n.º 1).

Por outro lado, a solução legal da RCT entra em contradição com opções legislativas tomadas pelo legislador nas mais diversas matérias. Pensemos no art. 10.º da LPCJP que prevê que, para que haja intervenção das entidades com competência em matéria de infância e juventude ou da CPCJ, não haja oposição da criança ou do jovem com idade igual ou superior a doze anos, sendo que, quando o menor tiver idade inferior, pode também a oposição da criança ser considerada relevante, atendendo à sua "capacidade para compreender o sentido da intervenção"[314]; no art. 105.º, n.º 2 da LPCJP que atribui, em determinados casos, ao menor com pelo menos doze anos a iniciativa para requerer a intervenção do tribunal no âmbito de medidas de promoção e protecção; no art. 1981.º, n.º 1, al. a) do CC que prevê a necessidade do adoptando maior de doze anos consentir na adopção; no art. 10.º, n.º 1, al. e) da Lei n.º 103/2009, de 11 de Setembro, que concede à criança ou jovem maior de doze anos legitimidade para tomar a iniciativa do apadrinhamento civil; ou no próprio art. 70.º do CT que prevê a possibilidade de menores com catorze anos celebrarem contrato de trabalho e consequentemente decidirem livremente se o querem celebrar ou não.

Já em França e Espanha, contrariamente ao que sucedeu entre nós, previram as respectivas legislações a participação do menor, de forma decisiva, no processo de autorização.

---

[314] Refere Beatriz Marques Borges, *Protecção de Crianças e Jovens em Perigo – Comentário e Anotações à Lei n.º 147/99, de 1 de Setembro*, Almedina, Coimbra, 2007, pág. 72, que a criança a partir dos doze anos atinge um período de desenvolvimento que a faz entrar na adolescência, depois de ter adquirido a nível biológico, psicológico e social "um desenvolvimento e maturidade que a permitem compreender e actuar de acordo com o meio envolvente. A criança a partir dos 12 anos, numa situação de padrão normal, fala, anda, tem ideia do seu próprio ego, a noção de espaço e do tempo, conhece e coordena os seus hábitos, os seus conhecimentos familiares e escolares".

Assim, previu o legislador francês a necessidade de o menor de pelo menos treze anos dar o seu parecer favorável, por escrito, para exercer actividades ligadas ao espectáculo (art. L7124-2 do *Code du Travail*).

O legislador espanhol previu que o pedido de autorização apresentado para o menor de dezasseis anos participar em espectáculos públicos, e que no caso espanhol deve ser apresentado pelos representantes legais do menor, deve ser acompanhado com o consentimento do menor, se este tiver *suficiente juicio*, o mesmo acontecendo, nos mesmos termos, no momento da celebração do contrato, que é da responsabilidade dos pais ou do tutor[315]. Ainda que não esclareça o legislador espanhol sobre o que entende por *suficiente juicio*, são várias as normas do Código Civil espanhol que utilizam a expressão "si tuviera suficiente juicio y, en todo caso, si fuera mayor de doce años" (arts. 156.º, 159.º, 231.º, ainda que com uma redacção diferente), pelo que se deduz que para o legislador espanhol o menor com doze anos já tem capacidade natural, quando não antes[316].

Quanto a nós, não encontramos justificação para a não previsão da necessidade de consentimento do menor, atendendo à idade.

A participação do menor neste tipo de actividades faz-se, a maioria das vezes, ainda que de forma retribuída, por razões meramente lúdicas, e não por razões educacionais. Motivo pelo qual não nos parece serem as razões da participação de tal forma ponderosas que se sobreponham à própria vontade do menor, justificando que sejam somente os pais a decidir se o menor deve ou não participar.

---

[315] No entender de Sala Franco e outros, *Derecho...*, pág. 782, esta exigência de consentimento do menor deve-se "*sin duda para evitar la explotación artística de los menores contra su voluntad*".

[316] Também Margarita Ramos Quintana, "El trabajo...", pág. 309, refere considerar--se existir *suficiente juicio* a partir dos doze anos, em conformidade com o art. 162.º do CC espanhol. Também a lei belga prevê a audição do menor; no entanto, a redacção da lei diz dever constar da "dispensa individual" "*la constatation du fait que l'enfant consent* **ou non** *à exercer l'activité, les opinions de l'enfant étant dûment prises en considération eu égard à son âge et à son degré de maturité*" (art. 7.8., 2.7. da L.16.III.1971 – *Reglementation du Travail*), pelo que parece poder o menor exercer a actividade ainda que tenha manifestado a sua discordância, o que só se compreende quando a participação tenha carácter formativo.

Considerou o legislador português em parte das suas opções legislativas, algumas delas atrás indicadas, ter o menor maturidade suficiente com a idade de doze anos. Considerou ter o menor com doze anos maturidade e desenvolvimento psíquico e moral para decidir ou fazer parte do processo de decisão de questões tão relevantes como seja a sua própria adopção ou a intervenção de entidades externas à família (das CPCJ's ou das entidades com competência em matéria de infância e juventude) na decisão da condução da sua própria vida, quando o menor se encontre em situação de perigo, decisões de elevadíssima importância para a vida e para o futuro do menor e que exigem um grau de maturidade muito superior ao exigido para consentir a participação num espectáculo, pelos interesses que estão em jogo. Subscrevemos a opinião de Ruiz-Rico Ruiz e Garcia Alguacil quando dizem, ainda que não sobre esta matéria específica, que "sin poder autónomo de decisión, en múltiples aspectos y en muy variadas circunstancias, el menor no estará suficientemente protegido. La autonomía del menor es, cada vez con más frecuencia, garantia de logro de esse objetivo último de proteger los intereses de los menores"[317].

Tendo tudo o que foi dito em consideração, pensamos que uma solução sensata seria a de estabelecer dois marcos, em função do grau de desenvolvimento do menor. Tendo em conta as opções legislativas atrás referidas e aproveitando as conclusões do legislador no art. 488.º do CC, ao considerar que na grande maioria dos casos um menor de sete anos será inimputável para efeitos de responsabilidade civil não o sendo a partir dessa idade, idade em que já terá vontade própria e capacidade de entendimento, poderia a lei ter previsto a obrigatoriedade de audição do menor com pelo menos sete anos (não questionando se é possível ou não, como não o faz nas outras matérias), embora não estando a CPCJ vinculada ao seu parecer, exigindo-se, no entanto, o seu consentimento para a participação a partir dos doze anos de idade.

Entendemos, porém, que a audição e o consentimento do menor, em qualquer uma dessas situações, não se basta com um depoimento escrito. Não é a exigência da forma escrita que comprovará o consentimento ou o parecer favorável do menor, devendo essa audição ser feita perante a

---

[317] *La Representación Legal de Menores e Incapaces – Contenido y límites de la actividad representativa*, Editorial Arazandi, Navarra, 2004, pág. 90.

própria CPCJ aquando da apreciação do pedido de autorização. Quem melhor do que uma equipa multidisciplinar, formada por técnicos das mais variadas áreas, para avaliar da vontade do menor? Não queremos com esta solução lançar um clima de suspeita sobre todos os pais, longe disso. No entanto, ainda que representem uma reduzida percentagem, sempre existem casos de crianças lançadas para o mundo da televisão, da música, da moda, por vontade isolada dos pais ou, pelo menos, sem o consentimento dos filhos.

De todo o modo, não pomos de parte a hipótese de a intervenção do menor em espectáculo ou noutra actividade similar não ter carácter apenas lúdico, de divertimento, mas ter também uma componente formativa e educacional. É facilmente imaginável a situação de uma criança de dez anos, que faz ballet, e relativamente a quem os pais querem celebrar um contrato com uma companhia de bailado, considerando ser positivo para a formação e para o futuro do menor. Sabemos também que é muito natural haver uma idade em que as crianças se negam sistematicamente a levar a cabo todo o tipo de tarefas que lhes exija um esforço acrescido, tanto mais se essas tarefas lhes tirarem tempo para brincar. Assim, pensamos que excepcionalmente podia o legislador prever a possibilidade de a CPCJ autorizar a participação sem o consentimento do menor quando razões ligadas à sua formação e educação o justificassem, e sempre tendo como fim último o interesse do menor.

c) Decisão da Comissão de Protecção de Crianças e Jovens

Prevê a lei, no art. 7.º da RCT, os critérios gerais em que se deve basear a CPCJ para conceder ou negar a autorização requerida[318]. Assim, a autorização é concedida "se a actividade, o tipo de participação e o correspondente número de horas por dia e por semana" respeitarem o disposto

---

[318] De notar que todo o art. 7.º se aplica não só ao primeiro pedido de autorização para participação de menor em espectáculo, como também à renovação da autorização. Embora a lei não o diga, contrariamente ao que sucedia no art. 143.º n.º 8 da RCT2004, a aplicação da norma referente ao pedido de autorização de participação à renovação da autorização (n.º 4 do art. 6.º) e a falta de um critério específico para o caso da renovação, assim levam a concluir.

nos artigos 2.º, 3.º, 5.º e 6.º da RCT[319] e "não prejudicarem a segurança, a saúde, o desenvolvimento físico, psíquico e moral, a educação e a formação do menor". É um critério muito geral, mas pensamos que sendo este um artigo aplicável a todo o género de espectáculos ou actividades que sejam de natureza cultural, artística ou publicitária, não podia o legislador ter agido de outro modo.

Parece-nos, de todo o modo, que devia o legislador ter adoptado uma solução semelhante à lei belga, fazendo recair sobre a pessoa que contrata o menor e que requereu a autorização uma maior responsabilidade, fazendo depender a concessão da autorização de ela se comprometer a velar a que o exercício da actividade a exercer pelo menor não tenha influências nefastas no seu desenvolvimento intelectual, nem ponha em causa a sua integridade física, psíquica e moral[320]. Não que não se possa imputar posteriormente à entidade promotora a responsabilidade pelos danos eventualmente causados ao menor pela actividade. De resto, nos termos do art. 66.º do CT, a entidade promotora terá sempre a responsabilidade de proporcionar ao menor condições de trabalho adequadas à idade, de forma a proteger a sua segurança, a sua saúde, o seu desenvolvimento físico, psíquico e moral, a sua educação e a sua formação. Mas sempre teria ficado expressa essa responsabilidade, facilitando posteriormente a prova e incutindo na entidade promotora um maior dever de cuidado e maiores cautelas.

De notar que a lei só menciona como factores a ter em conta enquanto potencialmente perigosos para a salvaguarda da educação, da saúde, da segurança e do desenvolvimento físico, psíquico e moral do menor a actividade, o tipo de participação e o número de horas por dia e por semana. Nada diz quanto a outros elementos que tiveram de constar do requerimento de autorização, como seja o local e a identificação da pessoa que exerce a vigilância do menor em caso de espectáculo que envolva animais. Consideramos, no entanto, que a salvaguarda dos valo-

---

[319] Embora o art. 7.º, n.º 2 refira que a autorização é concedida se a actividade, o tipo de participação e o correspondente número de horas diárias e semanais respeitar "o disposto nos artigos anteriores", é de excluir, para este efeito, o art. 4.º, uma vez que a questão do seguro por acidentes de trabalho só se põe depois de autorizada a participação.
[320] É a solução prevista pela L.16.III.1971 – *Réglementation du travail*, no art. 7. 3.

res atrás referidos exige que a apreciação da CPCJ recaia sobre todos os elementos apresentados com o pedido de autorização, inclusive os que não estão referidos no n.º 2 do art. 7.º da RCT.

No n.º 3 do art. 7.º previu o legislador a possibilidade de a Comissão autorizar a participação do menor sob condição de a mesma ser vigiada por um dos representantes legais ou por pessoa maior indicada por estes[321]. Não fixa a lei quaisquer critérios orientadores da decisão da CPCJ de exigir o acompanhamento do menor por um adulto, pelo que essa decisão terá de passar pela avaliação do tipo de participação em causa e dos riscos potenciais que a mesma acarreta para a saúde, educação e desenvolvimento do menor, pela carga horária, pela idade do menor e pela própria maneira de ser do menor, que poderá exigir cuidados diferentes.

Já atrás nos referimos que discordamos da opção da lei de não exigir sempre a presença do representante legal, de um irmão maior ou de qualquer pessoa escolhida pelos representantes legais quando o menor tiver menos de uma dada idade e enquanto estiver a desempenhar a actividade para a qual foi contratado, bem como durante as deslocações. Supomos que as Comissões, relativamente a menores de tenra idade, irão exigir o acompanhamento do menor. No entanto, não se entende como é que a lei, tão rígida em algumas opções, não deixou bem expressa a necessidade de garantir a vigilância do menor pelo menos até uma determinada idade, que, tendo em conta a idade que o legislador em variadas matérias considerou como já tendo o menor maturidade suficiente, poderia ser os doze anos. Como é que se concebe, em abstracto, que um menor de quatro anos, para não falar de um bebé de seis meses, possa participar num espectáculo sem que seja obrigatoriamente super-

---

[321] Deixou a lei de exigir que a CPCJ oiça o requerente e os representantes legais do menor para autorizar a participação com a condição de ela decorrer sob a vigilância de um dos representantes legais ou de uma pessoa maior indicada por eles. Foi quanto a nós uma alteração acertada. Tendo substituído esta audição pela exigência da menção, no pedido de autorização entregue pela entidade promotora na CPCJ, da pessoa disponível para vigiar a participação do menor, sendo caso disso, poupou-se tempo no processo de autorização, passando o requerente e os representantes 'legais a estar, no momento da apresentação do pedido de autorização, conscientes de que a participação pode ser autorizada sob condição de ser vigiada.

visionado por um adulto, que não represente a entidade promotora? A lei parece partir do princípio de que a participação do menor não tem de ser supervisionada, só o sendo em situações pontuais ou excepcionais, o que não deixa de causar alguma perplexidade.

A CPCJ tem um prazo de vinte dias para proferir uma decisão sobre o pedido de autorização, devendo essa autorização, para além da identificação da entidade promotora, conter o conjunto de elementos previstos para o seu pedido: identificação e data de nascimento do menor, estabelecimento de ensino frequentado pelo menor, se for o caso, indicação da actividade em que o menor participará e local onde se realiza, tipo e duração da participação do menor, número de horas diárias e semanais de actividade do menor em actuação e actos preparatórios, bem como a identificação da pessoa que exercerá a vigilância do menor, se for o caso (arts. 7.º, n.º 7 e 6.º, n.º 1 da RCT).

Quanto aos elementos a constar da autorização, é interessante verificar que a lei belga foi bastante mais exigente nas menções que devem constar da "dispensa individual". Destacamos duas.

Primeiro previu que constassem da dispensa, como condição específica suplementar, as horas de começo e término, a duração e a frequência das actividades, incluindo as preparações e o tempo de espera e de repouso e o tempo tomado em deslocações (n.º 2.1 do art. 7.8. da L.16.III.1971). Informações tão rigorosas têm como vantagem serem facilmente controláveis pelas entidades competentes, que, deslocando-se aos locais onde decorre a actividade, podem facilmente, através do simples acesso à autorização, verificar se a actividade está a ser prestada nos termos acordados, tanto mais nos casos em que não há obrigatoriedade de a entidade promotora ter um registo das horas de entrada e de saída, o que acontecerá, entre nós, caso não seja celebrado um contrato de trabalho com o menor (em que, neste caso, a entidade promotora estará obrigada a manter um registo com o número de horas de trabalho prestado pelo trabalhador, nos termos do disposto no art. 202.º do CT). O que nos parece, no entanto, é que um rigor destes conjuga-se mal com o tipo de actividade em causa, em que, como sabemos, nem sempre é fácil cumprir ou sequer prever horários. Mesmo partindo do princípio que o número de horas limite é respeitado, não é fácil prever à partida, por exemplo, qual a hora exacta em que começam a ser feitas as gravações com um determinado menor para uma novela, estando muitas vezes a gravação das cenas em que o mesmo intervém dependentes da gravação de outras.

Uma segunda condição específica a constar da "dispensa individual" emitida pela autoridade belga prende-se com a obrigação não só de submeter o menor a um exame feito por peritos (o que a nossa lei de alguma forma também prevê quando exige que, com o requerimento apresentado pela entidade promotora a solicitar a participação do menor em espectáculo, seja junto um certificado emitido pelo médico do trabalho), como de o menor ser acompanhado, durante o exercício da actividade, por um perito, nomeadamente "quand la possibilité de créer ce qu'on appelle un enfant-vedette est réelle" (n.º 2.4. do art. 7.8., da L.16.III.1971).

Faz todo o sentido que assim seja. Crianças que quando começam a exercer a actividade do espectáculo são crianças com uma vida absolutamente normal, com a fama, sobretudo no sector da televisão e da música, podem tornar-se pessoas vaidosas, anti-sociais, narcisistas. O que se agrava com a velocidade com que a fama aparece e desaparece, podendo vir a causar distúrbios psicológicos e problemas de auto-estima. Se em adulto já é difícil lidar com este vai e vem de notoriedade (até pela forma como as revistas tão depressa sublimam as pessoas como as humilham), em crianças, em que a experiência de vida ainda é parca e a maturidade não está completa, mais difícil se torna essa convivência.

Caberá, como não podia deixar de ser, aos pais, no âmbito das suas responsabilidades parentais, cuidar para que os filhos não se deixem influenciar por esse mundo cor-de-rosa que muitas vezes os inebria. Mas a ajuda de um especialista, que tem conhecimento da matéria e um campo de visão muito mais alargado, conseguindo prever e, sobretudo, prevenir efeitos futuros nefastos, seria o ideal. Mais ou tão importante que uma avaliação médica feita antes da entrada do menor em actividades ligadas ao espectáculo é o acompanhamento do menor no desempenho dessas actividades. E claro, este acompanhamento estaria sempre dependente de uma decisão prévia da CPCJ, que teria em conta, para formar a sua decisão, nomeadamente, a idade do menor, a actividade a exercer e o meio familiar.

Uma dúvida que se coloca é a de saber se poderá a CPCJ autorizar a participação, não nos termos requeridos pela entidade promotora mas noutras condições. Poderá a CPCJ autorizar a participação, não com o número de horas de actividade constante do requerimento, mas com um número inferior? Poderá fazer depender a autorização da escolha de outro local para realizar o espectáculo ou actividade ou da sua não realização num determinado local? Ou poderá ainda considerar que a pessoa identificada como sendo aquela que exercerá a vigilância não é a pessoa adequada e fazer depender a autorização da escolha de outra pessoa ou da escolha de uma determinada pessoa?

Consideramos que a resposta a todas estas questões deverá ser afirmativa, não vemos por que não ser. Claro que a CPCJ só deverá autorizar em termos diferentes dos pedidos se considerar mesmo que a participação, nos termos pedidos, prejudica a educação, a saúde, a segurança ou o desenvolvimento físico, psíquico ou moral do menor. Mas considerando que o número de horas, o local ou a pessoa identificada como vigilante do menor podem impedi-la de autorizar a participação do menor no espectáculo ou outra actividade, entre não autorizar de todo a participação ou autorizar noutros termos, parece-nos claramente preferível esta segunda opção.

A autorização concedida pela CPCJ é válida pelo período da participação do menor na actividade a que respeita, devendo, no entanto, caso a participação seja de duração superior a nove meses, ser renovada no fim desse prazo (art. 5.º, n.º 4 da RCT). Como já tivemos oportunidade de referir, em caso de renovação da autorização devem ser indicados os elementos e entregues os documentos previstos para o pedido de autorização e que constam dos n.os 1 e 2 do art. 6.º da RCT)[322].

---

[322] Embora pudesse o legislador ter exigido a indicação apenas dos elementos constantes do n.º 1 do art. 6.º que representassem uma alteração face ao pedido de autorização, também não vemos inconveniente em que a entidade promotora tenha de identificar todos, uma vez que se trata tão só de colocar mais ou menos informação num requerimento. Já quanto aos documentos constantes do n.º 2 do art. 6.º, se concordamos com a necessidade de apresentar novamente a ficha de aptidão, com uma nova avaliação médica (não sendo, assim, aplicável o art. 72.º, n.º 1, al. b) do CT, que prevê a necessidade de se fazer ao menor um exame anual), a declaração do horário e a informação sobre o aproveitamento escolar, sobretudo por causa do aproveitamento, que é natural poder não coincidir com o que foi apresentado aquando do pedido de autorização (ainda que aqui, em bom rigor, só se justificasse a sua apresentação se houvesse alguma alteração) e a autorização dos representantes legais, que comprove o conhecimento e a sua total

Autorizada a participação do menor em espectáculo ou em actividade de natureza cultural, artística ou publicitária, deve a CPCJ comunicar a autorização e o prazo de validade da mesma à entidade promotora, à ACT, aos representantes legais do menor e, caso o menor ainda esteja abrangido pela escolaridade obrigatória, ao estabelecimento de ensino (art. 7.º, n.º 8 da RCT)[323].

Pode suceder, no entanto, que a CPCJ não autorize a participação do menor no espectáculo ou revogue uma autorização anterior. Nesse caso, podem os representantes legais do menor e só eles[324], já não a entidade promotora, requerer ao Tribunal de Família e Menores que autorize a participação ou que mantenha a autorização anterior, aplicando-se, com as adaptações necessárias, o regime do processo judicial de promoção e protecção previsto no diploma que regula a CPCJ. Entretanto, até ao trânsito em julgado da decisão do Tribunal de Família e Menores, mantém-se a deliberação da CPCJ (art. 11.º da RCT)[325].

Como dissemos, tem a CPCJ vinte dias para responder ao pedido de autorização formulado pela entidade promotora do espectáculo ou actividade. Se a Comissão não responder dentro desse prazo, há, em princípio, indeferimento tácito do requerimento; no entanto, se os documentos referidos nas als. a) a d) do n.º 2 do art. 6.º da RCT (ficha de aptidão sobre a capacidade física e psíquica do menor, declaração do horário escolar e informação sobre o aproveitamento escolar do menor, autorização dos representantes legais e parecer do sindicato e da associação de empregadores) "forem favoráveis à participação do menor na activi-

---

anuência na continuidade da participação e dos termos em que a mesma se processará, consideramos inútil a apresentação do parecer do sindicato e da associação de empregadores, porque, debruçando-se ele apenas sobre a compatibilidade da participação e a idade do menor, não vemos que alterações haja que justifiquem um novo parecer.

[323] Dispõe o n.º 7 do art. 7.º da RCT que esta autorização deve identificar a entidade promotora e mencionar os elementos referidos no n.º 1 do art. 6.º.

[324] Entendeu o legislador que tendo a CPCJ considerado não estarem reunidos os pressupostos para a participação do menor no espectáculo ou actividade requerida, por considerar ser contra os seus interesses, o recurso dessa decisão apenas deve caber àqueles que devem velar pelos interesses supremos do menor: os representantes legais.

[325] O regime do processo judicial de promoção e protecção está previsto nos arts. 100.º e ss. da LPCJP, sendo um processo de jurisdição voluntária.

dade ou se este já não estiver abrangido pela escolaridade obrigatória", o requerimento considera-se deferido (art. 7.º, n.º 5 da RCT).

Se conseguimos compreender que não seja necessária a autorização expressa para os casos de participação de menores que tenham concluído a escolaridade obrigatória, o mesmo não sucede para o outro caso mencionado.

De facto, no que respeita aos menores que já não estejam sujeitos à escolaridade obrigatória, estamos a falar, nos termos da nossa Lei de Bases do Sistema Educativo, de menores de catorze e quinze anos, o que, não só está em conformidade com a Directiva 94/33/CE[326], como, atento o seu grau de desenvolvimento e maturidade, a sua sujeição ao regime previsto nos restantes artigos da RCT poderá permitir já uma protecção adequada[327].

No entanto, a possibilidade de o requerimento ser considerado deferido, independentemente da idade do menor, se os elementos atrás mencionados forem favoráveis à sua participação na actividade em causa, deixa-nos apreensivos.

Desde logo, porque consideramos ter havido neste ponto uma errada transposição da Directiva 94/33/CE. A Directiva fixou a necessidade de sujeitar a contratação de crianças para participarem em actividade de natureza cultural, artística ou publicitária à obtenção de uma autorização prévia emitida pela autoridade competente para cada caso individual (art. 5.º, n.º 1). A Directiva apenas deixou aos Estados-membros a liberdade para determinarem as condições do trabalho infantil, em tais casos, e as regras do processo de autorização prévia (art. 5.º, n.º 2). Permitiu também que a autorização não fosse necessária para as crianças com pelo menos

---

[326] Recorde-se que a Directiva prevê no art. 5.º, n.º 3 a possibilidade de os Estados--membros permitirem a participação de menores com pelo menos treze anos em actividades de natureza cultural, artística ou publicitária sem necessidade de autorização prévia emitida por autoridade competente.

[327] Aliás, esta situação de o menor com escolaridade obrigatória participar em espectáculo ou outra actividade sem que seja necessária a autorização expressa da CPCJ, aproxima o seu tratamento àquele que é dado ao menor na mesma situação no regime geral, o que é de toda a justiça. A par das críticas que se fizeram à forma diferente de celebração dos contratos nos dois regimes, também não se percebe por que é que um menor de catorze ou quinze anos precisa de autorização da CPCJ para participar num espectáculo ou numa outra actividade similar, mas já não precisa para trabalhar noutras áreas.

treze anos (art. 5.º, n.º 3). Mas não deixou, quanto a nós, à consideração dos Estados-membros a opção de sujeitar ou não a participação dos menores de treze anos a autorização prévia expressa por parte de autoridade competente.

O cumprimento da Directiva não se basta, pensamos nós, com um mero deferimento tácito, que desresponsabiliza a autoridade competente na apreciação do processo de autorização (a CPCJ) e coloca nas mãos dos intervenientes directos, pais, entidade promotora, sindicatos e associações de empregadores, a apreciação sobre a existência de condições favoráveis para a participação do menor.

Por outro lado, e ainda que assim não fosse, não deixava a solução consagrada pelo legislador na primeira parte do n.º 5 do art. 7.º de ser criticável.

Estipula o legislador que o requerimento considera-se deferido se os documentos referidos no n.º 2 do art. 6.º da RCT forem favoráveis à participação do menor na actividade. Será então de ter em conta a ficha de aptidão a certificar que o menor tem capacidade física e psíquica adequadas à natureza e intensidade da participação, a compatibilidade do horário escolar com o horário da prestação da actividade, a informação favorável sobre o aproveitamento escolar do menor, a existência de autorização dos representantes legais do menor e a existência de parecer positivo do sindicato e da associação de empregadores. E serão estes elementos suficientes? Não nos parece. Falta avaliar em concreto o tipo de participação que o menor vai ter e a sua compatibilidade com a sua saúde, formação, educação e desenvolvimento físico, psíquico e moral, o que não se faz meramente através de uma análise aos documentos supra referidos; falta verificar se o número de horas diárias e semanais constantes do requerimento não é excessivo para o menor em questão; falta avaliar o local para saber se tem condições de salubridade e de segurança adequadas ao menor; falta aferir se no caso concreto se justifica, e mais do que isso, se exige a presença de alguém que vigie a participação do menor. E qualquer um destes factores não deve ser, quanto a nós, ignorado, tal é a sua importância.

Por outro lado, quem é que avalia se os documentos são favoráveis? Porque, em bom rigor, a resposta não tem de decorrer de forma clara da análise dos documentos. Quem é que avalia se o aproveitamento escolar constante da informação que é fornecida pelo estabelecimento de ensino é suficiente para se permitir a participação do menor na actividade?[328] A entidade empregadora juntamente com os pais? Todos os intervenientes?

Acresce ainda que esta solução legal desresponsabiliza, de forma quanto a nós inaceitável, o papel das CPCJ's. Exige-se aqui a intervenção de um terceiro imparcial, com competências técnicas adequadas e que esteja especialmente sensibilizado para a defesa dos interesses dos menores, que possa, de forma isenta e rigorosa apreciar a adequação da participação do menor na actividade. Impõe-se a intervenção deste terceiro para avaliar da necessidade de exigir o acompanhamento do menor por um adulto, para ouvir o menor e/ou os representantes legais quando considerar que é caso disso, para avaliar o aproveitamento escolar do menor e para ponderar se o mesmo se manterá com a participação do menor no espectáculo ou na actividade ou pelo menos com a participação nos termos requeridos. De resto, não deixa de ser uma situação *sui generis* a participação ser autorizada através de um deferimento tácito, e, portanto, à margem da intervenção directa da CPCJ e posteriormente a lei incumbir esta mesma Comissão da fiscalização da participação do menor (que pode inclusive estar a decorrer em termos que a própria Comissão discorde, mas que foram autorizados tacitamente), com a possibilidade de revogação dessa autorização.

Consideramos, assim, que o deferimento do requerimento do pedido de participação do menor no caso de a CPCJ não decidir no prazo legal, não só desresponsabiliza, injustificadamente, as comissões, como pode retirar, na prática, todo o conteúdo útil do regime legal, descuidando a protecção do menor. Tanto mais se se limitarem as fichas de aptidão e os pareceres do sindicato e da associação de empregadores, quando os haja, a reproduzir a letra da lei.

---

[328] Uma vez que o facto de um aluno ter aproveitamento escolar não significa que seja bom aluno, se considerarmos que tem aproveitamento escolar um aluno que tem positiva nas disciplinas, pelo que, não obstante a existência de aproveitamento, podem as informações ser indiciárias de haver uma forte probabilidade de a participação afectar o rendimento escolar.

d) Comunicação da participação em actividade

Com a RCT surgiu a possibilidade de haver a participação de menor de dezasseis anos em espectáculo ou outra actividade de natureza cultural, artística ou publicitária sem que seja necessária prévia autorização da CPCJ.

Previu o legislador, no art. 5.º, n.º 2, poder haver apenas comunicação da participação nos casos em que esta decorra num período de vinte e quatro horas e respeite a menor com, pelo menos, treze anos de idade que não tenha participado, nos cento e oitenta dias anteriores, em qualquer actividade da mesma natureza.

Faz todo o sentido a introdução desta alternativa ao processo de autorização. Claro que quem quiser seguir o processo de autorização para uma participação que decorra nas circunstâncias referidas não está impedido de o fazer. No entanto, passou a haver um meio mais adequado a participações de muito curta duração e para menores com uma idade já avançada, em que o perigo de uma tal participação para a segurança, a saúde, o desenvolvimento físico, psíquico e moral, a educação e a formação do menor é muito reduzido.

Como se disse, a possibilidade de haver só uma comunicação apenas existe quando a participação respeita a um menor com pelo menos treze anos. Nem podia ser de outro modo. De facto, a Directiva 94/33/CE, como já se referiu, apenas permite aos Estados derrogarem o processo de autorização para a ocupação de crianças que tenham atingido a idade de treze anos (art. 5.º, n.º 3). Já a exigência de que o menor não tenha participado em qualquer espectáculo ou actividade de natureza cultural, artística ou publicitária nos cento e oitenta dias anteriores justifica-se como garantia de que a participação é esporádica, evitando que a entidade promotora contorne a obrigatoriedade legal do processo de autorização através do espaçamento da participação no tempo.

A comunicação, necessariamente escrita, deve ser entregue junto da CPCJ com competência na área do domicílio do menor ou, caso não exista, naquela cuja sede estiver mais próxima (art. 5.º, n.º 3 da RCT). Deve a entidade promotora fazer a comunicação com a antecedência mínima de cinco dias úteis, com indicação de todos os elementos constantes do n.º 1 do art. 6.º, previstos para o pedido de autorização, bem como da data e das horas de início e termo da participação.

Esta última exigência, e que não existe no processo de autorização, justifica-se plenamente aqui não só para que a CPCJ possa comprovar que a participação não decorre num período que ultrapasse as vinte e quatro horas, como para poder, se assim o entender, fiscalizar a participação ou informar a ACT para que a mesma o faça. Quanto à exigência da indicação do estabelecimento de ensino, ela tem em vista, a par da exigência de entrega da declaração do horário escolar, certificar que as horas da participação não coincidem com o horário escolar e que respeitam a hora que tem de existir entre a actividade e a frequência das aulas, nos termos do n.º 2 do art. 3.º da RCT. Já a indicação da pessoa disponível para vigiar a participação do menor, excepto no caso da participação em espectáculos que envolvam animais, em que a vigilância é obrigatória, não vai ter a mesma qualquer efeito.

No n.º 2 do art. 8.º prevê-se a necessidade de a comunicação ser acompanhada da ficha de aptidão emitida pelo médico do trabalho a certificar que o menor tem capacidade física e psíquica adequadas à natureza e à intensidade da sua participação, da declaração do horário escolar, de informação sobre o aproveitamento escolar do menor e da autorização dos seus representantes legais. Não exige a lei para a comunicação a entrega de parecer do sindicato e da associação de empregadores, o que se compreende, tendo em conta a tão curta duração da participação.

Resta a saber agora se as entidades promotoras optarão por fazer a comunicação ou pura e simplesmente não fazer nada, atenta a curta duração da participação.

e) Celebração do contrato

À celebração do contrato firmado entre a entidade promotora do espectáculo e o menor aplica-se o regime previsto no art. 9.º da RCT[329].

---

[329] Afastando, por serem manifestamente incompatíveis, os n.ºs 1 e 2 do art. 70.º do CT. Como já fizemos referência, o legislador, propositadamente ou não, não qualifica o tipo de contrato que se estabelece entre as partes. Optou pela redacção "o contrato que titula a prestação de actividade do menor", expressão que tanto pode ser aplicável ao contrato de trabalho como ao contrato de prestação de serviços.

Quem celebra o referido contrato é, de um lado, a entidade promotora, e, do outro, os representantes legais do menor. Não prevê a lei a intervenção do menor na celebração do contrato, nem requer o seu consentimento, opção que já tivemos oportunidade de criticar.

O contrato tem de ser obrigatoriamente reduzido a escrito e feito em dois exemplares (um para cada uma das partes). Deve indicar o espectáculo ou a actividade a realizar e a duração da participação, o número de horas diárias e semanais a prestar pelo menor, a retribuição a auferir e a pessoa que exerce a vigilância do menor, no caso de a CPCJ autorizar a participação na condição de ela decorrer sob a vigilância de um dos representantes legais ou de pessoa maior indicada por estes ou, acrescentamos nós, no caso de tratar-se de participação em espectáculo que envolva animais[330].

Seguidamente à celebração do contrato e antes de o menor iniciar a actividade, deve a entidade promotora apresentar cópia do contrato, acompanhada dos anexos, à ACT e ao estabelecimento de ensino do menor.

Com a comunicação da autorização da participação por parte da CPCJ à ACT, aos representantes legais e ao estabelecimento de ensino, quando for o caso, num primeiro momento, e com a comunicação da celebração do contrato de trabalho pela entidade promotora à ACT e ao estabelecimento de ensino, num segundo momento, estabelece-se uma cadeia entre os representantes legais, a entidade promotora, a ACT, o estabelecimento de ensino e a CPCJ, cuja boa coordenação será o segredo para uma pro-

---

[330] Estabelece o n.º 2 do referido art. 9.º que o exemplar que fica na posse da entidade promotora deve ter anexas cópias da autorização da CPCJ ou da comunicação feita a esta entidade, do certificado de que o menor tem capacidade física e psíquica adequadas, da declaração comprovativa do horário escolar inicial e de alterações que ocorram durante a validade da autorização, no caso de o menor estar ainda obrigado à escolaridade obrigatória, bem como do documento comprovativo do seguro de acidentes de trabalho.

A obrigatoriedade de a entidade promotora transferir a responsabilidade por acidente de trabalho para uma entidade autorizada por lei para realizar o seguro surgiu com a RCT. Nos termos do disposto no art. 4.º, n.º 1, o menor tem sempre direito a reparação de danos emergentes de acidente de trabalho, independentemente da qualificação que se dê ao contrato, nos mesmos termos do regime geral, assumindo para tal a entidade promotora a posição de entidade empregadora.

tecção eficaz da segurança e da saúde física, psíquica e moral do menor e para o seu correcto desenvolvimento e formação. Apenas com uma articulação entre estas cinco entidades é possível assegurar que a participação do menor num espectáculo ou actividade de natureza cultural, artística ou publicitária não prejudicará o seu crescimento e a sua formação social, cultural e profissional.

A comunicação da celebração do contrato às entidades supra mencionadas assume uma importância ainda maior no caso em que, nos termos do n.º 5 do art. 7.º da RCT, não tenha havido decisão de autorização da CPCJ para a participação do menor e, consequentemente, não tenha havido comunicação da autorização à ACT e ao estabelecimento de ensino do menor. Já a comunicação da celebração do contrato nos casos em que não houve processo de autorização, mas apenas comunicação, pode não assumir qualquer relevância, desde logo se o contrato for celebrado no próprio dia da participação.

Consideramos decisivo também, para a boa aplicação prática do regime legal previsto nos arts. 2.º e ss. da RCT, a existência de um sistema de comunicação interna na ACT e nas CPCJ's, que lhes permita ter acesso a todos os dados referentes aos menores e com interesse para uma correcta decisão e para uma eficaz fiscalização. Ou seja, é essencial que uma CPCJ, no momento em que recebe um pedido de autorização para a participação de um menor, tenha acesso à informação acerca de outros pedidos que possam estar em curso, sobretudo na hipótese de ter sido dada como residência do menor outra que não a que foi apresentada com o pedido que está a ser analisado (estando, como tal, o processo a decorrer noutra CPCJ), aos pedidos de autorização anteriormente solicitados e ainda à informação sobre uma eventual medida de promoção e protecção que possa estar a ser aplicada ao menor.

Relativamente à ACT, uma base de dados com a informação das autorizações concedidas e dos contratos celebrados permite que cada delegação regional saiba das actividades a decorrer na sua área geográfica que tenham a participação de menores, por forma a fiscalizar o cumprimento da lei e a facilitar a actividade inspectiva. Também assim se permite dar resposta aos casos em que a delegação para a qual se fez a comunicação não é a mesma que em determinado momento faz a fiscalização à actividade em que o menor participa (por exemplo, na hipótese de a participação do menor ser feita em vários locais do território português e a comunicação ter sido efectuada apenas para uma delegação)[331]; uma base de dados permite ao inspector verificar facilmente a existência ou não de autorização (ainda que haja obrigação de a entidade promotora ter sempre consigo as autorizações concedidas para a participação dos menores).

Atentemos agora no processo de autorização no seu todo e no tempo que o mesmo poderá levar.

Só contando com os prazos expressamente previstos na RCT, estamos a falar de um período de pouco menos de trinta dias (que podem, evidentemente, não ser esgotados): cinco dias úteis para pedir o parecer do sindicato e da associação de empregadores, só depois de esgotados os quais poderá a entidade requerente, caso não tenha obtido resposta, apresentar o pedido de autorização junto da CPCJ (art. 6.º, n.º 2, al. d)); a estes cinco dias úteis somam-se os vinte dias que a CPCJ tem para proferir a decisão sobre a autorização ou a não autorização da participação do menor (art. 7.º, n.º 4). Isto quanto a prazos expressamente estipulados.

Acontece, porém, que o processo não se basta com estes dois trâmites. A estes há que somar o tempo necessário para que o menor seja visto pelo médico assistente e posteriormente pelo médico do trabalho; para que o estabelecimento escolar emita a declaração com o horário escolar do menor e a declaração com o seu aproveitamento escolar (embora, neste ponto, admitimos que as mesmas sejam entregues no próprio dia e mesmo no momento em que são requeridas); para a eventual elaboração da apreciação da entidade promotora sobre o parecer desfavorável do sindicato ou da associação de empregadores; para a eventual suspensão do prazo de vinte dias que tem a CPCJ para proferir a decisão, caso esta entenda que não tem consigo os elementos suficientes para decidir e os requeira a um dos intervenientes deste processo ou caso entenda que quer ouvir os representantes legais do menor antes de conceder a autorização para a parti-

---

[331] De resto, o legislador não referiu para onde deve ser feita a comunicação à ACT: se para os serviços centrais, se para a delegação com competência na área da sede da entidade promotora, se para a delegação com competência na área da residência habitual do menor, se para a delegação com competência na área do local da participação, se para qualquer outra.

cipação. Ainda que não tenham de se verificar todos estes factos ora descritos, certamente que na maioria dos casos pelo menos um mês, um mês e meio decorrerá até a entidade promotora obter uma resposta da parte da CPCJ quanto ao pedido de autorização.

Ora, o que acontece é que relativamente a algumas actividades a pressa com que a participação do menor é requerida não se concilia bem com um processo que é, apesar de tudo, algo moroso. Nas palavras de Luís Roberto Barroso e Ana Paula de Barcellos, referindo-se à televisão e à realidade brasileira, "a programação de televisão tem uma dinâmica própria. O capítulo de uma novela, por vezes, só tem o seu roteiro entregue pelo autor um ou dois dias antes da gravação. Pode acontecer – e já aconteceu – que se preveja a participação de uma criança ou adolescente que não integre o elenco permanente da novela. Pois bem, a obtenção de um alvará leva, no mínimo, dez dias, se todos os prazos forem rigorosamente observados. Em uma situação como esta, ou o menor participará sem alvará ou simplesmente não será possível incluí--lo na história"[332]. Na actividade televisiva, por exemplo, as opções do realizador são muitas vezes feitas em cima da hora, variando em função do gosto, da adesão e do pedido do público. E a televisão vive disso, não há como trocar a sua lógica de funcionamento.

Não que discordemos da necessidade de obter uma autorização para a participação dos menores em espectáculos e outras actividades similares. Consideramos que é importante haver uma entidade externa, que de forma imparcial, analise a influência da participação na saúde, segurança, desenvolvimento, educação e formação do menor. E consideramos, também, que esta decisão de o menor participar ou não participar tem de ir além da vontade dos representantes legais e do seu consentimento para a participação. Casos existem em que os seus interesses e os de outras pessoas acabam por influenciar as decisões, em detrimento do interesse superior do filho. Não "interesse" no sentido de saber o que ele quer, mas "interesse" no sentido de saber o que é melhor para ele, para o seu futuro. E uma equipa multidisciplinar como as que existem nas CPCJ's poderá dar um importante contributo nesse sentido. Não partilhamos, de todo, a opinião dos dois autores supra

---

[332] *Regime...*, pág. 116.

citados quando consideram que quando os pais deram a autorização à participação do menor (no caso, na televisão), a inibição da sua participação por falta de alvará é "manifestamente inconstitucional", apontando como fundamentos para esta inconstitucionalidade o facto de se estar a violar o interesse do menor, por a frustração de não poder participar poder afectar negativamente a sua formação pessoal e por tal conduta se opor ao "princípio constitucional da excepcionalidade da intervenção do Estado no âmbito familiar"[333].

Defendemos, no entanto, prazos mais curtos. Admitimos que as estruturas das CPCJ's, tal qual existem hoje em dia, não consigam dar resposta em menos tempo. Sabemos também que muitos outros casos que são da competência das CPCJ's têm uma urgência muito superior à do problema da participação do menor em espectáculos e outras actividades de natureza cultural, artística e publicitária, mas o risco que se corre é ter uma lei que a curto/médio prazo se vai demonstrar ineficaz. Sem querer discutir medidas e opções políticas, o certo é que o legislador ao atribuir a competência para a concessão de autorização às CPCJ's tem de ter consciência dos recursos humanos de que as mesmas dispõem e de que vão necessitar. Por outro lado, continuamos a questionar a utilidade dos pareceres do sindicato e da associação de empregadores.

Celebrado o contrato, fica a entidade promotora obrigada às regras do art. 66.º, n.ºs 1, 2 e 3 do CT. Ou seja, passa a haver um dever de cuidado e de vigilância por parte da entidade promotora, que passará por proporcionar ao menor condições de trabalho próprias para a sua idade,

---

[333] *Regime...*, pág. 116. Pela curiosidade da posição tomada pelos autores, ainda que não concordemos plenamente com ela, achamos relevante transcrever a ideia na totalidade: "De fato, afetará negativamente a sua formação pessoal a frustração de não poder participar, como ator ou figurante, de uma novela, minissérie, seriado, programa infantil ou outros. Trata-se de uma experiência rara, enriquecedora, que pode despertar uma vocação, realizar um sonho ou simplesmente dar ao jovem destaque em seu ambiente familiar e social. Para o adolescente, sobretudo, seria o desperdício de uma fecunda oportunidade de iniciar uma carreira. Vale dizer: impedir a participação, nas situações em que haja impossibilidade material de obtenção tempestiva do alvará, viola direitos da criança e do adolescente à cultura, à profissionalização, ao lazer e à convivência social, dentre outros".

de forma a proteger a sua segurança, saúde, desenvolvimento, educação e formação, acautelando as situações de potenciais riscos, provenientes da sua falta de experiência, inconsciência ou do seu grau de desenvolvimento. Deve a entidade promotora ter também em especial atenção os riscos relacionados directamente com o trabalho do menor, nomeadamente com o equipamento e organização do local e posto de trabalho, exposição a agentes químicos, biológicos e físicos, equipamentos de trabalho, organização do trabalho, processo de trabalho e sua execução e grau de conhecimento do menor relativamente à execução do trabalho, aos riscos para a segurança e saúde e às medidas de prevenção.

f) Tempo de trabalho

Pela importância que assume na execução de um contrato de trabalho e na vida do prestador de actividade e sobretudo atentos os sujeitos em causa neste tipo de contrato regulado nos arts. 2.º e ss. da RCT, não podia a lei deixar de fixar o limite máximo do número de horas que o menor pode prestar de actividade por dia e por semana.

Dividiu a lei os menores em cinco escalões, em função da idade: menores com menos de um ano, menores com pelo menos um ano e menos de três, menores entre três e seis anos, menores entre sete e onze anos e menores entre doze e quinze anos. Em função do escalão o legislador fixou um limite máximo de horas que os menores podem despender na participação em espectáculos ou actividades de natureza cultural, artística ou publicitária, aumentando gradualmente em função do aumento da idade fixada nos escalões.

Assim, fixou a lei que o menor com menos de um ano apenas pode exercer até uma hora de actividade por semana; o menor com pelo menos um ano e menos de três pode exercer duas horas por semana de actividade; o menor entre três e seis anos pode exercer até duas horas diárias e quatro horas semanais de actividade; o menor entre os sete e os onze anos pode exercer até três horas por dia e nove horas por semana de actividade, sendo que qualquer um dos limites pode ser ultrapassado até três horas caso o acréscimo de actividade ocorra em dia sem actividades escolares; e por fim, o menor com idade entre os doze e os quinze anos tem como limite máximo as quatro horas diárias e as doze horas semanais, sendo que, também aqui, qualquer um dos limites pode ser excedido até três horas caso o acréscimo de actividade ocorra em dia sem actividades escolares (art. 3.º, n.º 1 da RCT)[334].

Caso o menor participe em vários espectáculos ou actividades, ao abrigo de mais de um vínculo contratual, sempre terá o limite de horas supra referido de ser respeitado, ou seja, a soma do número de horas de actividade no cumprimento dos vários contratos não poderá ultrapassar o limite previsto no art. 3.º, n.º 1 (art. 80.º do CT). Da mesma forma, e com vista ao cumprimento deste limite, não pode o menor que participe em espectáculo ou outra actividade similar prestar trabalho suplementar, à semelhança do que sucede com o trabalho dos menores de dezasseis anos em geral (art. 75.º, n.º 1 do CT).

A fixação de um número de horas diário e semanal máximo diferente para cada escalão é um resultado natural da constatação de que a necessidade de protecção da saúde, da educação, da formação e do desenvolvimento físico, psíquico e moral do menor vai diminuindo à medida que a idade aumenta.

Decidiu o legislador, com a RCT, aumentar o limite máximo do número de horas de participação permitida ao menor que tenha entre os sete e os quinze anos, o que nos parece positivo, uma vez que o limite anteriormente definido pela lei nos parecia demasiado restritivo[335]. Ou seja, sabendo como funcionam muitas das actividades de que aqui trata-

---

[334] Fica assim afastada a aplicação do art. 73.º do CT. Também a aplicação do art. 74.º é de afastar, por não se conciliar a natureza do regime da adaptabilidade, do banco de horas ou do horário concentrado com a especial protecção que é concedida ao trabalho dos menores regulado nos arts. 2.º e ss. da RCT. O limite do número máximo de horas de trabalho diário e semanal previsto no art. 3.º, n.º 1 explica-se em razão da tenra idade da maior parte dos menores. A especial protecção da saúde, da segurança, do desenvolvimento físico, psíquico e moral e da formação do menor exigem limites máximos rígidos, incontornáveis, que não possam ser compensados, que não variem em função das semanas ou dos meses e que permitam a conciliação do horário escolar com o horário de actividade do menor, com vista ao sucesso escolar. Assim, independentemente da apresentação ou não de atestado, não deve a prestação de actividade do menor em espectáculos ou outras actividades similares ser permitida em regime de adaptabilidade, banco de horas ou horário concentrado.

[335] A RCT2004 estabelecia para as idades entre os sete e os quinze anos períodos de actividade mais curtos. Assim, os menores entre os sete e os onze anos tinham como limite máximo seis horas semanais e os menores entre os doze e os quinze anos tinham como limite máximo oito horas por semana.

mos, como seja o teatro, a televisão ou o cinema, em que o ensaio ou a filmagem não é contínua, sendo necessário repetir várias vezes a mesma cena e articular a intervenção dos vários participantes, parecia-nos ser o limite estipulado na RCT2004, por vezes, impraticável, o que podia levar ao efeito inverso, incitando as empresas promotoras a continuar a esconder as situações de contratação de menores.

No caso em que o menor participa em espectáculo ou outra actividade de natureza cultural, artística ou publicitária durante as férias, não havendo a necessidade de conciliar essa actividade com a formação e com as actividades escolares, permite a lei que o menor que tenha entre seis e onze anos de idade possa exercer actividade no máximo durante seis horas diárias e doze horas semanais e que o menor que tenha entre doze e quinze anos possa exercer sete horas por dia de actividade e dezasseis horas por semana[336].

Alterou o legislador, como vimos, o número máximo de horas de actividade dos menores que têm entre sete e quinze anos em período escolar sem alterar a norma que permite o aumento do número de horas de actividade em período de férias, o que resultou num esvaziamento do sentido útil desta norma. De facto, a al. a) do n.º 4 do art. 3.º da RCT prevê a possibilidade de o menor com pelo menos seis anos e menos de doze prestar, em férias, até seis horas por dia e doze horas por semana de actividade, o que é rigorosamente a mesma coisa do que vem estipulado na al. d) do n.º 1 do mesmo artigo, que permite alargar o limite do número de horas de actividade para aqueles limites caso o acréscimo de actividade ocorra em dia sem actividades escolares, o que se aplica evidentemente também ao período de férias. Também no que se refere aos limites dos períodos de actividade dos menores de doze a menos de dezasseis anos, previstos na al. b) do n.º 4 e na al. e) do n.º 1 do art. 3.º, a diferença apenas se faz relativamente ao número de horas semanais, em que a al. b) do n.º 4 prevê a possibilidade de prestar actividade por mais uma hora.

---

[336] Como é evidente, este alargamento dos limites máximos de horas de actividade abrange apenas os menores em idade escolar (embora, em bom rigor, um menor de cinco anos possa já frequentar a escola), pois só estes é que verdadeiramente têm férias escolares; quanto aos menores que ainda não tenham idade escolar, o limite de horas tem apenas como fundamento a protecção da sua saúde e do seu desenvolvimento, necessidade permanente.

Acrescenta a lei não poder a actividade de participação em espectáculos ou outras actividades ultrapassar metade do período de férias escolares (art. 3.º, n.º 4 da RCT). Em nosso entender esta opção prende-se com vários factores. Por um lado, por terem as férias escolares como objectivo permitir ao menor dedicar-se a outras actividades e a outros entretenimentos que não tem oportunidade durante o período escolar e usufruir da companhia dos pais, irmãos e família em geral num período em que, em regra, o tempo é mais elástico e a disponibilidade das pessoas aumenta. Por outro lado, tem o legislador a preocupação de garantir o descanso dos menores, de forma a que quando recomeçarem as aulas o período lectivo possa ser devidamente aproveitado. Um descanso apropriado permitirá um maior sucesso escolar e o desenvolvimento da formação profissional do menor, com reflexos para o seu futuro.

Tanto para o caso de prestação de actividade durante o período escolar como para o caso de prestação de actividade durante o período das férias estabelece-se a obrigatoriedade de existirem, durante o exercício da actividade do menor, pausas de pelo menos trinta minutos cada, de forma a que o menor não preste actividade consecutiva em duração superior a metade do período diário supra referido. A esta limitação só estão ressalvados os casos dos menores com menos de três anos (art. 3.º, n.º 5 da RCT). Nada parece obstar a que, nos termos do art. 77.º, n.º 2, 1.ª parte, do CT, possa o instrumento de regulamentação colectiva de trabalho prever uma duração de intervalo de descanso superior a duas horas ou a frequência e a duração de outros intervalos de descanso no período de trabalho diário. De todo o modo, nunca poderá o instrumento de regulamentação colectiva ser muito rígido na fixação do regime, tendo em conta a necessidade de cumprimento de outras normas legais (intervalo de uma hora entre o período de aulas e a actividade, período do dia em que a actividade pode ser prestada), que poderão ficar comprometidas com a imposição de intervalos muito longos ou da existência de muitos intervalos.

Para além da estrita observância dos limites máximos de horas de trabalho diário e semanal não pode a actividade do menor, durante o período de aulas da escolaridade obrigatória, coincidir com o seu horário escolar, nem impedir o menor de participar em actividades escolares, devendo existir um período de intervalo no mínimo de uma hora entre a frequência das aulas e a actividade do menor (art. 3.º, n.º 2 da RCT).

Quanto ao descanso diário, parece-nos que a norma a ter em conta será apenas a do art. 3.º n.º 6 da RCT. Sabendo o legislador que estas actividades de espectáculo reguladas pelos arts. 2.º e ss. da RCT são a maior parte das vezes praticadas por menores ainda sujeitos à escolaridade obrigatória, preferiu não estabelecer nenhuma regra própria referente ao descanso diário, fixando apenas o período durante o qual o menor está autorizado a prestar actividade. Assim, decidiu o legislador estipular o período de actividade entre as oito e as vinte horas ou, quando referente a menor com idade igual ou superior a sete anos e para participar em espectáculos de natureza cultural e artística, entre as oito e a meia noite[337]. Tivesse o legislador querido aplicar o art. 78.º, n.º 1 do CT, que prevê um descanso diário de catorze horas, certamente tê-lo-ia dito expressamente e teria previsto excepções a essa norma, uma vez que não é praticável poder o menor participar em espectáculos que se realizam à noite, cumprir um horário escolar que tem início pela manhã e ainda assim cumprir as catorze horas de descanso.

Parece-nos, portanto, que o art. 78.º do CT não é de aplicar, o que de resto não nos choca. O facto de o legislador ser mais rígido quanto ao descanso diário de um menor sujeito de um contrato de trabalho comum tem a ver com a circunstância de esse menor, quando com idade inferior a dezasseis anos, poder prestar até sete horas de trabalho diário e trinta e cinco horas semanais, o que não tem comparação, como não podia deixar de ser, com o limite de horas diário e semanal fixado no art. 3.º da RCT.

Quanto ao dia de descanso semanal, prevê a RCT que o menor tem de ter semanalmente pelo menos um dia de descanso, que tem de coincidir com dia de descanso durante o período de aulas em escolaridade obrigatória (art. 3.º, n.º 3)[338].

---

[337] Em matéria de trabalho nocturno, e no que respeita aos menores de dezasseis anos, o regime a aplicar é o previsto no referido n.º 6 do art. 3.º da RCT, não se tomando em atenção o regime constante do art. 76.º do CT.

[338] Não se aplicando, desta forma, o regime previsto no art. 79.º, n.º 1 do CT. Apesar de ser aparentemente menos benéfica a solução legal do art. 3.º, n.º 3 da RCT para o menor participante de espectáculo ou de outra actividade similar, compreende-se bem a opção legislativa. Não só o limite de horas de trabalho semanal é menor, o que neste caso representa, em decorrência da prestação de actividade, um menor cansaço, como se pri

Caso o menor participe em actividade para mais de uma entidade promotora, serão de aplicar as regras referentes aos casos de pluriemprego, previstas no art. 80.º do CT, não só no que concerne ao dia de descanso semanal que, para além de ter de ser coincidente na actividade prestada para as várias entidades promotoras, tem de coincidir com o dia de descanso da escola, como relativamente ao cumprimento dos limites máximos dos períodos normais de trabalho, que não podem ser ultrapassados com a soma dos períodos de trabalho prestado no cumprimento de cada contrato. O dever de informação que recai sobre os representantes legais ou o dever de cumprimento que recai sobre o empregador (n.ºs 2 e 3) aplicam-se igualmente ao caso da participação de menores em espectáculos.

As regras do art. 3.º da RCT referentes ao limite máximo de horas de actividade por dia e por semana, à conciliação entre o período de aulas e a actividade, ao intervalo mínimo de uma hora entre a actividade do menor e a frequência das aulas, ao descanso semanal, às férias escolares e às pausas a observar durante a actividade (n.ºs 1 a 5), não se aplicam ao menor que já não esteja obrigado à escolaridade obrigatória (n.º 7), o que, tendo em conta o previsto no já mencionado art. 6.º da Lei de Bases do Sistema Educativo, só poderá suceder com menores de catorze e quinze anos.

Afastadas as normas dos n.ºs 1 a 5 do art. 3.º da RCT aos menores com a escolaridade obrigatória completa, são de se lhes aplicar, naquelas matérias, as regras do regime geral.

Assim, é de aplicar desde logo o art. 73.º, n.º 3 do CT, que estipula que o período normal de trabalho do menor não pode ser superior a sete horas diárias e a trinta e cinco horas semanais, o art. 77.º, n.º 1, que prevê dever o período de trabalho diário do menor ser interrompido por um intervalo com uma duração entre uma e duas horas, de forma a que o menor não preste mais de quatro horas de trabalho consecutivo e o art. 79.º, n.º 1 que prevê dever o descanso semanal do menor ter a duração

---

vilegia a actividade prestada num dos dias em que o menor não tem obrigações escolares, permitindo-lhe no dia em que as tem ficar mais liberto, como ainda tem-se em devida conta a realidade do sector, cuja actividade, como se sabe, em muitos casos é prestada sobretudo nos dias de descanso semanal da generalidade das pessoas, ou seja, aos sábados e domingos.

de dois dias, se possível consecutivos. A nossa dúvida reside na aplicação ou não do art. 74.º, n.º 1, que admite a possibilidade de o menor poder trabalhar em regime de adaptabilidade, banco de horas ou horário concentrado. Pensamos que tendo o legislador sujeitado os tempos de trabalho do menor com a escolaridade obrigatória participante em espectáculo ao regime geral, isso significará também a sua sujeição às diferentes formas de organização do tempo de trabalho previstas no art. 74.º.

g) Alteração das condições da participação do menor

Tendo em conta o requerimento apresentado pela entidade promotora, a CPCJ decide autorizar ou não a participação do menor e as condições em que o faz.

Pode, porém, suceder que, após conceder a autorização, os pressupostos sobre os quais a mesma assentou se alterem, nomeadamente no que se refere ao horário e ao aproveitamento escolar. Daí que, não podendo a CPCJ ter conhecimento oficiosamente de todas essas alterações, impõe a lei às entidades com responsabilidade directa ou conhecimento privilegiado sobre elas a obrigação de as comunicar.

Assim, prevê a lei no art. 10.º, n.º 1 da RCT a obrigação de o estabelecimento de ensino comunicar à entidade promotora, à CPCJ e aos representantes legais do menor qualquer alteração de horário que se vier a registar. Neste caso, poderá a entidade promotora ter de alterar o horário da prestação da actividade do menor de forma a que o período de actividade não coincida com o horário das aulas nem impossibilite o menor de participar em actividades escolares e a que, durante o período de aulas, entre a actividade do menor e a frequência das aulas haja um intervalo mínimo de uma hora, devendo essa alteração ser comunicada ao estabelecimento escolar e à CPCJ (n.º 3)[339].

---

[339] O art. 10.º, n.º 3 diz dever a entidade promotora proceder às alterações necessárias para respeitar o disposto nos n.os 2 e 3 do art. 3.º. Pensamos, contudo, que se trata de um lapso a menção ao n.º 3 do referido artigo. No âmbito da RCT2004, falava-se na necessidade de respeitar os n.os 2 e 3 do art. 140.º, que estabeleciam a necessidade de a actividade do menor não coincidir com o horário escolar nem impossibilitar a participação em actividades escolares e a obrigação de mediar um intervalo mínimo de uma hora entre a actividade do menor e a frequência das aulas. Tendo o legislador da RCT

Para o caso de se verificar uma diminuição do aproveitamento escolar ou uma afectação do comportamento do menor consideradas relevantes, informações de que a CPCJ terá normalmente conhecimento pelo estabelecimento de ensino, que está obrigado a fazer essa comunicação durante o prazo de validade da autorização (art. 10.º, n.º 4), já não prevê a lei que seja a CPCJ a ter o dever de apresentar à entidade promotora, à ACT, aos representantes legais do menor e ao estabelecimento de ensino, uma alteração das condições de participação do menor na actividade, adequada a corrigir a situação, como sucedia no âmbito da RCT2004. Agora, esse dever cabe à entidade promotora. Assim, verificando-se alguma daquelas situações, a CPCJ notifica a entidade promotora para que esta lhe apresente, bem como à ACT, aos representantes legais do menor e ao estabelecimento de ensino, uma alteração das condições de participação adequada a corrigir a situação (art. 10.º, n.º 5)[340].

Concordamos com esta alteração. Não fazia sentido, quanto a nós, que fosse a CPCJ quem devesse apresentar uma alteração das condições de participação. Apenas a entidade promotora sabe, dentro dos condicionalismos legais, qual o horário que melhor lhe convém para que o menor participe na actividade. E se a entidade promotora não cumprir essa sua obrigação a CPCJ tem sempre forma de reagir, revogando a autorização da participação.

De resto, na vigência da RCT2004, o facto de a lei estipular que a CPCJ e a entidade promotora tinham o dever de apresentar alterações

---

cumulado no mesmo número todas estas obrigações (n.º 2 do art. 3.º), por lapso, pensamos nós, continuou a fazer menção ao n.º 3. No entanto, no caso tal não tem qualquer efeito útil, uma vez que o dia de descanso não será nunca alterado com a alteração do horário escolar, tendo em conta que a actividade escolar terá de decorrer sempre de segunda a sexta feira e que o dia de descanso semanal da actividade terá de ter sido marcado para sábado ou domingo.

[340] O n.º 5 do art. 10.º menciona a obrigação de a entidade promotora comunicar ao estabelecimento de ensino a alteração das condições de participação do menor, "caso este esteja abrangido pela escolaridade obrigatória". Ora, o art. 10.º aplica-se apenas aos menores que estão sujeitos à escolaridade obrigatória, uma vez que só relativamente a estes é que a entidade promotora teve de apresentar, aquando do pedido de autorização, a declaração do horário escolar e a informação sobre o aproveitamento escolar, pelo que são os únicos relativamente a quem a CPCJ averigua se a conciliação de horários ou o nível de aproveitamento se mantém. Consideramos, como tal, que tal menção se deve a mero lapso. O mesmo se diga relativamente ao n.º 4 do mesmo artigo.

das condições de participação fazia com que não fosse totalmente clara a forma de articulação das duas entidades, embora, em termos de lógica, se devesse entender que primeiro seria a entidade promotora a alterar o horário da prestação da actividade e apenas posteriormente é que deveria a CPCJ, se fosse caso disso, fazer uma sugestão de alteração, sendo certo que, caso a entidade promotora não fizesse qualquer alteração do horário, tinha a CPCJ sempre a possibilidade de propor essa alteração. Em nosso entender fazia todo o sentido que quem era directamente afectado pela alteração do horário escolar e quem era responsável pela actividade do menor é que devesse, em primeira linha, pronunciar-se. No entanto, esta ordem de prioridade não constava da RCT2004 e muito menos os prazos para a entidade promotora fazer as alterações, sob pena de a CPCJ ter de intervir.

Caso a entidade promotora não faça a alteração que deva fazer ou caso a mesma não seja adequada a corrigir a situação existente, pode a CPCJ revogar a autorização para a participação do menor na actividade em causa, devendo desse facto dar conhecimento à entidade promotora, à ACT, aos representantes legais do menor e ao estabelecimento de ensino (art. 10.º, n.ºs 6 e 7 da RCT). A revogação produzirá efeitos trinta dias após a notificação a estas entidades, podendo o prazo para a produção ser encurtado caso existam riscos graves para o menor que desaconselhem a continuação da actividade pelo período dos trinta dias, cabendo à CPCJ fixar então a data da produção de efeitos da revogação (art. 10.º, n.º 8).

Embora a lei só mencione a possibilidade de revogação da autorização em caso de incumprimento da alteração do horário da actividade ou quando considere a alteração inadequada a corrigir a situação no sentido de possibilitar a compatibilização de horários ou a impedir a diminuição do aproveitamento escolar ou a afectação do comportamento do menor, parece-nos que a revogação da autorização também é possível noutras situações em que estejam em causa os interesses do menor, como seja nos casos em que a CPCJ tem conhecimento posterior de que o local, os equipamentos ou mesmo a intensidade da actividade nas condições autorizadas estão a pôr em causa a saúde e o desenvolvimento do menor, já para não falar nos casos em que a participação não está a decorrer nos termos constantes da autorização.

h) Retribuição

No que se refere em concreto à retribuição, como é facilmente apreensível, o legislador ao estipular, no art. 70.º, n.º 3 do CT, que o menor tem capacidade para receber a retribuição fruto do seu trabalho, excepto quando haja oposição escrita dos seus representantes legais, estava a pensar nos menores com idades compreendidas entre os catorze e os dezassete anos, a quem o regime dos arts. 66.º a 80.º do CT se aplica em primeira linha e para quem foi pensado.

Que disciplina adoptar então para os menores com idade inferior a catorze anos? Em nosso entender, deverá recorrer-se ao regime geral da capacidade dos menores e das responsabilidades parentais.

Como já referimos, em regra, os menores de dezoito anos, excepto se emancipados, carecem de capacidade para, de forma pessoal e autónoma, adquirirem direitos e assumirem obrigações, cabendo aos seus representantes legais ou ao tutor suprir essa incapacidade de exercício.

Também já falámos no art. 127.º do CC como sendo um artigo que estabelece algumas excepções a essa incapacidade. Analisadas as três alíneas do n.º 1 do referido artigo, não nos parece que a percepção dos rendimentos do trabalho por parte de um menor com idade inferior a catorze anos integre qualquer delas. Sem necessidade de fazer uma análise profunda, podemos desde já dizer que a integração na alínea a) está fora de questão, por se aplicar aos menores com pelo menos dezasseis anos de idade. Quanto à alínea b) a mesma também não se aplica, em nosso entender, porque ao prever apenas os negócios jurídicos que impliquem despesas e actos de disposição de bens, reporta-se em geral a actos de alienação, que não é o caso da percepção de rendimentos (ainda que possa conduzir posteriormente à sua alienação). De todo o modo, não parece ter sido essa a intenção do legislador ao fazer tal previsão. Pretendeu antes conceder capacidade ao menor para praticar os actos correntes da vida, que não pressupõem qualquer risco no seu património e que estão ao alcance do seu entendimento. Daí que a lei fale em "pequena importância". Quanto à integração na alínea c) também entendemos não ser a mesma possível. Refere a lei que o menor tem capacidade para praticar os negócios jurídicos relativos à profissão, arte ou ofício ou os praticados no exercício dessa profissão. Ora, para além de a percepção de rendimentos provenientes do trabalho não ser um negócio jurídico, ainda que não fossemos tão rigorosos nos conceitos, entendendo que se o legislador permite a prática de negócios jurídicos, também permite a prática de actos jurídicos (se permite o mais, também permite o menos), como é o caso da percepção de rendimentos, sempre entendemos que o legislador ao referir-se à profissão, arte e ofício, quis abranger apenas os menores com pelo menos catorze anos e que podem trabalhar.

Assim, não cabendo o direito a auferir os rendimentos do trabalho num dos actos que o legislador excepciona à regra da incapacidade de exercício dos menores, o regime jurídico a aplicar à sua percepção e administração será o das responsabilidades parentais – arts. 1877.º e ss. do CC.

Nos termos do art. 1878.º do CC, até à maioridade ou emancipação dos filhos, cabe aos pais, no interesse dos filhos, administrar os seus bens, devendo, atendendo à maturidade dos filhos, reconhecer-lhes autonomia na organização da própria vida, autonomia essa que poderá passar, precisamente, pela possibilidade dada aos filhos de começarem a gerir os seus próprios bens ou parte deles.

Enquanto essa autonomia não for plena, e no que diz respeito à administração de bens, os pais devem fazer uma boa administração dos bens dos filhos; devem, como refere o art. 1897.º do CC, "administrar os bens dos filhos com o mesmo cuidado com que administram os seus", de forma diligente e sensata. E dentro destes poderes de administração está a possibilidade de os pais aplicarem o rendimento dos filhos na aquisição de bens (art. 1889.º, n.º 2 do CC), desde que objectivamente o negócio seja apto a rentabilizar o património dos menores.

Quanto à utilização dos rendimentos dos filhos, a lei apenas permite, em princípio, a sua utilização por parte dos pais no montante estritamente necessário ao sustento dos filhos e para fazer face às despesas relativas à sua segurança, saúde e educação (art. 1879.º do CC). Fora estes casos, que se circunscrevem aos justos limites das necessidades, não podem os pais dispor dos rendimentos auferidos pelos menores, salvo quando expressamente autorizados pelo tribunal, nos termos do disposto no art. 1889.º, n.º 1, al. a) do CC.

Como se vê, em abstracto a lei salvaguarda os interesses dos menores participantes de espectáculos e outras actividades de natureza cultural, artística ou publicitária, prevendo que os rendimentos auferidos pelo menor apenas possam ser gastos em encargos havidos com o seu sustento, a sua segurança, a sua saúde e a sua educação, tudo necessidades do próprio menor. O legislador, e bem, não deu sequer abertura para que os pais pudessem despender os rendimentos do trabalho do menor nas necessidades da vida familiar, tal como previu quanto à utilização dos rendimentos dos bens dos filhos (art. 1896.º do CC).

O problema que se coloca na prática é que, muitas vezes, a administração dos rendimentos dos filhos não é bem feita pelos pais e antes mesmo de o menor atingir a maioridade, já os proventos do seu trabalho foram insensatamente gastos. Mas o problema não é da falta de lei para acautelar essas situações, o problema é a falta de cumprimento dela, seja por desconhecimento, seja propositadamente por uma ânsia de enriquecer e viver bem às custas do trabalho e do esforço dos filhos.

Quando a conduta dos pais, em regra devida a desleixo ou a inaptidão[341], resultar numa má administração dos rendimentos dos filhos, de forma a pôr em perigo o seu património, pode o Ministério Público ou qualquer parente do menor requerer ao tribunal que decrete as providências que considere necessárias, de acordo com as circunstâncias concretas, para evitar essa situação, seja através da prestação de contas (arts. 1899.º e 1920.º do CC) e de informações sobre a administração e estado do património do filho, seja através da prestação de caução, providências estas que podem a todo o tempo ser alteradas ou revogadas (arts. 1920.º e 1921.º do CC e art. 200.º da OTM)[342].

Quando a má administração o justifique, pode mesmo o tribunal, a requerimento do Ministério Público, de qualquer parente ou de pessoa a cuja guarda o menor esteja confiado, decretar a inibição parcial, porque limitada aos poderes de representação e administração dos bens do filho, do exercício das responsabilidades parentais (art. 1915.º, n.º 2 do CC).

Por outro lado, tratando-se o dinheiro auferido pelo trabalho prestado pelo menor de um bem em sentido jurídico, nos termos do art. 1889.º, n.º 1, al. a) do CC, os pais para o alienarem ou onerarem necessitam de autorização do tribunal. Caso tal não aconteça, pode o filho (ou os seus herdeiros, no caso de falecer), até um ano depois de atingir a maioridade

---

[341] Pires de Lima e Antunes Varela, *Código...*, Vol. V, pág. 428.

[342] O processo destinado à obtenção das providências é regulado pelos arts. 195.º a 197.º da OTM, por remissão do art. 200.º do mesmo diploma.

ou a emancipação ou, independentemente da idade, nos seis meses seguintes ao conhecimento do acto a impugnar, ou o Ministério Público, qualquer parente do menor ou a pessoa a cuja guarda o menor esteja confiado, requerer a anulação de actos de alienação ou oneração dos rendimentos (arts. 1893.º e 1915.º, n.º 1 do CC). Seguindo a opinião de Castro Mendes, representando o art. 1893.º um regime especial face ao regime geral de anulação previsto no art. 287.º do CC, parece ser defensável poder aplicar-se o n.º 2 deste artigo, que prevê que enquanto o negócio não estiver cumprido, pode a anulabilidade ser arguida independentemente do prazo[349].

Ainda assim, e apesar de a lei prever mecanismos para evitar a má gestão do património, estes podem não ser suficientes, não só porque enquanto o menor não atinge a maioridade ninguém cuida de preocupar--se em proteger o seu património, como porque quando o menor atinge a maioridade e no ano seguinte pode ainda estar a gozar alguns frutos da notoriedade que atingiu, que não lhe permitam ter uma percepção transparente da realidade, só se dando conta dela muito mais tarde, como porque a ligação entre pais e filhos nesta altura da vida é ainda tão dependente e cega, que a ideia de colocar nas mãos dos juízes decisões susceptíveis de causar tantas mazelas podem gerar um sentimento de culpa e de traição que desencorajam o recurso aos tribunais.

Não estando, como dissemos, os menores totalmente desprotegidos em matéria de administração dos rendimentos provenientes do seu trabalho, melhor seria, no entanto, se tivesse o legislador português adoptado uma solução semelhante à que o direito francês ou o direito belga tomaram nesta matéria.

Segundo o direito francês, os representantes legais dos menores que exerçam uma actividade artística não podem receber integralmente a remuneração devida ao menor pelo trabalho prestado. Segundo o art. R7124-31 do *Code du Travail*, a comissão consultiva, entidade que analisa os pedidos de autorização individual para a participação de menores em espectáculos, fixa a parte da remuneração dos menores que pode ficar na disponibilidade dos pais; o resto é depositado directamente pelo

---

[343] *Direito...*, pág. 351.

empregador numa conta que a *Caisse des dépôts et consignations*[344] abre no banco em nome do menor e onde serão depositados daí em diante todos os pagamentos de retribuições de quaisquer empregadores ao menor (arts. L7124-9 e R7124-36 do *Code du Travail*). Quando o menor atinge a maioridade, a *Caisse* comunica-lhe, para a última morada conhecida, o saldo da conta e informa-o que tem os fundos à sua disposição (R7124-37 do *Code du Travail*). Prevê também o *Code du Travail* que o presidente da comissão possa autorizar, em caso de urgência e a título excepcional, e sempre no interesse exclusivo da criança, que sejam feitos levantamentos do dinheiro depositado na conta (art. L7124-9 e R7124-34).

O regime jurídico belga previu ainda uma outra solução. A remuneração paga ao menor deve ser depositada pelo requerente da autorização numa conta-poupança individual, aberta em nome do menor, junto de uma instituição financeira, onde fica a capitalizar, sendo qualquer outro modo de pagamento nulo. Pode, no entanto, o Rei determinar os casos em que o pai, a mãe ou o tutor podem retirar dinheiro da conta, mas apenas com vista à satisfação do interesse do menor (art. 7.13.3 da L.16.III.1971). Acrescenta também a lei que apenas os presentes usuais, se adaptados à idade, ao desenvolvimento e à formação do menor, podem ser dados aquando da execução da actividade pelo menor (art. 7.14.).

4. O desacerto legislativo na regulação da participação de menor em espectáculo ou outras actividades similares e a dificuldade na aplicação da Lei n.º 4/2008

Procurámos até aqui analisar os aspectos específicos da participação de menor em espectáculo ou outra actividade de natureza cultural, artística ou publicitária que a lei expressamente previu e que regulou nos arts. 2.º a 11.º da RCT e nos arts. 66.º a 80.º do CT. Independentemente da qualificação que seja feita do contrato celebrado com o menor para a

---

[344] A *Caisse des dépôts et consignations* é uma instituição financeira pública francesa, criada em 1816, controlada directamente pelo parlamento francês e que exerce funções de interesse geral, gerindo os fundos privados que necessitem de uma particular protecção.

referida participação, sempre se aplicam estas disposições, por indicação expressa da lei (art. 3.º, n.º 4 da LPCT).
O problema surge com a aplicação do regime geral laboral e com a Lei n.º 4/2008. Dissemos atrás que consideramos não poder o contrato celebrado entre o menor e a entidade promotora ser qualificado de contrato de trabalho. Desde logo, porque em muitas situações falta ao menor a capacidade natural para entender e querer o sentido da declaração emitida no contrato de trabalho (ainda que através dos representantes legais), para compreender o âmbito, a extensão e o conteúdo dos direitos e dos deveres dele emergentes; falta, em muitos casos, a maturidade e a vontade esclarecida para que possa haver subordinação jurídica, capacidade de o menor se conformar com as ordens e instruções da entidade promotora e para que possa, consequentemente, ser exercido o poder disciplinar sobre ele. Acresce o facto de o contrato ser celebrado pelo representante legal do menor, o que, do nosso ponto de vista, concilia-se mal com o carácter pessoal do contrato de trabalho.
Em face disto, reina a confusão na regulamentação da participação do menor neste tipo de actividades. Se a articulação do regime especial dos profissionais de espectáculos com o regime geral laboral já de si é difícil, a articulação do regime da participação de menor em espectáculo ou outra actividade de natureza cultural, artística ou publicitária com o regime jurídico dos profissionais de espectáculos e com a lei geral do trabalho é, em nosso entender, algo caótica.
Praticamente todos os artigos da Lei n.º 4/2008 e muitos do CT precisam de ser devidamente adaptados para poderem ser aplicados ao caso dos menores no espectáculo. Sendo certo que as dúvidas na aplicação de algumas matérias e de determinadas normas não vai facilitar a tarefa, com posições diferentes a ser tomadas pela doutrina e pela jurisprudência, é o que se adivinha. Se a falta de consenso na aplicação de uma norma é susceptível de gerar soluções tão díspares, quanto mais dúvidas sobre a aplicação de várias normas, de matérias inteiras.
Como é que vão lidar os tribunais quando tiverem de decidir se aplicarão ao contrato celebrado com o menor participante em espectáculo o regime do despedimento?
Vamos imaginar o caso de uma entidade promotora de uma série televisiva que contratou cerca de vinte menores como actores. Um dos contratos celebrados com um dos menores, por nove meses, terminou de

forma verbal, por iniciativa da entidade promotora, por o menor chegar sistematicamente atrasado às gravações, obrigando o realizador a alterar a ordem das gravações, atrasando toda a actividade e prejudicando o cumprimento do número de horas de actividade dos restantes menores. Se o tribunal entender que se trata de um contrato de prestação de serviços, poderá ser válida a cessação do contrato, tendo a entidade promotora direito a ser ressarcida de eventuais danos que tenha sofrido, nos termos gerais da responsabilidade contratual. Mas se o tribunal considerar que existe um contrato de trabalho e que se aplicam as normas referentes ao despedimento, então o despedimento será considerado ilícito, sendo a entidade promotora obrigada não só a pagar eventualmente uma indemnização pelos danos patrimoniais e não patrimoniais causados e as retribuições até à data do trânsito em julgado da decisão (a não ser que o contrato cessasse antes da data do trânsito) (arts. 389.º, 390.º e 393.º do CT), mas também a reintegrar o menor, salvo se ele optasse por receber uma indemnização em substituição da reintegração (arts. 389.º, n.º 1, al. b) e 391.º do CT).

Suponhamos que o menor opta pela reintegração. Aquela entidade promotora vai ter de aceitá-lo de volta? Porque se é certo que em determinadas circunstâncias pode o "empregador" opor-se à reintegração do "trabalhador", esta não integra nenhuma dessas hipóteses (art. 392.º, n.º 1 do CT). No exemplo dado, não se trata de uma microempresa, nem aquele menor ocupa um cargo de administração ou de direcção. Como resolver esta situação?

Se matérias há do regime geral do CT que se poderiam aplicar, na maioria das suas normas, à participação do menor em espectáculos e outras actividades de natureza cultural, artística ou publicitária, como seja o regime das férias, das faltas, da retribuição, outras há que teriam sempre que ser adaptadas para o caso dos menores, quando não desaplicadas. É o caso já falado do regime do despedimento e do poder disciplinar.

E o mesmo sucede com a Lei n.º 4/2008. Se conciliar o regime geral do CT e da demais legislação laboral com o regime jurídico da participação de menor em espectáculo ou outra actividade já se afigurava uma tarefa muito complicada, nem por isso ela se torna mais fácil quando se pretende aplicar, com as adaptações que nessas situações são sempre necessárias, o regime jurídico do contrato de trabalho dos profissionais de espectáculos à participação dos menores.

Para além daqueles artigos que são claramente contraditórios com o regime previsto nos arts. 2.º a 11.º da RCT ou com as disposições referentes ao trabalho dos menores previsto no CT, a maioria dos restantes levanta problemas na sua aplicação. Acontece, porém, que é a própria Lei n.º 4/2008 que refere que as normas sobre a participação dos menores em espectáculos e outras actividades de natureza cultural, artística ou publicitária são aplicáveis ao contrato de trabalho regulado no referido diploma, razão pela qual não podemos deixar de o analisar.

Uma nota introdutória impõe-se. O art. 2.º, n.º 2 da Lei n.º 4/2008 não diz ser o regime previsto no diploma aplicável à participação dos menores no espectáculo e outras actividades; diz o contrário, diz serem as normas sobre participação dos menores em espectáculos aplicáveis ao contrato de trabalho regulado na Lei n.º 4/2008, o que não deixa, por um lado, de causar estranheza, como coloca ainda mais dificuldades na questão de saber como articular os dois regimes.

De facto, por um lado, não deixa de ser estranho que a Lei n.º 4/2008 trate o regime da participação dos menores em espectáculos regulado agora na RCT como um conjunto de normas subsidiárias face às normas constantes naquela lei, quando a forma de articular os dois conjuntos de normas tem de ser precisamente a inversa. Só depois de saber quando e em que condições é que a participação de menor em espectáculo ou outra actividade é permitida é que faz sentido questionar e aplicar normas referentes ao tipo de contrato a celebrar, à organização do tempo de trabalho ou ao local de trabalho. Tanto assim é que algumas das normas constantes da Lei n.º 4/2008 são contrárias a normas constantes da RCT, sem que seja minimamente questionável prevalecerem as normas da regulamentação, porque especificamente criadas para os menores.

Por outro lado, o regime regulado na Lei n.º 4/2008 foi claramente pensado para os profissionais de espectáculos enquanto trabalhadores adultos, daí que haja normas que não se aplicam de todo aos menores, outras que se aplicam em parte e outras cuja aplicabilidade é duvidosa. E normas tão importantes como as referentes ao tipo de contrato a celebrar. Se o ponto de partida fosse a Lei n.º 4/2008 teríamos a situação caricata de considerar, por exemplo, à partida como válido um determinado contrato, para depois, aplicando subsidiariamente a RCT, vir afinal a pôr em causa esse contrato, porque inconciliável com os pressupostos da participação previstos neste diploma. Isto porque a Lei n.º 4/2008 ao referir "são aplicáveis ao contrato de trabalho regulado na presente lei" parte do princípio de que, em abstracto, todo o regime da referida lei é aplicável ao menor, para depois, analisando-se o regime da RCT, se vir a concluir que parte das normas constantes daquele diploma não podem afinal ser aplicadas.

Evidentemente que analisando os dois diplomas não existem dúvidas que as normas constantes da RCT necessariamente se sobrepõem às normas constantes da Lei n.º 4/2008, uma vez que as mesmas são especialmente destinadas aos menores, com vista à sua participação em espectáculos e outras actividades, enquanto que as normas da Lei n.º 4//2008 têm um âmbito pessoal de aplicação muito mais lato, sendo certo que, como referiremos, em bom rigor, nem abrangem uma boa parte dos menores. Por outro lado, como dissemos, essa sobreposição deve-se ao facto de serem as normas da RCT que definem as condições em que a participação do menor em espectáculo é admitida, não fazendo qualquer sentido tomar em consideração normas referentes à execução do contrato sem antes se saber se o mesmo é admitido e em que termos.

Assim, a norma do n.º 2 do art. 2.º da Lei n.º 4/2008 deve ser alvo de uma interpretação correctiva, no sentido de se considerar ter pretendido o legislador aplicar a lei aos contratos celebrados nos termos do art. 9.º da RCT.

Uma segunda questão a resolver tem a ver com o tipo de contrato ao qual se aplica a Lei n.º 4/2008. Não obstante o diploma, no que diz respeito aos adultos, só se aplicar a contratos de trabalho (art. 1.º, n.º 1), importa saber se o legislador, relativamente aos menores, só quis abranger também os contratos de trabalho ou, se defendermos que não podem ser celebrados contratos de trabalho com os menores participantes em espectáculos, pelas razões anteriormente expostas, os contratos que pelas cláusulas que os integram os façam aproximar daquilo que o legislador considera como sendo um contrato de trabalho, ou se quis abranger todos os contratos celebrados nos termos do disposto no art. 9.º da RCT, independentemente das características de cada um, da forma de os executar, das obrigações decorrentes para cada uma das partes, em suma, dos termos acordados.

Ainda que na vida prática os termos em que as partes contratualizam possam ser os mais variados, imaginemos três situações.

A primeira a de um contrato celebrado entre os representantes legais de um menor de quinze anos e uma entidade promotora, em que esta contrata o menor para gravar uma série televisiva, como actor, acordando que o menor gravará duas vezes por semana, durante quatro horas em cada dia (ficando pré-estabelecido o horário), auferindo uma remuneração certa no fim do mês, gravando nos estúdios da entidade promotora, devendo o menor ler, estudar e representar o guião que o guionista lhe disponibilizar e conformar a sua prestação de acordo com as indicações fornecidas pela entidade promotora.

Numa segunda situação temos um contrato celebrado entre uma empresa publicitária e os representantes legais de um menor de dois anos, para filmarem um anúncio publicitário sobre fraldas. Acordam o número de dias em que o menor terá de comparecer no estúdio para gravar, as horas a que ele deverá comparecer e o montante a pagar pela empresa.

Numa terceira situação podemos ter uma empresa discográfica que celebra um contrato com os representantes legais de um menor de quinze anos, em que acordam que no espaço de dois anos o menor obriga-se a gravar dois cd's, a fazer dez concertos de promoção do cd e dez sessões de autógrafos, em datas a combinar entre as partes. Acordam também que a empresa paga um determinado montante ao menor, montante pago logo de uma vez só aquando da celebração do contrato, sendo que se a venda dos cd's ultrapassar um determinado número de exemplares, o menor terá ainda direito a uma percentagem por cada exemplar vendido.

Estas três situações são bem distintas, mais ou menos próximas daquilo que caracterizamos como contrato de trabalho. Se o primeiro exemplo, não fosse o contrato ser celebrado com os representantes legais, com as objecções e as dificuldades práticas de aplicação de parte do regime jurídico do contrato de trabalho daí decorrentes, como já falámos, poderia, apesar de tudo, conceber-se como integrando um contrato de trabalho, o mesmo já não sucede com os outros dois exemplos.

A segunda hipótese, para além da discussão de poder ou não o contrato de trabalho ser celebrado pelos representantes legais, tem como peculiaridade ser um dos sujeitos um menor de dois anos, sem maturidade nem capacidade natural para entender e querer os termos da contratação. Neste caso, para além de não ser o próprio menor a celebrar o contrato, não se pode falar em subordinação jurídica, a não ser que se entenda que a mesma possa ser exercida sobre os representantes legais, pelo que faltará, desde logo, um dos elementos essenciais do contrato de trabalho.

No terceiro exemplo, voltamos a ter a questão da admissibilidade da representação legal para a qualificação do contrato como contrato de trabalho, mas, ainda que assim não fosse, sempre os elementos avançados parecem reconduzir a obrigação a que o menor se obriga a uma obrigação de resultados, nos termos do art. 1154.º do CC, e não a um contrato de trabalho.

A questão que se suscita é a seguinte: a Lei n.º 4/2008 pretendeu aplicar-se só aos casos em que, apesar de o menor estar representado, ainda assim o contrato tende a aproximar-se do contrato de trabalho ou pretendeu aplicar-se a todos, mesmo àqueles em que praticamente todos os elementos do contrato são característicos de um contrato de prestação de serviços?

Parece-nos que, contrariamente ao que sucedeu com o regime jurídico previsto nos arts. 2.º e ss. da RCT, em que o legislador propositadamente não qualificou o contrato em causa, não se pronunciando sequer sobre a admissibilidade da sua qualificação como contrato de trabalho, permitindo que o regime se aplicasse indistintamente a contratos por conta de outrem e a contratos autónomos, no que se refere à Lei n.º 4/2008, foi intenção do legislador aplicar-se apenas aos contratos que sejam qualificados de contratos de trabalho ou, admitimos nós para a hipótese de não se considerar qualquer contrato celebrado pelos representantes legais como contrato de trabalho, aos contratos que se aproximem, nas suas características, ao contrato de trabalho, nomeadamente aqueles em que a obrigação principal que se contrapõe à obrigação de retribuir seja uma obrigação de prestar actividade e não de resultados. Só assim é possível aplicar a Lei. É que, contrariamente aos arts. 2.º a 11.º da RCT ou mesmo aos arts. 66.º a 80.º do CT, que são conciliáveis com qualquer tipo de contrato, a Lei n.º 4/2008 está pensada como tendo por base o contrato de trabalho, pelo que se torna difícil a sua aplicação prática ao contrato de prestação de serviços (tenha-se desde logo em consideração os artigos referentes à modalidade dos contratos de trabalho). Por outro lado, a própria letra da lei sugere a mesma conclusão – "são aplicáveis *ao contrato de trabalho regulado na presente lei*".

Assim sendo, fica fora do âmbito de aplicação do diploma o trabalho prestado pelo menor de forma autónoma, visto não existir qualquer norma que estipule o contrário. Como tal, qualquer que seja o nome dado pelos contraentes ao contrato, sempre se terá de averiguar caso a caso que elementos o caracterizam para se saber da aplicabilidade ou não da Lei n.º 4/2008. E caso se entenda que é de aplicar o regime jurídico do contrato de trabalho dos profissionais de espectáculos, sempre se terão de fazer adaptações de alguns artigos, quando não desaplicá-los, que se conjugam mal, tal qual estão redigidos, com a situação do menor enquanto sujeito do contrato.

Vejamos então agora o alcance da Lei n.º 4/2008 relativamente à participação de menores em espectáculos e outras actividades de natureza cultural, artística ou publicitária, fazendo especial referência aos aspectos que, do nosso ponto de vista, se revelam de difícil aplicação.

Desde logo, parece ser de afastar a exigibilidade do carácter regular com que a actividade é exercida para que a participação do menor seja regulada pela Lei. Como vimos, quis o legislador aplicar a Lei n.º 4/2008 apenas aos profissionais de espectáculos, como sendo aqueles que exercem uma actividade artística, destinada ao público, com regularidade, como meio de vida. Ora, esta lógica de aplicação da Lei apenas a quem faz do espectáculo profissão não pode aplicar-se nos mesmos termos aos menores, ou pelo menos à maioria deles, que, como é evidente, não têm profissão.

Os menores de catorze anos, para além de ainda estarem sujeitos à escolaridade obrigatória, sendo quanto muito essa a sua "actividade" principal, não têm sequer a idade legal para trabalhar, quanto mais para fazerem de uma determinada actividade, neste caso das artes, profissão. Assim está disposto não só no nosso CT (art. 68.º), como também, com um âmbito muito mais abrangente, em instrumentos internacionais, como a convenção n.º 138 da OIT, a Directiva 33/94/CE, a Carta Social Europeia Revista e a Carta dos Direitos Fundamentais da União Europeia, que fixam a idade mínima de admissão ao trabalho nos quinze anos de idade ou no termo da escolaridade mínima obrigatória.

Deste modo, se, em bom rigor, apenas os menores de quinze anos e, eventualmente, os menores de catorze, com a escolaridade obrigatória completa, é que podem fazer das actividades artísticas profissão, seria muito redutor pretender o legislador restringir a aplicação da Lei n.º 4/2008 apenas a esses casos que representarão uma minoria no conjunto de participações de menores em espectáculos e outras actividades de natureza cultural, artística ou publicitária.

Pelas mesmas razões e perante a conclusão supra mencionada, afigura-se de difícil aplicação também o art. 3.º da Lei n.º 4/2008, não tanto pela possibilidade de inscrição dos artistas em registo próprio, mas pela presunção do exercício da actividade com carácter de regularidade que o registo configura e pela atribuição do competente título profissional.

Também a presunção do art. 6.º, que tivemos oportunidade de analisar, não se apresenta de fácil aplicação aos contratos celebrados com menores.

É desde logo difícil conceber uma relação de dependência económica do menor relativamente à entidade produtora ou organizadora de espectáculos quando, por lei, o menor de dezasseis anos está ainda sob a dependência de alguém, em regra dos pais. Como vimos, o menor só passa a ser autónomo quando completa os dezoito anos de vida (e passa a ser maior) ou quando se emancipa pelo casamento, necessariamente depois de completar os dezasseis anos. Até lá está sujeito ao exercício das responsabilidades parentais (art. 1877.º do CC) ou à tutela, cabendo, como tal, aos pais ou ao tutor o dever de assistência que "compreende a obrigação de prestar alimentos e a de contribuir, durante a vida em comum, de acordo com os recursos próprios, para os encargos da vida familiar" (arts. 1874.º e 1935.º, n.º 2 do CC)[345]; dispõe ainda o art. 1878.º, n.º 1 a necessidade de os pais proverem ao sustento dos filhos. É certo que prevê o art. 1879.º do CC a possibilidade de os pais ficarem desobrigados de prover ao sustento dos filhos, no caso em que estes estejam em condições de suportar aqueles encargos, nomeadamente através dos rendimentos, fruto do seu trabalho. Não nos parece, porém, que

---

[345] Antunes Varela e Pires de Lima, *Código...*, Vol. V, pág. 319, criticando a previsão do dever de assistência da parte dos filhos para com os pais (n.º 1 do art. 1874.º), escrevem: "são os pais quem tem de prover ao sustento e educação dos filhos, e não os filhos (no começo de vida) quem tem de contribuir, em pé de igualdade com os pais, para o custeio da vida familiar". Já Leite de Campos, *Lições...*, pág. 370, considera que o dever de assistência impende sobre pais e filhos, devendo inclusive os filhos exercer uma actividade produtiva "se tiverem idade e possibilidade e a economia familiar o exigir".

daí resulte uma obrigação de os filhos trabalharem para prover à sua subsistência e da sua família, colocando-se, como tal, economicamente dependentes de outrem.

Para além do pressuposto da dependência económica, mantemos as nossas reservas quanto à possibilidade de o menor poder prestar actividade com subordinação jurídica e de poderem os representantes legais celebrar um contrato de trabalho em nome dos menores, pelos motivos já expostos. E se assim for, se se rejeitar a qualificação do contrato celebrado em nome do menor como sendo um contrato de trabalho, evidentemente que a presunção do art. 6.º se revela inútil.

Quanto às modalidades do contrato, prevêem os arts. 5.º e 7.º da Lei n.º 4/2008 a possibilidade de o contrato de trabalho revestir as modalidades de contrato por tempo indeterminado ou de contrato a termo resolutivo, certo ou incerto.

Se a possibilidade de celebrar contrato a termo nos parece exequível, ainda que com adaptações do regime previsto na Lei n.º 4/2008, a possibilidade de celebrar um contrato por tempo indeterminado não se compatibiliza de todo com o regime de autorização da participação de menores previsto na RCT.

Prevê o art. 6.º, n.º 1, al. e) da RCT que o requerimento de autorização deve conter a "duração da participação do menor, que pode ser para uma ou várias actuações, por uma temporada ou outro prazo certo, ou ainda o período em que o espectáculo permaneça em cartaz ou outro prazo incerto", mas sempre, como se percebe, por um período limitado, ainda que não concretamente definido. Também o art. 9.º, n.º 1 da RCT prescreve que o contrato deve mencionar "a actividade a realizar e a *duração da participação do menor*", o que denota o carácter temporalmente limitado da relação contratual. Ora, tendo o legislador na RCT construído o regime da participação dos menores assente no pressuposto de que a mesma limitar-se-ia a uma actividade concretamente determinada, fica automaticamente afastada a possibilidade de celebração, relativamente a esses menores e nos termos do art. 9.º da RCT, de um contrato por tempo indeterminado. O próprio art. 5.º, n.º 4 deste diploma sugere a ideia da existência de um termo no contrato. Prevendo que a autorização é válida para o período da participação do menor na actividade, no máximo de nove meses, e que a mesma deve ser renovada "sempre que a *participação* for de duração superior", a redacção e o conteúdo do preceito corroboram a ideia de que a autorização é dada para uma participação concretamente definida e temporalmente limitada.

Poder-se-á ainda sustentar que se a autorização tem de ser renovada ao fim de nove meses, estando sujeita aos mesmos requisitos do pedido de autorização e às mesmas formalidades da decisão, não é um dado adquirido que a mesma será concedida a cada nove meses. Apenas uma nova avaliação feita pela CPCJ permitirá concluir se os pressupostos necessários para a concessão da autorização, previstos no art. 7.º da RCT, estão cumpridos, pelo que se afigura difícil a celebração de um contrato de trabalho por tempo indeterminado nestas condições.

Não nos parece, contudo, que seja este último o argumento decisivo, uma vez que sempre se poderia admitir a hipótese de o contrato por tempo indeterminado ser celebrado com a aposição de uma condição resolutiva[346]; ou seja, as partes ao celebrarem o contrato por tempo

---

[346] Nos termos do disposto no art. 270.º do CC, o negócio jurídico estará sujeito a condição resolutiva quando as partes façam depender a sua resolução de um acontecimento futuro e incerto. No âmbito do contrato de trabalho a admissibilidade da aposição de uma condição resolutiva ao contrato levanta muitas dúvidas. Defendendo, ainda que, como o próprio diz, "com algumas dúvidas" a inaponibilidade da condição resolutiva, Jorge Leite, *Direito...*, Vol. II, págs. 59 e 60, invoca três argumentos: a falta de previsão expressa da condição resolutiva pelo CT, sobretudo quando a lei exige forma escrita para as cláusulas de termo suspensivo e de condição suspensiva, o que configura "uma incongruência de difícil explicação" pensar que o legislador admitiu a validade da condição resolutiva aposta em contrato de trabalho sem exigir a forma escrita; o facto de a condição resolutiva constituir "um elemento de permanente perturbação da estabilidade do emprego"; e por fim, o facto de a condição resolutiva não constar do elenco das causas de extinção do contrato de trabalho. Também Leal Amado, "Contrato de trabalho e condição resolutiva (Breves considerações a propósito do Código do Trabalho)", *Temas Laborais*, Coimbra Editora, Coimbra, 2005, págs. 51 e ss., defende ser a condição resolutiva inaponível ao contrato de trabalho, considerando que o CT, embora não fazendo referência expressa à problemática da condição resolutiva, através da redacção dos arts. 135.º e 147.º, n.º 2, al. c) (anteriores arts. 127.º e 145.º), veio "robustecer" a tese da inaponibilidade. No mesmo sentido, Bernardo Lobo Xavier, *Iniciação...*, pág. 362, considera não poder a condição resolutiva ser aposta a um contrato de trabalho, a não ser em casos muito limitados previstos na lei. Segundo o autor, "o sistema da legislação laboral e a estabilização que essa legislação pretende dar aos vínculos de trabalho contrastam com a dependência do contrato de trabalho de um facto futuro e incerto". No mesmo sentido, o acórdão do TRL, de 08/07/2004 e o acórdão do STJ, de 24/05/2000, *in www.dgsi.pt*.

indeterminado concordariam que a sua execução e validade estivesse sempre dependente da existência de autorização por parte da CPCJ, tendo esta a possibilidade de revogar a autorização ou, a cada pedido de renovação, negá-lo, até o menor completar os dezasseis anos de idade (nos termos dos arts. 10.º, n.º 6 e 11.º, n.º 1 da RCT)[347].

Também não nos parece que da lei decorra a necessidade de ser celebrado um contrato por cada período de nove meses. O n.º 4 do art. 5.º da RCT quando diz que a autorização carece de renovação quando o prazo da participação for superior a nove meses refere-se ao prazo estipulado no contrato e à possibilidade de ele ser superior a nove meses; também a falta de previsão legal a exigir a celebração de um novo contrato a cada pedido de renovação conduz à mesma conclusão.

Ainda assim, e tendo em conta a forma como o legislador redigiu os já mencionados art. 5.º, n.º 4, art. 9.º, n.º 1 e sobretudo o art. 6.º, n.º 1, al. e) da RCT, parece-nos evidente que a participação tem de ser para um período limitado e de certa forma justificado pela actividade em causa.

Acresce ainda que o carácter tendencialmente perpétuo do contrato de trabalho por tempo indeterminado articula-se mal com o instituto da representação e com a consequente sujeição do menor a um contrato sem termo que o próprio não celebrou (ainda que, como sabemos, o trabalhador tenha a possibilidade de denunciar o contrato mediante pré--aviso).

Afastada a possibilidade de celebração de contrato por tempo indeterminado do regime da participação dos menores em espectáculos e outras actividades, é afastada em simultâneo a aplicação do art. 8.º da Lei n.º 4/2008, uma vez que o exercício intermitente apenas respeita e surge como uma opção contratual do contrato por tempo indeterminado.

Em sentido oposto, Monteiro Fernandes, *Direito...*, págs. 325 e 326 e Menezes Cordeiro, *Manual...*, pág. 600, consideram que a admissibilidade da contratação a termo incerto legitima a aposição de condição resolutiva a qualquer uma das situações enquadráveis no art. 140.º, n.º 3 do CT.

[347] Estando o contrato sujeito a condição resolutiva, ele produziria normalmente os seus efeitos até à verificação do acontecimento integrante da condição (a revogação da autorização ou a não renovação), podendo este acontecimento verificar-se ou não, sendo que a verificar-se produziria apenas efeitos para o futuro (arts. 277.º, n.º 1 e 434.º, n.º 2 do CC).

Quanto à possibilidade de contratação a termo, a mesma parece ser conciliável com a condição de menor, embora, quanto a nós, tal permissão decorra já dos arts. 6.º, n.º 1.º, al. e) e 9.º, n.º 1 da RCT, que, ainda que sem utilizar a mesma terminologia, fazem menção ao prazo certo ou ao prazo incerto que deve constar do contrato.

No entanto, algumas regras previstas no art. 7.º da Lei n.º 4/2008 têm de ser adaptadas, enquanto que outras são incompatíveis, pelo menos com a amplitude prevista no artigo, ou de aplicação manifestamente improvável ao caso da participação dos menores.

Referimo-nos, desde logo, à possibilidade de o contrato estar sujeito a renovação no caso de as partes assim o estipularem. Como vimos, não depende a renovação do contrato celebrado entre os representantes legais e a entidade promotora meramente da sua vontade, antes depende necessariamente da autorização da participação pela CPCJ, pelo que, a aceitar a inserção dessa cláusula no contrato, a mesma terá de ficar sempre condicionada à decisão da CPCJ, podendo bem acontecer que não possa haver renovação do contrato por não haver renovação da autorização ou simplesmente porque a autorização foi revogada.

Por outro lado, contrariamente ao que sucede com a Lei n.º 4/2008, a RCT exige que a duração do contrato esteja necessariamente ligada à duração da actividade, seja em função do número de actuações, da temporada ou do período em que o espectáculo esteja em cartaz. Mesmo quando a RCT refere no art. 6.º, n.º 1, al. e) que a duração da participação pode ser em função de um prazo certo, está a pressupor sempre que esse prazo não ultrapassa a duração da actividade para a qual a participação está a ser requerida. Já a Lei n.º 4/2008 vai muito mais longe e encara a duração da contratação do profissional de espectáculos pela entidade produtora ou organizadora de espectáculos públicos com independência face aos espectáculos em concreto.

Mas ainda assim, a nosso ver, nada impede que dentro deste condicionalismo possam as partes prever a possibilidade de o contrato ser renovado. E o interesse prático desta hipótese é relevante. Basta pensar no exemplo de uma série de televisão que inicialmente está projectada para ter vinte episódios, mas que, com o decorrer do tempo e a adesão do público, a entidade promotora e a estação de televisão decidem fazer uma nova série de outros tantos episódios ou aumentar o número de episódios da mesma série. Ou o caso de uma peça de teatro, cujo número de actuações está no momento da celebração do contrato pré-determinado, mas devido ao sucesso da mesma, é alargado[348]. No entanto, também aqui se coloca o problema da conciliação da possibilidade de renovação do contrato, mesmo para além da idade dos dezasseis anos, com os limites do poder de representação.

Já o período máximo de duração do contrato a termo (oito anos[349]) é quanto a nós improvável de se verificar. Sendo a autorização dada para uma participação concreta, independentemente do número de actuações previstas, o certo é que é improvável que a participação do menor num mesmo espectáculo ou actividade dure tanto tempo. Digamos, no entanto, que é improvável, mas não impossível, não sendo por isso que esta limitação do art. 7.º deixa de ter aplicação ao caso dos menores, ainda que, como já referimos, não nos possamos esquecer da necessidade de renovação da autorização.

Acresce ainda que face à diferença de regimes constantes dos arts. 66.º a 80.º do CT e dos arts. 2.º a 11.º da RCT, pensados para situações bem distintas, a sucessão de normas aplicáveis ao mesmo contrato por mero efeito da idade, sem que haja uma alteração formal e uma revisão das condições de execução do contrato, colocam entraves à aceitação da renovação automática do contrato celebrado nos termos do art. 9.º da RCT quando o menor já completou dezasseis anos de idade (pense-se, por exemplo, na duração do tempo de trabalho). Este entrave, de resto, também se verificaria se se aceitasse a celebração do contrato por tempo indeterminado para a participação de menores em espectáculos e outras actividades.

Quanto à celebração de um contrato com uma pluralidade de menores, ele é à partida defensável. Mas também aqui há que fazer as necessárias adaptações, tendo em conta as exigências previstas na RCT quanto à participação dos menores, designadamente a necessidade de serem os representantes legais a assinar o contrato em nome dos menores, a

---

[348] Veja-se o exemplo bem conhecido do musical "Cats", de Andrew Loyd Webber, que esteve mais de vinte anos em cartaz na Broadway e em Londres.

[349] À semelhança do que sucede com o contrato de trabalho do praticante desportivo, que não pode ter duração superior a oito épocas desportivas (art. 8.º, n.º 1 da Lei n.º 28/98).

necessidade de o representante comum ser um representante legal e a necessidade de cumprir a tramitação prevista nesta lei, nomeadamente para o pedido de autorização individual para cada menor.

É precisamente a necessidade de cada menor ter a autorização da CPCJ para participar no espectáculo que levanta maiores problemas, não tanto no momento da celebração do contrato, mas sobretudo durante a sua execução.

Quanto à celebração do contrato, a complexidade assenta essencialmente na necessidade de a entidade promotora ter de aguardar a resposta a todos os pedidos de autorização para poder celebrar o contrato.

Já quanto à execução do contrato, poderá não ser fácil coordenar a "vida" do contrato com os obstáculos que possam surgir relativamente ao vínculo laboral de cada menor. É impossível prever, no momento da celebração do contrato, se todos os menores que dele são parte vão ter autorização para trabalhar durante todo o período de duração do contrato. E sendo certo que o n.º 7 do art. 9.º prevê que a impossibilidade de prestação da actividade por um dos elementos não implica a extinção do contrato com os demais, subsistindo o contrato, salvo quando se torne impossível a continuação da actividade, o que é facto é que estando em causa menores, a probabilidade de a continuação da actividade se tornar impossível é substancialmente maior do que quando se trata de um contrato celebrado com adultos. Acresce ainda que a possibilidade que os representantes legais têm, pelo menos é o que defendemos, de revogar a qualquer momento a autorização, pode ter consequências bem mais graves do que quando se trata de uma revogação de autorização relativamente a um contrato com um só menor, podendo aquela revogação pôr em causa a subsistência do contrato celebrado com todos, acarretando prejuízos patrimoniais e morais para a entidade promotora e para os restantes menores.

Quanto ao preceito referente à forma dos contratos, apenas são de aplicar os n.ᵒˢ 2 e 5 do art. 10.º da Lei, tendo em conta que a exigência de forma escrita do n.º 1 decorre já do art. 9.º da RCT e que os n.ᵒˢ 3 e 4 se referem ao trabalho prestado em regime de intermitência que, estando necessariamente associado ao contrato de trabalho por tempo indeterminado, pelas razões supra expostas não se aplica ao caso dos menores. De todo o modo, mesmo a aplicação do n.º 2 do art. 10.º terá

sempre de ser conjugada com o art. 9.º, n.º 1 da RCT, que prevê as formalidades que têm obrigatoriamente de constar do contrato celebrado entre o menor e a entidade promotora.
Já o artigo recentemente introduzido na Lei n.º 4/2008 pela Lei n.º 105/2009, o art. 10.º-A, que dispensa da redução a escrito os contratos de duração não superior a uma semana, o mesmo não pode ser aplicável à participação de menor em espectáculo ou outra actividade de natureza cultural, artística ou publicitária, desde logo porque é manifestamente incompatível com o art. 9.º da RCT.

Relativamente aos direitos e deveres especiais do artista de espectáculos, em abstracto julgamos a norma aplicável ao caso dos menores, tendo no entanto a importância conferida a cada direito e a cada dever de ser valorada caso a caso, em função da idade e do tipo de participação do menor. Como é natural num regime pensado para trabalhadores adultos, alguns dos deveres e dos direitos previstos no art. 11.º da Lei n.º 4/2008 (dever de diligência, dever de colaboração, direito à autonomia da direcção, supervisão e realização artísticas), não assumem qualquer relevância relativamente a menores de pouca idade, que não têm capacidade para os cumprir ou para os exercer, ou assumem uma relevância menor do que quando aplicáveis aos profissionais de espectáculos, porque, apesar de já poderem ser cumpridos ou exercidos pelos menores, o grau de exigência pode ter de ser inferior tendo em conta o desenvolvimento e a maturidade da criança.

Quanto à matéria da organização do tempo e do local de trabalho, é desde logo de aplicar o art. 12.º da Lei n.º 4/2008, que tem o mérito de esclarecer o que é considerado como tempo de trabalho: o período de prestação de actividade perante o público, bem como todo o tempo em que o artista está adstrito à realização da sua prestação, como seja o tempo de ensaios, pesquisa, estudo, actividades promocionais e de divulgação ou outros trabalhos preparatórios do espectáculo. Claro que integrar estes tempos de trabalho naquele limite máximo de horas de actividade previsto no art. 3.º da RCT torna, em algumas situações, impossível de cumpri-lo. Não é difícil imaginar o tempo que leva um jovem actor a decorar as suas deixas ou a ensaiar uma cena, pelo que o número de horas previsto no artigo supra referido pode revelar-se manifestamente insuficiente. Na prática, a haver uma preocupação em cumprir os limites impostos no referido art. 3.º, os mesmos apenas abrangerão o tempo dos ensaios, da prestação perante o público e quanto muito as actividades promocionais e de divulgação, sendo esquecido o tempo dedicado ao estudo e à pesquisa, por se passar, em regra, na intimidade do lar ou em outro lugar privado, insusceptível de ser fiscalizado pela ACT.

Relativamente aos arts. 13.º, 14.º e 15.º da Lei n.º 4/2008, não são os mesmos de aplicar à participação dos menores em espectáculos e outras actividades, uma vez que o art. 3.º da RCT prevê essa matéria e, como regime especial que é, derroga o regime geral existente para os profissionais de espectáculos.

Já a norma que prevê a possibilidade de a actividade ser prestada em dias feriados (art. 16.º, n.º 1 da Lei n.º 4/2008) tem de ser entendida no âmbito da lógica do contrato de trabalho e do seu regime geral, que prevê que o trabalhador tem direito a não trabalhar em dia feriado, excepto quando preste actividade em empresa que não esteja obrigada a fechar nesse dia, caso em que é obrigado a trabalhar, tendo direito, no entanto, a um descanso compensatório de igual duração ou ao acréscimo de 100% da retribuição pelo trabalho prestado nesse dia, cabendo a opção ao empregador.

O art. 16.º da Lei n.º 4/2008 vem no fundo dizer que a actividade dos espectáculos pode decorrer aos dias feriados, sendo os trabalhadores a ela afectos obrigados a trabalhar nesse dia, tendo, em contrapartida, direito a um descanso compensatório ou a um acréscimo retributivo. Ora, a aplicação desta norma aos menores só tem sentido se se entender adaptável à participação dos menores a lógica do contrato de trabalho. A não ser assim, e estando assegurado um dia de descanso semanal ao menor nos termos do art. 3.º, n.º 3 da RCT, não será de aplicar esta norma, sendo o feriado considerado, para todos os efeitos, como um dia normal.

A norma referente ao local de trabalho (art. 17.º da Lei n.º 4/2008) não levanta problemas na sua extensão à participação de menores em espectáculos e outras actividades, em qualquer um dos seus números. Não se poderá esquecer, no entanto, que, nos termos legais, no pedido de autorização da participação do menor é indicado o local ou locais onde o menor presta actividade, sendo também com base nesse elemento que a CPCJ autoriza a participação, pelo que não pode o mesmo, quanto a nós, ser posteriormente alterado sem o aval da CPCJ.

Quanto à disposição sobre a reclassificação do trabalhador (art. 19.º da Lei n.º 4/2008), não nos parece ser a mesma aplicável ao caso dos menores.

Sendo certo que, ainda que muito contadas, são concebíveis situações em que pode haver perda de aptidão para a realização da actividade artística para a qual o menor foi contratado, superveniente e definitiva e por motivo decorrente das características da própria actividade (o caso do menor contratado para cantar que, em virtude do esforço da sua actividade, perde definitivamente a qualidade da voz), não cremos que, por um lado, tenha a norma sido pensada para este tipo de situações, em que a perda de aptidão se verifica num momento da vida em que a idade da reforma ainda está muito longe, nem que, por outro, os termos em que a reclassificação é feita se concilie com o regime da participação dos menores em espectáculos.

Ainda que possa não parecer claro, tendo em conta a expressão "por motivos decorrentes das características da própria actividade", esta norma tem sobretudo em vista os casos em que, com o decorrer dos anos e com o avançar da idade dos artistas, as suas aptidões para executar as tarefas para que foram contratados, se perdem, se desgastam. Tratam-se de situações em que a idade ou a perda das aptidões artísticas já não permitem ao artista dedicar-se mais à profissão que vinha exercendo, sem que, no entanto, tenha completado a idade exigida para a reforma e para beneficiar das prestações da segurança social. A preocupação do legislador em consagrar uma norma específica para a reclassificação do trabalhador prendeu-se com as especificidades do sector dos espectáculos e a maior vulnerabilidade a que estão sujeitos os artistas, pelo desgaste físico inerente a esta profissão.

Por outro lado, a ideia de reclassificação articula-se mal com o regime da participação dos menores, previsto nos arts. 2.º e ss. da RCT. Prevê o art. 19.º da Lei n.º 4/2008 que no caso de perda de aptidões, nos termos descritos no artigo, o empregador deve atribuir ao artista "outras funções compatíveis com as suas qualificações profissionais, mesmo que não incluídas no objecto do contrato".

Ora, não só é desprovido de sentido falar em "qualificações profissionais" relativamente a um grupo etário que não exerce profissão ou uma actividade profissional, como não pode a entidade promotora, mesmo que queira, atribuir ao menor outras "funções" para além daquelas que constaram do requerimento de autorização da participação e posteriormente da decisão. A autorização é concedida, nos termos do art. 7.º, n.º 2 da RCT, para uma determinada actividade, para um determinado "tipo de participação", sem que haja margem de manobra ou liberdade para alterar essas condições sem nova avaliação da CPCJ. Não se pode aceitar a aplicação de uma norma que põe em causa o regime imperativo da participação dos menores em espectáculos e outras actividades, para além de que a prestação de actividade por menores com idade inferior a catorze anos apenas é admissível quando seja para a participação em espectáculos e outras actividades de natureza cultural, artística ou publicitária, pelo que qualquer função que fosse atribuída ao menor e que não passasse por uma participação daquele tipo seria ilegal.

Feita esta incursão pela Lei n.º 4/2008, voltamos a sublinhar a excessiva dificuldade de aplicação desta lei à participação de menor em espectáculo ou outra actividade de natureza cultural, artística ou publicitária.

Admitimos que as leis quando são criadas não podem abranger todas as situações existentes, podendo ser aplicadas a situações diferentes das que justificaram a sua criação. No entanto, o respeito pelos princípios da segurança e da certeza jurídica exige que não possam ficar dependentes do intérprete questões essenciais e decisivas de um regime jurídico, permitindo que conclusões totalmente díspares dêem lugar a tratamentos desiguais.

Não quis o legislador tomar posição quanto à qualificação do contrato celebrado em nome do menor para a sua participação em espectáculo, esclarecendo sobre a aplicação ou não do regime geral laboral; ou, se entendermos que quis aplicar este último, não definiu os termos em que essa mesma aplicação deve ser feita. Antes preferiu deixar nas mãos do intérprete essa tarefa.

Em contrapartida, quis o legislador estender aos menores a aplicação da Lei n.º 4/2008; não previu, no entanto, que essa aplicação nunca poderá ser feita de forma taxativa, exigindo um esforço de exegese para lá do que consideramos razoável.

Desta forma, é com um misto de receio, curiosidade e expectativa que esperamos as decisões dos tribunais e a tomada de posições da doutrina, acreditando caber a estes a árdua tarefa de clarificação e de definição do regime jurídico da participação de menor em espectáculo ou outra actividade de natureza cultural, artística ou publicitária.

CONCLUSÕES

Pela primeira vez no ordenamento jurídico português existe o que se pode chamar de um regime legal para a participação de menor em espectáculo ou outra actividade de natureza cultural, artística ou publicitária.

Depois de longos anos em que existiam escassas normas a prever a idade mínima de admissão ou a necessidade de autorização para essa participação, e depois de durante anos se ter anunciado a "chegada" de um regime legal que tardou em aparecer, finalmente passámos a ter um conjunto de normas que, ainda que poucas, são fundamentais.

Matérias como o processo e as condições de autorização da participação do menor e o tempo de trabalho e de repouso, passaram a estar expressamente previstas e, ainda que se discorde de um ponto ou outro, é de louvar que assim seja. Assim como são de louvar alterações que foram feitas ao regime pela Lei n.º 105/2009 (RCT), que o tornaram mais adaptado às necessidades do sector e mais protector dos interesses do menor.

Tememos, no entanto, que a urgência com que as entidades promotoras querem contratar menores e a sua falta de vontade em se submeterem a um regime que muitos considerarão demasiado rígido possa incentivar ao não cumprimento da lei.

Prevê-se que as entidades promotoras continuem a contratar menores sem a necessária autorização da CPCJ e com a conivência dos pais e a tê-los a trabalhar horas e horas afins. Prevê-se que o entusiasmo dos menores e dos pais com a participação daqueles em telenovelas, filmes, teatro, publicidade, os faça negligenciar a escola e a sua formação.

Apenas uma boa fiscalização levada a cabo pela Autoridade para as Condições de Trabalho permitirá combater essa prática. Exige-se, se se quer uma boa aplicação da lei, que esse combate ao trabalho ilegal seja eficaz. Apenas uma fiscalização eficaz permitirá inverter a prática do "tudo é permitido neste país" e fazer com que as pessoas entendam que as lei são para cumprir e que o rigor colocado na regulamentação é para acatar, quer se concorde quer não.

Criticamos, porém, a forma pouco clara com que o legislador tratou o tema, permitindo que questões absolutamente essenciais fiquem sem resposta e, mais do que isso, permitam várias interpretações e várias soluções. Pensamos que isso não ajuda à boa aplicação da lei nem ao seu bom cumprimento. A dúvida que fica na qualificação do contrato celebrado entre os representantes legais e a entidade promotora pode ter consequências difíceis e questões práticas complicadas de solucionar.

Por outro lado, a opção de aplicar o regime jurídico do contrato de trabalho dos profissionais de espectáculos aos menores participantes em espectáculos e outras actividades de natureza cultural, artística e publicitária não foi, quanto a nós, a melhor solução. Melhor seria ter o legislador feito a distinção entre os dois regimes, encarando a contratação dos profissionais de espectáculos e a contratação dos menores como duas situações substancialmente distintas, que são.

Cremos, contudo, que houve um avanço. Está-se agora melhor do que anteriormente. Ficamos à espera do debate de ideias, de decisões judiciais, de dados das entidades directamente responsáveis nesta matéria, para saber se alguma coisa vai efectivamente mudar.

Em pouco mais de cinco anos os números permitem concluir ter havido um aumento significativo dos pedidos de autorização, ainda que insuficiente. Se até ao final do ano de 2006 apenas quinze pedidos de autorização tinham dado entrada na totalidade das Comissões de Protecção de Crianças e Jovens do país, no ano de 2007 entraram já 57 e no ano de 2008 123[350]. Este aumento prender-se-á com uma maior consciencialização por parte dos pais e das entidades promotoras, pelo progressivo conhecimento da lei[351], pela actividade inspectiva da ACT

---

[350] Ver os relatórios anuais de avaliação da actividade das CPCJ's, de 2006, 2007 e 2008, *in www.cnpcjr.pt*.

[351] Conforme referiu Ricardo Carvalho, secretário executivo da CNPCJR, ao Jornal de Notícias de 2 de Novembro de 2009, o aumento do número de pedidos de autorização no ano de 2008 "pode ser explicado pelo maior conhecimento da legislação por parte dos promotores" (pág. 4).

que leva as entidades promotoras ao cumprimento das imposições legais, pela divulgação do processo de autorização pela CNPCJR.

Mas ainda falta um longo caminho a percorrer. Falta que mais entidades promotoras cumpram as formalidades legais antes de contratarem menores para participarem em espectáculos, é preciso que a actividade inspectiva seja de tal forma eficaz que os intervenientes e obrigados ao processo de autorização se sintam coagidos a cumpri-lo, quando não o façam de forma espontânea, falta dotar de mais meios e dar mais acompanhamento às CPCJ's, por forma a evitar que os processos fiquem por decidir ou que se verifique o deferimento tácito[352], é preciso que o processo de avaliação do pedido de autorização seja rigoroso, sob pena de as exigências formais da lei não passarem de meras formalidades[353], é preciso um controlo efectivo do modo de execução da participação. Só assim fará sentido esta inovação legislativa, só assim se garantirá a salvaguarda da educação, da saúde, da segurança e do desenvolvimento físico, psíquico e moral do menor.

---

[352] Não deixa de ser significativo e preocupante que, segundo o relatório anual de avaliação da actividade das CPCJ's em 2008, pág. 129, no referido ano, de 91 processos que transitaram para o ano de 2009, em 80 não tenha ocorrido qualquer decisão, ainda que se admita que alguns tenham entrado já perto do final do ano.

[353] De acordo com os relatórios anuais de avaliação da actividade das CPCJ's em 2007 e 2008, das 47 deliberações tomadas em 2007, todas corresponderam a autorizações, não tendo havido nenhum indeferimento, o que só é positivo na medida em que tenha estado garantido que os elementos legalmente exigidos foram efectivamente apresentados pela entidade promotora e que com base neles as CPCJ's criaram a convicção de estarem reunidas as condições para uma participação em que estivessem salvaguardados os valores que o regime da participação de menor em espectáculo ou outra actividade de natureza cultural, artística ou publicitária quis tutelar: a educação, a saúde, a segurança e o desenvolvimento do menor. Já em 2008, das 51 deliberações das CPCJ's, 45 corresponderam a autorizações, uma a revogação de autorização e cinco a indeferimentos.

BIBLIOGRAFIA CITADA

ALAMÁN, Marta, "Principales puntos de interés en las relaciones laborales en el sector audiovisual", *Revista Jurídica del Deporte y del Entretenimiento*, n.º 14, Thomson Arazandi, 2005

ALARCÃO, Rui de, "Maioridade e emancipação na revisão do Código Civil", *Boletim da Faculdade de Direito da Universidade de Coimbra*, Vol. LII, Coimbra, 1976

ALMEIDA, Ferreira de, "Conceito de Publicidade", *in Boletim do Ministério da Justiça*, n.º 349, Lisboa, 1985

ALONSO OLEA, Manuel e CASAS BAAMONDE, Maria Emilia, *Derecho del Trabajo*, 26.ª Edição, Civitas, Madrid, 2009

ALONSO OLEA, Manuel, *Introdução ao direito do trabalho*, Coimbra Editora, Coimbra, 1968

ALVAREZ CUESTA, Henar, "Artistas en parques de atracciones: ¿fijos discontinuos? Comentário a la STS 15 julio 2004 (RJ 2004, 5362)", *Revista Jurídica del Deporte y del Entretenimiento*, n.º 14, Thomson Arazandi, 2005

ALVES, Raúl Guichard, "Observações a respeito da incapacidade de exercício dos menores e sua justificação", *Revista de Direito e Economia*, Ano XV, 1989

ALZAGA RUIZ, Icíar, "El proceso de integración de los artistas en espectáculos públicos en el ámbito del Derecho del Trabajo, *Revista española de Derecho del Trabajo*, n.º 104, Civitas, Madrid, 2001

ALZAGA RUIZ, Icíar, "Contratación laboral temporal de artistas en espectáculos públicos, *Revista Jurídica de Deporte y Entretenimiento*, Año 2005 – 3, n.º 15, Thomson Arazandi, 2005

ALZAGA RUIZ, Icíar, "El contrato de grupo de artistas en espectáculos públicos", *Revista Jurídica de Deporte y Entretenimiento*, Año 2006 – 1, n.º 16, Thomson Arazandi, 2006

AMADO, João Leal, *Contrato de trabalho – À luz do novo Código do Trabalho*, Coimbra Editora, Coimbra, 2009

AMADO, João Leal, "Contrato de trabalho e condição resolutiva (Breves considerações a propósito do Código do Trabalho)", *Temas Laborais*, Coimbra Editora, Coimbra, 2005

AMADO, João Leal, "Contrato de trabalho prostitucional", *Questões Laborais*, Ano IX, n.º 20, Coimbra Editora, Coimbra, 2002

AMADO, João Leal, "O contrato de trabalho entre a presunção legal de laboralidade e o presumível desacerto legislativo", *Temas laborais*, 2, Coimbra Editora, Coimbra, 2007

AMADO, João Leal, *Vinculação versus Liberdade – O Processo de Constituição e Extinção da Relação Laboral do Praticante Desportivo*, Coimbra Editora, Coimbra, 2002

ANDRADE, Manuel A. Domingues de, *Teoria Geral da Relação Jurídica, Vol. I – Sujeitos e Objecto*, reimpressão, Almedina, Coimbra, 1997

ANDRADE, Manuel A. Domingues de, *Teoria Geral da Relação Jurídica, Vol. II – Facto Jurídico, em especial Negócio Jurídico*, reimpressão, Almedina, Coimbra, 2003

BAPTISTA, Albino Mendes, "*Estudos sobre o Código do Trabalho*, 2.ª Edição, Coimbra Editora, Coimbra, 2006

BARROS, Alice Monteiro de, *As relações de trabalho no espetáculo*, Editora São Paulo, 2003

BARROSO, Luís Roberto e BARCELOS, Ana Paula de, "Regime jurídico da participação de crianças e adolescentes em programas de televisão", *Revista Trimestral de Direito Civil – RTCD*, Ano 2, Vol. 7, Editora Padma, Rio de Janeiro, 2001

BASTO, Nuno Cabral, "Contratos especiais de trabalho – Reflexões em torno do sistema positivo vigente", *Estudos Sociais e Corporativos*, n.º 31, 1969

BAYON CHACON, Gaspar, "Contratos especiales de trabajo. Concepto", *Catorze lecciones sobre contratos especiales de trabajo*, Seccion de Publicaciones e Intercambio de la Faculdad de Derecho de la Universidad de Madrid, Madrid, 1965

BETTENCOURT, Pedro, "O trabalho de menores no Código do Trabalho", *VII Congresso Nacional de Direito do Trabalho – Memórias*, Almedina, Coimbra, 2004

BORGES, Beatriz Marques, *Protecção de Crianças e Jovens em Perigo – Comentário e Anotações à Lei n.º 147/99, de 1 de Setembro*, Almedina, Coimbra, 2007

CAMPOS, Diogo Leite de, *Lições de Direito da Família e das Sucessões*, 4.ª Reimpressão da 2.ª Edição revista e actualizada, Almedina, Coimbra, 2008

CAMPOS, João Mota de e CAMPOS, João Luiz Mota de, *Manual de Direito Comunitário*, 5.ª Edição, Coimbra Editora, Coimbra, 2007

CANOTILHO, J.J. Gomes e MOREIRA, Vital, *Constituição da República Portuguesa Anotada – Artigos 1.º a 107.º*, 4.ª Edição revista, Coimbra Editora, Coimbra, 2007

CARVALHO, Orlando de, *Teoria Geral do Direito Civil*, Centelha, Coimbra, 1981

CHAVES, Rui Moreira, *Código da publicidade anotado*, 2.ª Edição, Almedina, Coimbra, 2005

CHHUM, Frédéric, *L'Intermittent du Spectacle – Les nouvelles règles après da reforme de 2003*, Juris Classeur, Paris, 2004

CORDEIRO, António Menezes, *Manual de Direito do Trabalho*, reimpressão, Almedina, Coimbra, 1999

CORDEIRO, António Menezes, *Tratado de Direito Civil Português, I, Parte Geral*, Tomo III, *Pessoas*, 2.ª Edição, Almedina, Coimbra, 2007

CORREIA, Luís Brito, *Direito do Trabalho*, Vol. 1, Universidade Católica Portuguesa, Lisboa, 1981

DAUGEREILH, Isabelle e MARTIN, Philippe, "Les intermittents du spectacle: une figure du salariat entre droit commun et droit spécial", *Revue Française des Affaires Sociales,* 54.º Anné, n.º 3-4, Ministère de l'emploi et de la solidarité, 2000

DEBONNE-PENET, Rolande, "Le statut juridique des artistes du spectacle", *Recueil Dalloz Sirey*, 3.º Cahier – Chronique, Jurisprudence Generale Dalloz, Paris, 1980

DIAS, Jorge de Figueiredo, *Questões fundamentais do direito penal revisitadas,* Editora Revista dos Tribunais, São Paulo, 1999

DOLZ-LAGO, Manuel-Jesús, "La relacion laboral de carácter especial de los artistas de espectáculos publicos", *Revista de Derecho Privado*, Febrero, 1983

DUARTE, Maria de Fátima Abrantes, *O Poder Paternal – Contributo para o Estudo do seu Actual Regime*, Associação Académica da Faculdade de Direito de Lisboa, Lisboa, 1989

Enciclopédia Luso-Brasileira de Cultura, 7.º e 15.º, Editorial Verbo, Lisboa

FERNANDES, António Monteiro, *Direito do Trabalho*, 14.ª Edição, Almedina, Coimbra, 2009

FERNANDEZ GONZALEZ, Victor, "Contrato de trabajo de los artistas", *Catorze lecciones sobre contratos especiales de trabajo*, Seccion de Publicaciones e Intercambio de la Faculdad de Derecho de la Universidad de Madrid, Madrid, 1965

FERRAZ, Vítor, "O Regime Jurídico do Trabalho de Menores", *II Congresso Nacional de Direito do Trabalho*, Almedina, Coimbra, 1999

FORTUNAT, Andrea, "Legittimità della successione di contratti a termine nel settore dello spettacolo", *Rivista Italiana di Diritto del Lavoro*, 1, Parte Seconda, Giuffrè Editore, Milão, 2003

GARRIDO PÉREZ, Eva, "Trabajo autónomo y trabajo subordinado en los artistas en espectáculos públicos", *Trabajo subordinado y trabajo autónomo en la delimitación de fronteras del derecho del trabajo – Estudios en homenaje al Profesor José Cabrera Bazán*, coordenado por Jésus Cruz Villalón, Tecnos, Madrid, 1999

GOMES, Júlio Manuel Vieira, "Da fábrica à fábrica de sonhos – primeiras reflexões sobre o regime dos contratos de trabalho dos profissionais de espectáculos", *Liberdade e Compromisso: estudos dedicados ao Professor Mário Fernando de Campos Pinto*, Vol. II, Universidade Católica Editora, Lisboa, 2009

GOMES, Júlio Manuel Vieira, *Direito do Trabalho, Volume I – Relações Individuais de Trabalho*, Coimbra Editora, Coimbra, 2007

GOMES, Júlio e CARVALHO, Catarina, "Sobre o regime da invalidade do contrato de trabalho", *II Congresso Nacional de Direito do Trabalho*, Almedina, Coimbra, 1999

GONÇALVES, Luiz da Cunha, *Tratado de Direito Civil em comentário ao Código Civil Português*, Vol. I, Coimbra Editora, Coimbra, 1929

GONÇALVES, Luiz da Cunha, *Tratado de Direito Civil em comentário ao Código Civil Português*, Vol. VII, Coimbra Editora, Coimbra, 1933

Grande Dicionário Enciclopédico, Vols. I, II, VI e XII, Clube Internacional do Livro, Alfragide

HÖRSTER, Heinrich Ewald, *A Parte Geral do Código Civil Português, Teoria Geral do Direito Civil*, 5.ª Reimpressão da Edição de 1992, Almedina, Coimbra, 2009

JOSÉ, Pedro Quartin Graça Simão, *O novo direito da publicidade*, Vislis, Lisboa, 1999

LEITE, Jorge, "Alguns aspectos do regime jurídico do trabalho de menores", *Prontuário de Legislação do Trabalho*, Actualização n.º 40, CEJ, 1992

LEITE, Jorge e ALMEIDA, F. Jorge Coutinho de, *Colectânea de Leis do Trabalho*, Coimbra Editora, Coimbra, 1985

LEITE, Jorge, "Direito de exercício da actividade profissional no âmbito do contrato de trabalho", *Revista do Ministério Público*, Julho-Setembro de 1991, Editorial Minerva, Lisboa, 1991

LEITE, Jorge, *Direito do Trabalho*, Vol. II, Serviços de Acção Social da U.C., Serviços de Textos, Coimbra, 2004

LIMA, Pires de e VARELA, Antunes, *Código Civil Anotado*, Volume I, 4.ª Edição revista e actualizada, Coimbra Editora, Coimbra, 1987

LIMA, Pires de e VARELA, Antunes, *Código Civil Anotado*, Volume V, Coimbra Editora, Coimbra, 1995

LONG, Gianni, *Enciclopédia del Diritto*, XLIII, Giuffrè-Editore, Milão, 1990

MACEDO, Pedro de Sousa, *Poder disciplinar patronal*, Almedina, Coimbra, 1990

MARQUES, José Augusto Garcia, "Desporto, Estado e sociedade civil", *Sub Judice – Justiça e Sociedade*, n.º 8, 1994

MARTINEZ, Pedro Romano, *Direito do Trabalho*, 4.ª Edição, Almedina, Coimbra, 2007

MARTINEZ, Pedro Romano, "Incumprimento contratual e justa causa de despedimento", *Estudos do Instituto de Direito do Trabalho*, Vol. II, Almedina, Coimbra, 2001

MARTINEZ, Pedro Romano, "Os novos horizontes do direito do trabalho", *III Congresso Nacional de Direito do Trabalho*, Almedina, Coimbra, 2001

MARTINEZ, Pedro Romano, MONTEIRO, Luís Miguel, VASCONCELOS, Joana, BRITO, Pedro Medeira de, DRAY, Guilherme, SILVA, Luís Gonçalves da, *Código do Trabalho Anotado*, 8.ª Edição, Almedina, Coimbra, 2009

MARTINS, Costa, "Sobre o poder disciplinar da entidade patronal", *I Congresso Nacional de Direito do Trabalho – Memórias*, Almedina, Coimbra, 1998

MARTINS, Pedro Furtado, "A relevância dos elementos pessoais na situação jurídica de trabalho subordinado – Considerações em torno de uma manifestação típica: o dever de ocupação efectiva, *Revista do Ministério Público*, Julho-Setembro de 1991, Editorial Minerva, Lisboa, 1991

MARTINS, Rosa, *Menoridade, (In)Capacidade e Cuidado Parental*, Coimbra Editora, Coimbra, 2008

MAZZOTTA, Oronzo, *Diritto del Lavoro – Il rapporto di lavoro*, Giuffrè Editore, Milão, 2002

MENDES, João de Castro, *Direito da Família*, Associação Académica da Faculdade de Direito de Lisboa, Lisboa, 1990/1991

MENGER, Pierre-Michel, *Retrato do artista enquanto trabalhador – Metamorfoses do capitalismo*, Roma Editora, Lisboa, 2005

MESQUITA, José Andrade, *Direito do Trabalho*, 2.ª Edição, Associação Académica da Faculdade de Direito de Lisboa, Lisboa, 2004

MIRANDA, Jorge e MEDEIROS, Rui, *Constituição Portuguesa Anotada, Tomo I – Introdução Geral, Preâmbulo, Artigos 1.º a 79.º*, Coimbra Editora, Coimbra, 2005

MIRANDA, Jorge, "Sobre o poder paternal", *Revista de Direito e de Estudos Sociais*, Ano XXXII, n.ºs 1-2-3-4, Almedina, Coimbra, 1990

MONCADA, Luís Cabral de, *Lições de Direito Civil*, 4.ª Edição, Almedina, Coimbra, 1995

MONTOYA MELGAR, Alfredo, "Sobre las relaciones especiales de trabajo y su marco regulador", *Revista española de Derecho del Trabajo*, n.º 109, Civitas, Madrid, 2002

MOREIRA, Sónia, "A autonomia do Menor no Exercício dos seus Direitos", *Scientia Iuridica – Revista de Direito Comparado Português e Brasileiro*, Tomo L, n.º 291, Universidade do Minho, Braga, 2001

NETO, Abílio, *Novo Código do Trabalho e Legislação Complementar Anotados*, Ediforum, Lisboa, 2009

NETO, Francisco Ferreira Jorge e CAVALCANTE, Jouberto de Quadros Pessoa, *Manual de Direito do Trabalho*, Tomo I, 2.ª Edição, Lúmen Juris Editora, Rio de Janeiro, 2004

NICO, Magda, GOMES Natália, ROSADO Rita e DUARTE Sara, *Licença para criar – Imigrantes nas artes em Portugal*, Editorial do Ministério da Educação, Lisboa, 2007

OLIVEIRA, António Luís Bentes de, "Trabalho de menores em espectáculos e publicidade", *Questões Laborais*, Ano 7, n.º 16, Coimbra, 2000

PALOMEQUE LÓPEZ, Manuel Carlos e ÁLVAREZ DE LA ROSA, Manuel, *Derecho del Trabajo*, 14.ª Edição, Editorial Universitária Ramón Areces, 2006

PANSIER, Frédéric-Jérôme, *Droit du Travail*, 4.ª Edição, Litec, Paris, 2005

PARREIRA, Isabel Ribeiro, "Qualificação do contrato de trabalho e presunção legal: notas para a interpretação e aplicação do artigo 12.º do Código do Trabalho", *VII Congresso Nacional de Direito do Trabalho, Memórias*, Almedina, Coimbra, 2004

PEREIRA, António Garcia, *O Poder Disciplinar da Entidade Patronal, Seu Fundamento*, Editora Danúbio, Lisboa, 1983

PEREIRA, Inês, *Caracterização das actividades dos menores em espectáculo, moda e publicidade*, Ministério da Segurança Social e do Trabalho, 2004

PIMENTA, José da Costa, *Polis – Revista de Estudos Jurídico-Políticos*, Ano I, n.º 1, CEJUP, Lisboa, 1994

PINTO, Carlos Alberto da Mota, *Teoria Geral do Direito Civil*, 4.ª Edição por António Pinto Monteiro e Paulo Mota Pinto, Coimbra Editora, Coimbra, 2005

PINTO, Maria José Costa, "A protecção jurídica dos menores no trabalho", *Prontuário de Direito do Trabalho*, n.º 62, CEJ, 2002

PINTO, Mário, MARTINS, Pedro Furtado e CARVALHO, Nunes de, *Comentário às leis do trabalho*, Vol. I, Lex, Lisboa, 1994

PLA RODRÍGUEZ, Américo, "Derechos laborales de los deportistas profesionales y de los artistas", *Revista del Instituto de Derecho del Trabajo e Investigaciones Sociales*, Año XV, N.ºs 25-26, Faculdad de Jurisprudência, Ciencias Politicas y Sociales, Quito, 1984

PROENÇA, Brandão, "Anexo n.º 1 à proposta e exposição dos motivos sobre a maioridade e emancipação", *Boletim da Faculdade de Direito da Universidade de Coimbra*, Vol. LII, Coimbra, 1976

QUADROS, Fausto de, *Direito da União Europeia*, 3.ª Reimpressão, Almedina, Coimbra, 2009

RAMALHO, Maria do Rosário Palma, *Da autonomia dogmática do direito do trabalho*, Almedina, Coimbra, 2000

RAMALHO, Maria do Rosário Palma, *Direito do Trabalho, Parte I*, 2.ª Edição, Almedina, Coimbra, 2009

RAMALHO, Maria do Rosário Palma, *Direito do Trabalho, Parte II – Situações Laborais Individuais*, 2.ª Edição, Almedina, Coimbra, 2008

RAMALHO, Maria do Rosário Palma, *Do fundamento do poder disciplinar laboral*, Almedina, Coimbra, 1993

RAMALHO, Maria do Rosário Palma, "Os limites do poder disciplinar laboral", *Estudos de Direito do Trabalho*, Almedina, Coimbra, 2003

RAMOS QUINTANA, Margarita Isabel, "El trabajo de los menores", *Revista española de derecho del trabajo – El Estatuto de los Trabajadores, Veinte años después*, n.º 100, Civitas, Madrid, 2000

Relatório Preliminar do PEETI, *Plano para Eliminação da Exploração do Trabalho Infantil – Medidas Políticas e Legislativas,* Ministério do Trabalho e da Solidariedade, Lisboa, 2001

RIBEIRO, Joaquim de Sousa, "As fronteiras juslaborais e a (falsa) presunção de laboralidade do art. 12.º do Código do Trabalho", *Nos 20 anos do Código das Sociedades Comerciais, Homenagem aos Profs. Doutores A. Ferrer Correia, Orlando de Carvalho e Vasco Lobo Xavier,* Vol. II, Vária, Coimbra Editora, Coimbra, 2007

ROSA, Alfio Cesare La, *Il rapporto di lavoro nello spettacolo,* 5.ª Edição, Giuffrè Editore, Milão, 1998

RUIZ-RICO RUIZ, José Manuel e GARCIA ALGUACIL, Maria José, *La Representación Legal de Menores e Incapaces – Contenido y límites de la actividad representativa,* Editorial Arazandi, Navarra, 2004

SAINT-JOURS, Yves, "Le statut juridique des artistes du spectacle et des mannequins", *Recueil Dalloz Sirey,* 5.º Cahier – Chronique, Jurisprudence Generale Dalloz, Paris, 1970

SALA FRANCO, Tomas e outros, *Derecho del* trabajo, 10.ª Edição, Tirant lo blanch, Valência, 1996

SALA FRANCO, Tomas e outros, *Relaciones Laborales 2008,* Tirant lo Blanch, Valência, 2008

SANCHO GARGALLO, Ignacio, *Incapacitación y tutela: (conforme a la Lei 1/2000, de enjuiciamiento civil),* Tirant lo Blanch, Valência, 2000

SANTOS, Susana Isabel Pinto Ferreira dos, *Enquadramento Jurídico-laboral dos Profissionais de Espectáculos – Algumas reflexões,* Porto, 2004, dissertação de mestrado disponível na Universidade Católica Portuguesa

SAVATIER, Jean, "Quel âge limite pour le personnel d'un corps de ballet?", *Droit Social,* n.º 4, 1996

SOTTOMAYOR, Maria Clara, *Regulação do poder paternal nos casos de divórcio,* 3.ª Reimpressão da 4.ª Edição, Almedina, Coimbra, 2008

SUAREZ GONZALEZ, Fernando, "Contrato de trabajo de los menores", *Catorze lecciones sobre contratos especiales de trabajo,* Seccion de Publicaciones e Intercambio de la Facultad de Derecho de la Universidad de Madrid, Madrid, 1965

SÜSSEKIND, Arnaldo, *Curso de Direito do Trabalho,* 2.ª Edição revista e actualizada, Renovar, Rio de Janeiro, 2004

TEIXEIRA, Adérito, "Trabalho infantil. O menor vítima do trabalho", *Sub Judice, Justiça e Sociedade*, n.º 13, 1998

TOROLLO GONZÁLEZ, Francisco Javier, "Las relaciones laborales especiales de los deportistas y artistas en espectáculos públicos", *Revista española de derecho del trabajo – El Estatuto de los Trabajadores, Veinte años después*, n.º 100, Civitas, Madrid, 2000

VASCONCELOS, Joana, "O conceito de justa causa de despedimento – evolução legislativa e situação actual", *Estudos do Instituto de Direito do Trabalho*, Vol. II, Almedina, Coimbra, 2001

VASCONCELOS, Pedro Pais de, *Teoria Geral do Direito Civil*, 4.ª Edição, Almedina, Coimbra, 2007

VEIGA, António Jorge da Motta, *Lições de Direito do Trabalho*, 4.ª Edição, Universidade Lusíada, Lisboa, 1992

VERKINDT, Pierre-Yves, "Le droit des revenus professionnels du mineur", *L'enfant, la famille et l'argent*, Librairie Generale de Droit et Jurisprudence, Paris, 1991

VICENTE, Joana Nunes, *Fuga à relação de trabalho (típica): em torno da simulação e da fraude à lei*, Coimbra Editora, Coimbra, 2008

XAVIER, António, *As Leis dos Espectáculos e Direitos Autorais – Do Teatro à Internet*, Almedina, Coimbra, 2002

XAVIER, Bernardo da Gama Lobo, "Contratos de trabalho dos profissionais de espectáculo (direito aplicável), *Revista de Direito e de Estudos Sociais*, Ano XXVIII, n.º 1, Almedina, Coimbra, 1986

XAVIER, Bernardo da Gama Lobo, *Curso de Direito do Trabalho*, 3.ª Edição, Verbo, Lisboa, 1999

XAVIER, Bernardo da Gama Lobo, *Iniciação ao Direito do Trabalho*, 3.ª Edição, Verbo, Lisboa, 2005